遇见徐熙春

在江南与上海之间

陆轶隽 —— 著

中国出版集团有限公司　现代出版社

图书在版编目（CIP）数据

遇见徐熙春：在江南与上海之间 / 陆轶隽著 .

北京：现代出版社，2025. 3. -- ISBN 978-7-5231
-1131-4

Ⅰ．K826.2

中国国家版本馆 CIP 数据核字第 2024D5A343 号

遇见徐熙春：在江南与上海之间
YUJIAN XUXICHUN: ZAI JIANGNAN YU SHANGHAI ZHIJIAN

著　　者	陆轶隽
责任编辑	谢　惠
责任印制	贾子珍
出版发行	现代出版社
地　　址	北京市安定门外安华里 504 号
邮政编码	100011
电　　话	(010) 64267325
传　　真	(010) 64245264
网　　址	www.1980xd.com
印　　刷	三河市宏盛印务有限公司
开　　本	710mm×1000mm　1/16
印　　张	24.25
字　　数	286 千字
版　　次	2025 年 3 月第 1 版　2025 年 3 月第 1 次印刷
书　　号	ISBN 978-7-5231-1131-4
定　　价	88.00 元

版权所有，翻印必究；未经许可，不得转载

谨以此书纪念徐熙春先生诞辰一百四十周年暨逝世六十周年

▲徐熙春（1885—1965）

▲董月娥（1888—1967）

▲1906年，徐熙春21岁，其时从德隆彰做学徒"满师"刚三年，而九年后的1915年开办了信孚泰烟号，十八年后的1924年创建了中国红十字会青浦分会，二十二年后的1928年成立了美新印刷公司，四十二年后的1948年创建了青浦红十字会医院

▲1920年，徐熙春35岁，与长子徐传贤（12岁）、次子徐渭江（10岁）留影，此为父子三人仅存的唯一合影

▲1964年，徐熙春虚岁80岁，此为徐熙春、董月娥夫妇唯一留存下来的合影

▲1948年4月4日,青浦红十字会医院开幕当天,董月娥在青浦老宅中堂"衍禧堂"留影

▲徐熙春、董月娥夫妇晚年在上海豫园留影

▲1937年2月3日,协助徐熙春打理美新公司的次子徐渭江(后排左二)与美新公司同事欢送杨绍康昆仲回滇留影

▲1940年代,徐渭江(后排中)与美新公司同事留影

美新公司
MAY SING CO., LTD.
NO. 63-65 SHANTUNG ROAD, TEL. 91248
SHANGHAI, CHINA

上海山東路六三—六五號
電話九一二四八號
電報掛號一三四○

謹啟者弟有嶽公司股東徐渭江君於卅五年十月間遺失怡和啤酒公司股票五伯股〃票號數五六三號查該股票原戶名為貴行永大銀行已於卅六年十二月二日登載本埠新聞報及申央日報聲明遺失同時並向怡和啤酒公司照章辦理一切應育掛失手續茲因該公司照章仍須原戶名　永大銀行出面聲請領取新股單節特具函貴行懇為辦理申請補領股單手續嗣後如有發生糾紛等情由嶽公司負完全責任特立此担保書存照此詒

　　永大銀行　台鑒

附上該行素單三份
貴行蓋章為荷

　　　　　　美新公司
　　　　　總經理　徐熙春　簽字
　　　卅八年一月二二日

▲1949年1月22日，徐熙春因次子徐渭江在1947年遗失永大银行股票挂失补办未果后写信请银行补办手续，此为其留下的最完整的毛笔手书

▲从中年到老年的徐熙春(依次摄于1928年、1939年、1945年、1957年、1959年、1961年)

序

在江南与上海之间：徐熙春生命轨迹及其意义

放在我们面前的《遇见徐熙春：在江南与上海之间》，是根据徐建新先生提供的家族资料，经作者陆轶隽搜集文献、查寻背景、考证事迹，以第三人称写成的纪实作品。这部作品的起点是一部家族史，原本并不一定需要承担诠释城市崛起、时代变迁的职责，但是徐建新先生和作者陆轶隽以及近几年围绕着青浦思葭浜徐氏历史研讨聚集起来的学人们是一群有着社会关怀和史学素养的合作者，他们愿意把这部家族史作品扩展开来，叙述为一种三角洲人民的创业史，以反映江浙民众汇入上海的城市生活史，以及19世纪、20世纪中国人所经历的近代历史，即一部能够超越个人和家族的公共史。正是在这个管窥蠡勺的意义上，这部徐氏家族史表现出了大上海"从江南来"的一面，对于我们理解这座大都市的近代生活有所裨益。

经过广泛搜寻，我们大致了解了徐熙春的生平简历。1885年，徐熙春出生于青浦城厢镇一个累代业儒、兼而悬壶的耕读之家；1898年，青浦人跨县到上海"学生意"的风气已成，徐熙春和哥哥徐桂舲一起到上海法租界永安街的烟丝店当学徒；1915年，徐氏兄弟经多年经营，在永安街上开出了自己的烟丝号信孚泰；1917年，徐熙春被推举为青浦旅沪同乡会会计员，开始参与慈善事务；1920年，徐熙春担任"南市"民国路商业联合会干事员，进一步参与社会公义活动；1924年，北洋直皖两派在上海附近发生"齐卢战争"（浙江督军卢永祥与江苏督军齐燮元争夺淞沪之战），徐熙春发起中国红十字会青浦分会，赈济难民，疗护伤员，掩埋死者；1928年，徐熙春的商业扩展到出版业，在公共租界山东路开设美新公司，经营油墨和印务；1928年，徐熙春带领青浦红十字会在城厢镇疏浚河道，修筑路桥；1929年，上海法租界商界联合会抗拒公董局不当收税，徐熙春担任主席团成员领导抗税运动；1932年"一·二八"抗战、1937年"八一三"抗战期间，徐熙春先后两次率领青浦红十字会投身战场救护，活人无数；1948年，在上海和江南地区的战后重建中，徐熙春筹建了中国红十字会青浦分会医院，这是一所江南地区少见的内、外、妇科现代医院；1951年，徐熙春被青浦县人民政府评为"开明绅士"；1953年，徐熙春卸任青浦红十字会会长；1958年，徐熙春辞任青浦红十字会所有职务，同年美新公司经"公私合营"并入上海油墨厂；1965年，徐熙春因胃出血等病症不治，在广慈医院（瑞金医院，今上海交通大学附属瑞金医院）去世。

徐熙春一生的八十年，时间上介于清朝的"洋务运动"到新中国的"公私合营"之间，空间上处在江南的青浦与大都市的上海之间。从清朝到民国，以至于新中国，中国由乱至治。同时，这也是长江三角洲经历工业化、城市化、全球化最为剧烈的年代和地区。在"戊戌变法""辛亥革命""军阀混战""抗日战争"重大事件中，徐熙春都有参与。徐熙春并不是一个领袖式的风云人物，没有留下叱咤风云的文字、演讲和报告，但是他作为一个普通市民和商人同样也见证和参与了这个"三千年未有之大变

序 在江南与上海之间：徐熙春生命轨迹及其意义 >>>

局"。徐熙春的社会贡献局限在社区群体和家乡地域，他一生的功绩或许并不出奇，但是他从江南到上海的生命轨迹代表了长江三角洲民众在上海开埠后艰难转型的典型历程，非常值得述说。

"墨菲观察"：长江三角洲与上海大都市

明清时期，上海县在行政区划上属于南直隶江苏省东南滨海地区的松江府。这座因"开埠"崛起的大都市是18世纪的区域经济中心，史称"吴越文化圈"的"南吴壮县""江海通津"。[①] 青浦和上海相邻，同属松江府，于明代嘉靖二十一年（1542）设县，其地域为云间故土，西乡原在华亭，东乡曾属上海。乾隆年间"漕运"改为"海运"（又称"海漕"），上海第一次"开埠"，黄浦江边十六铺一带兴起为"东南都会"，青浦南境与吴淞江平行的一条"漕溪"（漕运东道）便成为江苏、浙江交界地区人民自西向东进入上海的孔道。江南人民驾大小船只，沿清澈、宽阔的漕溪，经过金泽、商塌、朱家角、青浦、七宝等商业巨镇，进入上海。每年有数百万担的"漕粮"，无计其数的"贡品"，在黄浦江十六铺的十里港区卸装入舶，扬帆出海。

研究19世纪"五口通商"（Treaty Ports）的学者，通常都强调外贸、

[①] 关于"吴越文化圈"概念的提出与论述，参见李天纲：《在吴越文化圈》，载张仲礼主编《近代上海城市研究》，上海人民出版社，1990年，第879页。关于"南吴壮县""东南都会""江海通津"等地位描述，见于唐振常《上海史·序》："（上海）明清两代经济发达形成世所习称的'江海通津，东南都会'。"参见唐振常、沈恒春主编：《上海史》，上海人民出版社，1989年，第2页。

003

外资、外侨和外来制度的重要性,这无疑是正确的。1930年代的大上海,是以英、美、法侨民创立的租界体系为核心发展起来的。但是,如果只说"欧风美雨",不讨论江南人民在上海近代大都市崛起中的作用,也是偏颇的。研究上海问题的地理学家罗兹·墨菲(Rhoads Murphey,1919—2012)在谈到"上海与中华"的关系时说:"至少到第一次世界大战时期,(上海)既是由外国人创建,同样也是由中国人创建的城市。"[1]墨菲教授引用上海开埠五十周年(1893)时英文《文汇报》(*Shanghai Mercury*)的纪念文章:"大量中国股本不但投资在纯粹中国商行,而且也投资在外商设立的、在国外管理处控制下的洋行。某些洋行的股份,至少有百分之四十系中国人所有。还有本地银行、钱庄的存款,绝大部分也是中国人所有。"[2]华人从江南等地来到上海逃避战乱、拼搏奋斗,生存下来后又艰难创业,参与建造了一个异样、新颖或曰"摩登"(Modern)的上海,而西方学者看到了"十里洋场"下的华人主体性。

"五口通商"以后,东印度公司的"冒险家"们经孟买、加尔各答、爪哇、马六甲、澳门、香港的分行分号,一路上集结起来,向上海进发。1843年11月14日,上海公布开埠令,大小舰船从吴淞口鱼贯而入,看中了这里充分的资源,即廉价的货品、广阔的市场,以及乐于下海经商的氛围。从那时起,世界各地的商人中流行一句话:"到上海去!""上海,你成了冒险家的乐园。大家到上海去啊,那里鱼多水又浑,正可以去大大

---

[1] [美]罗兹·墨菲:《上海:现代中国的钥匙》,上海社会科学院历史研究所编译,上海人民出版社,1986年,第31页。

[2] 同上书,第7页。

序　在江南与上海之间：徐熙春生命轨迹及其意义 〉〉〉

地摸一下子。"①不过，外国"冒险家"的说法，忽略了华人参与缔造大上海的事实。明清时期的上海，早已不是"一座小渔村"，也不是宋元时期的"三等小镇"②。雍正八年（1730），清朝把苏松太道署从太仓转移到上海，江南地区的兵备（军事）、关榷（海关）、漕运（运输）事务都在此办理。上海有跨县、跨府的管理职能，"江海关"是沿海重要枢纽。作为东南沿海的港口城市，上海的产业类型已经超出一般县份。据东印度公司调查船"阿美士德号"情报官胡夏米（Hugh Hamilton Lindsay，1802—1881）在1833年的报告，"上海的地理位置，早已使它成为一个规模宏伟的中外贸易城市"。按胡夏米报告，当年7月每周驶入上海港的平底帆船（沙船）共400艘，每艘载重量在100～400吨之间。墨菲教授用这个数据与1840年代伦敦每周入港500艘（平均每艘容积158吨）相比较，认为当时的上海已经是"世界主要通商口岸之一"③，是一座与19世纪的世界第一大港伦敦比肩的"东方大港"。

---

①［英］爱狄·密勒：《上海：冒险家的乐园》序，包玉珂编译，上海文化出版社，1956年，第9页。

② 租界侨民当年散布"上海原是小渔村"的说法，William Meyers etc., *The Treaty Ports of China and Japan*, London Turbner & Co., 1868, P. 350 和 Ernest O. Hauser, *Shanghai: City for Sale,* Shanghai, 1940, P. 7 称上海是"三等小镇"（a third-class town）。"三等"的说法，最早见于柏应理《一位中国奉教太太：许母徐太夫人甘第大事略》："（南直隶省）共有十四个头等城（即府城），一百一十个二等三等城（即州县），上海不过是三等县，向来也不甚著闻。"但是，柏应理又马上说，"自从出了徐保禄（光启），就赫赫有名了"。（徐允希译注，上海光启社，2003 年，第 1 页）确实，上海县在万历年间的经济、文化、宗教上的重要性大大加强了。"三等小镇"的说法得到欧美学者的严厉纠正。参见［美］林达·约翰逊主编：《帝国晚期的江南城市》，成一农译，上海人民出版社，2005 年，第 191 页。

③［美］罗兹·墨菲：《上海：现代中国的钥匙》，上海社会科学院历史研究所编译，上海人民出版社，1986年，第72页。

005

墨菲教授的地理研究却没有引起足够的重视，以至于对于上海在明清江南经济、在沿海南北贸易之定位缺乏准确判断，说上海本来是个"小渔村"的说法就是一例。墨菲教授提醒学者们研究上海崛起原因，在强调外资、外侨和外来制度独特性的同时，不应忽视上海本土、江南腹地和中华幅员的重要性。按墨菲教授观察："上海在中国这块土壤异常肥沃，雨量相当充沛的三角洲顶端，在工业革命以前，这样的一座大城市确实是不可能在别处产生的。"[1]墨菲教授的方法论是把现代上海放在长江三角洲内研究，从三角洲看大都市。墨菲教授看到了一个隐蔽现象，即上海的现代性，是向外突围的华夏文明与全球扩张的西方文明之间的一场"双向奔赴"。中西文化相遇之后的冲突、摩擦和竞争，以及随之而来的会通与融合，是上海现代都市的发展环境。我们把墨菲教授提示的这个现象，称为"墨菲观察"。

"从江南来"：上海大都市汇入华人主体

"墨菲观察"从长江三角洲的地理因素讨论现代上海的崛起，与我们研究江南文化与上海文化之关系异曲同工。从中西方文明的"双向奔赴"来看，既然有东印度公司商人们"到上海去"，那么也就有一个内地士、农、工、商业者们"从江南来"。"从江南来"[2]，这个观察视角研究本地区

---

[1] [美]罗兹·墨菲：《上海：现代中国的钥匙》，上海社会科学院历史研究所编译，上海人民出版社，1986年，第159页。

[2] "从江南来"的论述，参见李天纲：《南京路：东方全球主义的诞生》，上海书店出版社，2009年，第15页。

序　在江南与上海之间：徐熙春生命轨迹及其意义　>>>

民众进入开埠后的上海，与外侨商人竞争、合作与融合，创造出一种具有现代性的上海文化。上海在20世纪崛起为"国际大都市"以后，西化的市政外貌与江南各城市、市镇和乡村在生活方式上出现了巨大反差，那时的人们惊诧于"十里洋场"的光怪陆离，却没有看到它也是三角洲市镇繁荣的延续，忘记了它还出自江浙毗邻地区的母体。人们讨论1970年代香港崛起的原因，归之为华南地理、外来制度和粤民风俗等共同要素的合力，而同样的方法用来分析19世纪上海的崛起会更加有效。

"墨菲观察"注意到近代上海城市发展中，既有全球外商"到上海去"，更有长三角华人商人群体"从江南来"。在江南和上海之间，研究长三角市场、原料、经济和文化对于大上海的支撑，以及现代化的大上海对于江南传统社会的影响和改造，这是一个非常有意思的题目。对于长三角资源对大上海发展的正向关系，墨菲教授观察得非常仔细。但是，墨菲教授对上海的现代制度没有反向地影响江南传统社会，则有巨大的困惑。他发现："即使在1941年，仍然可以在三四小时内从外滩中段跑到一点也没有改变的农村地区。乡村相距不到十英里，水稻田和村庄，可以从任何一幢高楼大厦上瞧得清清楚楚。这是世界上最为轮廓鲜明，最富于戏剧性的边界之一。"[1]

墨菲教授所称的江南和上海之间"戏剧性的边界"并非虚构，当时在上海西郊徐家汇、龙华地区仍然有大片水稻、棉花农田，与外滩摩天楼成为对照。但是，墨菲教授的这个观察存在缺陷，他是基于市政设施和地理

---

[1] ［美］罗兹·墨菲：《上海：现代中国的钥匙》，上海社会科学院历史研究所编译，上海人民出版社，1986年，第14页。

⟨⟨⟨ 遇见徐熙春：在江南与上海之间

地貌的比较而有此印象。如果深入考察市场、产业、就业和人口结构的内部形态，人们会发现即使远在40多公里以外的青浦，也有不少来自上海的"现代化"辐射。举例来说，1895年，青浦最大市镇朱家角开辟了轮船招商局码头，行驶汽轮，成为太湖流域内河航运中心；1911年，商人马幼眉（变法家马建忠之子）在朱家角镇投资建造光华电灯公司，用于路灯照明和脱谷碾米，开始了农村电气化。[1] 清末民初，"现代化""工业化""城市化"的种种细节，便是以人们难以察觉的方式潜滋暗长地在大上海和长三角之间相互渗透、双向作用。

在江南与上海之间寻找"现代性"的历史踪迹，我们可以借用青浦思葭浜徐氏的家史来研究两个问题：一个是看徐熙春这个青浦人身上的传统经济、文化、习俗和礼仪，如何在工商业大都市上海发生现代转型？另一个就是看徐熙春把在上海习得的现代制度，如何反向地辐射和传播到青浦家乡和长江三角洲地带？我们看到一系列典型的转型特征在此发生，江南的宗族制度，在上海转型为都市化的家族关系。徐熙春十三岁到永安街德隆彰烟行"学生意"，那是"从江南到上海"的转型；离弃秋松公（徐熙春祖父徐元龙，号秋松）祖传的儒业，转而习商，这是"从士绅到商绅"的转型；德隆彰做学徒，苏和太当伙计，三十而立开办信孚泰，这是"从学徒到老板"的转型；1920年出任民国路商业联合会（简称民国路商会）干事员，1925年返青救死扶伤，从力营徐氏家业到张罗公共事务，这是"从家族到社会"的转型；先是加入了红卍字善会，最终决定与红十字会合作，这是"从中华到现代"的转型；在社会观念上，接受了上海大都市

---

[1]《大事记》，载上海市青浦县县志编纂委员会编《青浦县志》，上海人民出版社，1990年。

的现代制度，完成了"从商业伦理到社会责任"的转型。

宗族关系的近代转型：以青浦思葭浜徐氏为例

徐熙春来自青浦思葭浜徐氏家族，而青浦无疑是转型时期从江南到上海的一个关键点。青浦地处江南孔道，江苏的吴县、吴江和昆山，浙江的嘉善、嘉兴和湖州，都可以通过青浦的漕河从西面进入上海。从此意义上来说，青浦是进入上海的门户，又是承接上海辐射的第一站。实际上，上海郊区民众移住大上海地区，有一个区别于江南其他地区的特殊现象。江南地区如镇江、常州、无锡、苏州、嘉兴、湖州、杭州的客人至上海，都需要一天以上的水路航程，因不能经常返乡，只能定居下来，一心做"（新）上海人"。青浦到上海的航程适中，航船当天来回，"离土不离乡"，在家乡和上海之间两头经营，保持着青浦和上海人的双重身份，这是一种常态。清末民初，朱家角、金泽、商塌、白鹤、练塘、盘龙、七宝等地大量镇民、农人到上海谋生，赚钱以后回青浦修建老宅，赓续家族事业。人员频繁往来、与大上海接壤的青浦，以及宝山、川沙、奉贤、南汇、嘉定等县份在接受现代制度改造，其密度和强度高于江南其他地区。在青浦朱家角镇，我们看到轮船招商总局开设的码头，邮政总局分设的支局，还有镇民们自办的《薛浪》《骊珠》《珠溪》等报，以及模仿上海近代制度的商会、救火会、自治公会、红十字会等。

明清江南市镇向上海现代制度转型并接轨，大上海近郊的江湾、吴淞、法华、龙华、真如、七宝等镇非常明显。青浦城厢及朱家角镇地处远郊，但"现代化"的冲击一点不弱，各种制度的转型势在必行。思葭浜

遇见徐熙春：在江南与上海之间

徐氏从青浦城厢镇迁居法租界永安街，是江南宗族转籍上海都会的一个普通而典型的案例。徐熙春兄弟俩到上海"学生意"后并未迁籍，而是终身保留青浦人的身份；娶妻生子都留在家乡老宅，徐氏就在生意和抚养两头奔走。后来，为了子女教育和财产安全，徐氏才把全家迁居上海。在上海置产之后，也是修老宅房屋，为老家着想，替故乡做事，终其一生是青浦人。处在"江南与上海"之间，青浦、宝山、川沙等与大上海毗邻的郊区县份民众都有一种原籍和大上海之间的双重身份，这在民国年间的上海郊区相当普遍。例如，前往"南市"（新开河、十六铺、城隍庙）、"北市"（公共租界）、闸北办事，他们会说"到上海去"；在大上海生活，他们又自承是"本地人"，以区别从更远地区如苏州、常州、无锡、镇江、宁波、绍兴，以及江浙、闽粤各府县迁居上海并逐渐形成新型都会身份认同的"上海人"。

青浦思葭浜徐氏后裔在上海分宗立谱，表达了宗族关系"从江南到上海"的转型。1933年，徐熙春等在沪族人商量分谱，另立《徐氏宗谱》。这项文字工程，既显示徐氏群体坚守青浦本籍，繁衍子孙的决心，又表达出在大上海开宗建谱，延续香火的宏大意愿。思葭浜徐氏原有宗谱，始祖追溯到明初松江府城华亭徐阊。该族于明代中叶由第三世族孙徐道训率领，从松江迁至青浦县城西郊思葭浜，因名"思葭浜徐氏"。经二百多年，思葭浜徐氏"由读书起家，游庠食饩，贡成均登贤书者，后先相望"，至清代末年已经成为城厢内外"必以为首"[1]的青浦大家族。明清时期江南有很

---

[1] 朱运新：《徐氏宗谱序》，载徐公理、徐公修编《徐氏宗谱》（卷上），青浦，骊珠谊记印刷局，铅印本，1931年。

多徐姓望族，仅松江府内有华亭徐阶家族（嘉靖）、上海徐光启家族（万历）、青浦徐恕家族（乾隆）。思葭浜徐氏达官贵人不多，但胜在人丁兴旺，于城厢内外"财雄乡里"[①]，好善乐施。

1931年，寓沪、旅沪、迁沪的思葭浜徐氏鉴于大量族裔定居上海，决定记名、别脉、筹款、编辑，分列徐氏自秋松公（徐熙春祖父徐元龙）以下各裔子弟，公开续谱，再立新谱。各裔子女仍有不少在青浦居住，但大部分已经移居上海，成家立业。新谱修撰由旅沪族裔推动并赞助，但青浦的老根依然清晰。新编《徐氏宗谱》由徐公理、徐公修编撰，两位"公"字前辈仍然居住在青浦，是清初太学生徐景的第五世孙。《徐氏宗谱》不但在青浦编辑，而且还是由"骊珠谊记印刷局"印行。"骊珠"为朱家角别称，"谊记印刷局"为当地铅活字印刷厂，显然是旅沪青籍同业人士回乡创办的公司制企业。此次续谱邀请了原中华民国外交总长胡惟德和青浦名绅熊启英、朱运新作序，而胡惟德慨然为序是新谱在上海"更新"的一个重要标志。胡惟德（1863—1933），浙江吴兴人，早年来上海就读广方言馆，后随薛福成出使英国，担任翻译；民国年间曾数度出任外交总长，1927年还一度代理中华民国国务总理。胡惟德作序或许只是一次笔墨应酬，但它也确实能够表明思葭浜徐氏在上海建立了新的关系网络，与都市精英人士有了联系并参与其中。思葭浜徐氏源自青浦，在上海枝繁叶茂地生长，但在江南的宗族关系，并没有消失在上海的"十里洋场"。在1920年代的大上海，人们是在努力重建宗族关系，这是一种在中国近代大都市环境下

[①] 徐公理、徐公修编：《徐氏宗谱》（卷上），青浦，骊珠谊记印刷局，铅印本，1931年，第7页。

经历社会转型之后的新型宗族关系。

从行会进入社会：以徐熙春为代表的江南商人

1898年，"戊戌变法"之年，中国将发生重大制度改革的时候，徐熙春和他的长兄徐桂舲来上海"学生意"。从青浦城厢镇到上海租界仅有水路，经"漕溪""蒲汇塘""肇家浜"，沿赵巷、九亭、盘龙、徐泾、七宝、法华等市镇码头，进入"南市"十六铺。上海外资洋行、银行、商号和商店实行英格兰新式的管理制度，招聘员工用考试、面试测评，雇员的教育、培训和进修通常都由社会机构执行。然而，"南市"、闸北、江湾等地的华人工商业，还是用江南传统的"学生意"，带教新人入行。我们知道，明清市镇的商号、客栈、作坊、匠铺实行师徒制度，如苏州、朱家角、十六铺等地的行业分工，如铜匠、铁匠、木工、瓦工等匠作，裁缝、书画、古玩、茶楼、书场等行业，都采用师徒制带教新人。这种类似于欧洲中世纪工商行会的"基尔特"（Guilt）习惯法并非外来，而是长三角市镇中本有。思葭浜徐氏原本城居，对江南地区一整套工商传统并不陌生。清代初年，第十四世族孙徐景（1707—1802）入居青浦城里，耕读之外，坐行商贾。徐景，字永照，"坐拥仓箱而又治圭顿之术"[①]，因捐纳而获七品顶戴，授太学生。可见，思葭浜徐氏城居以后，一直是耕读和经商并举，并不如一般描述的儒家那样排斥工商业活动。明清时期江南的世家大族，早

---

① 徐公理、徐公修编：《徐氏宗谱》（卷上），青浦，骊珠谊记印刷局，铅印本，1931年，第7页。

就打破了"士农工商"的等级限制,"四民"身份交叉互通是普遍现象。徐熙春等一众徐氏子弟带着江南乡镇悠久的工商业传统,在近代中外贸易的工商业大都市上海谋生,面临制度、文化、伦理和信仰上的冲突,但生意上却还是一脉相承。

当时的上海商界,租界"北市"的洋商中实行英国式商业制度,城厢"南市"流行乾隆年间奠定的会馆公所制度。学者把江南的会馆公所与欧洲中世纪的行会制度比较,指出本土行会在上海开埠后的延续与变化:"说到基尔特的组织,似乎中国也是自古有之的,不过清季上海地方的基尔特,却正有它的特点。那就是一方面保持着封建社会部落经济的形式,一方面职业类别的划分已经有了相当(资本主义化)的严密。原来自从上海开埠以后,洋商资本就在上海到处充斥,经营的方法和上海旧式的工商业迥不相同,当然这些地方经济集团的组织也要和从前稍有变化了。"[①]开埠以后,上海租界内各方势力协力,在小刀会、太平军、清军多次动乱中力保安全,"照常营业"(Business as Usual),生意越来越旺。"北市"(公共租界)市面超过"南市"(新开河、十六铺、城隍庙),现代工商制度影响增强,而"南市"的传统制度也发生对应的变化,开始出现一种中西融合的商业制度。

中西制度的会通,其实不只是在知识、思想和学术层面发生,在生产、生活领域也到处呈现出并存、交叉、混合和会通的态势。1898年,徐熙春在德隆彰"学生意",满师后换店"当伙计",集资后开店信孚泰"做

[①] 蒋慎吾:《清季上海地方自治与基尔特》,载上海通社编《上海研究资料》(续集),中华书局,1939年,第143页。

老板"。三十年中，在同一条马路永安街上，徐熙春从事同一种行业，从不跳槽，养成了恪守行规、爱业敬业的职业精神。皮丝，是福建永定地区生产的水烟丝（19世纪时奥斯曼土耳其宫廷传出水烟壶吸食法，在华东、华北、西北地区的士绅阶层流行），是与鸦片烟、香烟并列的三大烟业，曾经非常繁荣。1928年，皮丝业衰落，徐熙春才转移行业，选择从事新闻、出版、印刷和发行的行业，在上海的"舰队街"山东路成立了美新公司印制文品、生产油墨。在行会制度传统中，调换行当是非常慎重的行为，但徐熙春的选择很成功。从皮丝业转移到印刷业，徐熙春并不是"跳浜"（沪语有"冒险涉河"的意思）过去，而是平顺过渡，因为有着长期的铺垫，新的同行们都接纳他。

徐熙春有了自己的商号信孚泰后，他为自己生意，也为群体公义，更加积极地参与社会活动。1917年，他担任青浦旅沪同乡会会计员，在同邑商人中崭露头角；1919年，在"五四""六三"运动高潮中，加入了民国路商业联合会，与各马路商会、华人总商会联络；1920年，被民国路商业联合会推举为干事员，更加积极为商界公共事务奔走；1924年，"齐卢战争"爆发后，回青浦组织战场救护和平民赈济，并筹备建立中国红十字会青浦分会；1925年，正式出任青浦红十字会会长，出生入死，救死扶伤，在青浦同胞和旅沪青浦籍人士中获得赞赏；1927年，国民革命军北伐，又率领青浦红十字会在邑内战场上掩埋尸体，救护黎民；1928年，以青浦红十字会的名义集资修建邑前河道，修驳岸，建新桥；1929年，被推举为法租界商界联合会主席团成员，商议抗拒公董局不合理征收卫生捐。此时，四十多岁的徐熙春已经从一个学徒工成长为同乡、同业、商界公会和慈善团体的基层领袖人物。徐熙春从事烟业，靠的是"学生意"打下的基础；转投印刷业，凭借的是熟络的人脉关系；而从商号到行会，从行会到社会，依靠同乡、同业关系，在三十年里积累了广泛的社会资源，成为事业基础。

徐熙春在上海创业和发展的经历，表明了江南大族在现代大都市的延续和转型。思葭浜徐氏的宗祠仍然保留在青浦，旅沪徐氏子弟逢年过节必回乡祭扫，躬行墓祭、庙祭，"三庙之内，经年不懈"。江南的大家族成员移居上海后，一般都做不到在大都市的环境下择地建庙、分香别宗，新建自己的祠堂。合肥李鸿章嫡嗣李经方移居上海后，以清廷特赐沪西李鸿章公祠为宗祠祭祀，属于特例。毗邻大上海郊区的宗族后裔，一般都是维修旧宗祠，如川沙籍贯的杜月笙扩建高桥杜家祠堂案例。江南宗族在大上海地区延续还有一种转型方式，即利用工商界的业务关系，重建宗族网络，如同徐熙春代表的青浦思葭浜徐氏这样。上海的新兴工商家族，很难建立自己的宗祠，并无庙祭之名。但是，很多工商家族仍然能够在宗法关系的名义下，建立一种城市形态的家庭、氏族、同乡、同业的网络关系，延续家族事业。

从江南和全国各地家族成员迁居上海，在上海再建工商家族，走了一条"从士绅到商绅"的转型之路。例如，航运业求新船厂青浦朱氏（志尧）、招商局丹徒马氏（建忠），棉纺业申新企业无锡荣氏（兄弟），安达集团常州刘氏（靖基）、永安公司香山郭氏（棣活），地产业常州盛氏（宣怀）等，都是通过工商实力在上海再建家族关系网络。上海的行业分工细致、门类众多，产业链绵长，每个行业都留有家族、籍贯和地域的痕迹，有明显的家族力量。隐藏和盘踞在行业公会内的家族，是1930年代上海大都市区华人宗族关系的重要特征。当时学者描述上海的行会组织，"分为两大类，一为会馆，一为公所。前者属于同乡的集合，后者属于同业的结合。同业的未必同乡，但同乡的多半同业"[1]。徐熙春所在的"南市"，各行各业的分类有"沙船业、鲜肉业、药业、钱业、汇业、京货帽业、北货业、成衣业、花糖洋货业、油豆饼业、花业、布业、茶业、腌腊业、洋布业、木业、茶馆业、米麦杂粮业、米业、酒业、纸业、靛业、珠宝业、裘业、水果业、花树业、金银业、典业、参业、酱业、烛业、烟业、火腿业、信业、玉器业、漆业、冰业、面业、梓业、麻袋业、煤炭业、彩票业、石匠业、染业、刻字业、鱼业、皮鞋业、踹业、印刷业、水手业、报业、铜锡业、金业、书业、蛋业、保险业、梨园业、水木建筑业、砖灰业、纱业、丝绸业、报关业等"[2]。这份行业名单中，有徐熙春开始从事的"烟业"，也有他转而投资的"印刷业"。

徐熙春"学生意"满师后，积极投入同业、同乡的公义活动。众所周知，非经营性的慈善公义活动，需要投入精力和筹措经费。不过，义务的公义活动虽然没有收益，但扩展了家族在同乡和同业间的关系，提升了徐氏家族在青浦和上海的地位，最终对生意有利。徐熙春在"南市"从事烟业，是"学生意"出身；三十年后，转而到"北市"投资印刷业，就利用了多年从事慈善公义事业在旅沪青浦同乡间建立的关系网络。徐熙春投入公义后，思葭浜徐氏声誉日隆。1925年，徐熙春返回青浦救死扶伤，获省长韩国钧"博施济众"赠匾；晋升于绅商之列，张謇亦为徐氏老宅中堂"衍禧堂"题额。1928年，徐熙春转行业投资美新印刷公司成功，凭借了

---

[1] 蒋慎吾：《清季上海地方自治与基尔特》，载上海通社编《上海研究资料》（续集），上海，中华书局，1939年，第144页。

[2] 同上。

他在公义事业中建立的关系网络。我们知道，在上海的新闻、出版、印务和发行行业，青浦籍人士占有优势。商务印书馆、《申报》《新闻报》等报纸杂志的编辑、记者、学者、作家、职员、工人，大量都是青浦同乡。徐熙春在同乡中的美誉，帮助他进入印刷业，当时是水到渠成、顺势而为。

家族慈善与现代公义：青浦分会医院创立的历史意义

徐熙春在上海的商场上并非显赫，他从事烟业、印刷业都是该产业链上的较小环节；思葭浜徐氏在上海有不少族人，都不是行业翘楚。徐熙春在民国年间的同乡、同业的会馆、公所中取得的地位，是因为他积极从事公义事业。换一句话说，徐熙春是突破了家族、籍贯和行业的限制，通过在公义慈善活动中的无私奉献，在更广大的社会领域取得成功。徐熙春从事社会事业，最初是担任民国路商业联合会干事员，后来就担任法租界商会联合会干事委员，最后他参与创建了中国红十字会青浦分会并担任会长。徐熙春几十年里的生命轨迹，就是一步步地扩大活动范围，从商店、马路、街区，投入到家乡青浦和大上海的慈善事业，逐步"社会化"，进入公共领域。

1924年，徐熙春创办中国红十字会青浦分会是他一生的高光时刻。然而，中国红十字会青浦分会的创建并非一蹴而就，而是旅沪青浦籍商绅多年来众多慈善活动的自然结果。1907年，徐熙春在"南市"商界加入王一亭（1867—1938）、翁寅初组织的联义善会，这是明清传统形式的慈善组织。民国初年，"南市"的慈善活动仍然由传统善会组织，如普育堂、仁济堂、辅元堂等。开埠以后，上海的传统善会已经加入了选举制、董事会、公募资金等新式做法，但可以看出很多江南传统善会特征，基本上就是由大商人、大善士、大家族独力承担。1924年，"齐卢战争"爆发，青浦地区沦为战场，出现大量难民。徐熙春和思葭浜徐氏参与的青浦善会，加上他自己参与的在上海的旅沪同乡会，向王一亭、翁寅初的联义善会求助，将大批家乡同胞接到上海来安置。为此，一个联络沪青、救助家乡人民的救济团体应运而生。

战争期间，徐熙春和他的同事、同乡在青浦救死扶伤，他们求助的是江苏省红卍字会。红卍字会是1922年在济南建立的民间宗教慈善团体，该会受国际红十字会"救死扶伤"精神影响，救助民生，保存本土道教、佛教善会的特征，一度相当活跃。大批青浦难民在上海安置以后，徐熙春等青浦籍绅商受联义善会指导和帮助，便更加接近在上海地区流行的现代慈善方式。1920年代，上海的慈善组织更加国际化、现代化，王一亭的联义善会等正在与红十字会、华洋义赈会等国际机构开展常年合作，并且逐渐合并。时至1930年代，上海的传统善会向现代慈善组织转型的趋势非常明显，外侨发起、华人参与的华洋义赈会、尚贤堂和红十字会等机构，与普育堂、联义善会等华人机构几乎已经融为一体，宗旨相似，行动一致。按上海《申报》报道的评论说："王君一亭，独能脚踏实地，孜孜为善，十余年如一日。今海上各大慈善机关，如华洋义赈会、红十字会、救生会、慈善团、尚贤堂、仁济堂、辅元堂、保安堂、习艺所、栖流所、贫儿院、孤儿院等，其董事名单中，无不首列王君台衔。"[1]

徐熙春再四思维，最终决定放弃与红卍字会合作，转向一个更加国际

---

[1]《王一亭热心养老院》，《申报》1928年11月28日第22版。

化、现代化的组织，即挂靠在中国红十字会属下，建立青浦分会。青浦红十字会成为红十字会这个著名国际组织在大上海地区的一个分会，是青浦地区社会现代化的一个重要标志。我们发现，徐熙春的这个重大选择，与他和大慈善家王一亭个人关系相关。王一亭，名震，祖籍浙江吴兴，生于南汇县周浦镇。王一亭是"南市"的一位著名企业家，成功后在城里修筑"梓园"，与外人积极交往，曾在1922年招待著名科学家爱因斯坦。王一亭和徐熙春一样，都是从长三角的江南乡镇到上海当学徒成功的。王一亭自学外语，交接群贤，组织慈善活动。在王一亭等前辈榜样感染下，徐熙春走上了现代慈善之路。1929年，王一亭担任中国红十字会常议会议长，此前其已经是该会的董事。徐熙春在青浦成立红十字会分会，显然是追随着前辈人物王一亭。徐熙春、王一亭这样的代表人物代表了江南类型的中华传统慈善走向现代化公义事业的大方向。

按青浦区档案馆收藏《中国红十字会青浦分会救护队要则》（1924年9月9日公布），青浦红十字会接受国际红十字会宗旨，以人道主义来统领慈善公义事业。"一、本会以拯难救伤为宗旨，队员皆应守此宗旨，待人接物宜以仁爱为心；二、救护队员应遵守本会章程及上级队员之指挥为主；三、红十字会为世界最高之慈善事业，……"[①]徐熙春主导制定的这份章程，落实红十字会"人道、博爱、奉献"原则，表达出一种"仁爱为心"的现代慈善精神。"人道主义"（Humanism）是国际红十字会的精神引导，"拯难救伤"（Heal the Wounded and Rescue the Dying）是他们的实际行动。

[①]《中国红十字会青浦分会救护队要则》，《中国红十字会青浦分会第一次征信录》，1927年，上海市青浦区档案馆藏，档案号：W-93-188。

从青浦思葭浜徐氏家族的慈善传统出发，徐熙春在追求人道主义历程中走得很远。"慈善公义活动消弭贫富、阶层、国籍、地籍、行业分歧，最为仁爱之士提倡。"1930年代，上海社会倡言"华洋一体"、"新旧融合"和"官民合作"，以缓和社会冲突。1948年，徐熙春在红十字会的名下创建了中国红十字会青浦分会医院（今复旦大学附属中山医院青浦分院，又名上海市青浦区中心医院）。这所医院的建立，标志着江南地区的家族慈善传统，融入了大上海流行的现代公义事业，因而值得铭记。

李天纲

2024年6月16日于上海

自　序

遇见徐熙春：传统与现代的邂逅

与徐熙春先生"相遇"，缘于一次偶然的阅读经历。

2019年春日的一个夜晚，台北的宿舍内闷热、潮湿。由于培养机制的差异，政大历史系对硕士研究生的要求是先提交选题，然后再联系导师。当时已经硕士研究生二年级的我，由于之前的题目写作难度过高，只好另觅新题。这个过程漫长而又辛苦，乃至我在那段时间常常失眠，担心会因此延迟毕业。当晚，我又因为天气和选题睡不着了。

于是，我打开微信，在常常阅读的"青浦档案"微信公众号浏览推送文章，希望家乡的文史掌故能带给我一丝灵感。当读到一篇名为《不能忘却的记忆——八十年前（1937年）双11青浦沦陷记》的文章[1]，见到文内附上的几张摄于1937年"八一三"事变期间的青浦县城老照片时，不禁眼前一亮。

---

[1] 本文实际推送于2017年11月9日，公众号"青浦档案"，https://mp.weixin.qq.com/s/wSQxEU6VLPWLvcX4lo0TFQ。

照片下的一句话，清楚地指向背后的故事："淞沪会战爆发以来，中国红十字会青浦分会收容来自苏、浙、皖、鲁等地的难民共计14 286人。"在惊叹于影像之珍贵外，我更感佩于照片中井然有序的救济画面：尽管从神情上看，不少难民依然心有余悸，但他们仍然顺序排队领取食物。从中，我萌生了第一个问题：为什么青浦红十字会在紧张情势之下依然能有极强的动员与组织能力，以保障大规模的赈济行动井然有序？

顺着照片线索，翌日我便立刻着手，在近代报刊数据库以"青浦""红十字会"等关键词寻找线索。渐渐地，一个名字进入了我的视野：徐熙春，他是青浦红十字会的创始人及主要负责人。在青浦区史志办网站"探宝"中，我又搜索到《上海市青浦区抗战时期人口伤亡和财产损失》一书的电子版。在书中，"中国红十字会青浦分会大事记"等资料，标注其来源为《中国红十字会青浦分会第四次征信录》，目前收藏于上海市青浦区档案馆。

趁热打铁之下，我进一步利用文史资料数据库，果然发现了由原青浦县红十字会秘书长徐福洲先生所写，收录于1990年第5期《青浦文史》中的名为《徐熙春与青浦红十字会》一文，详细介绍了自1924年创建以来至1951年改组为止，青浦红十字会在四次主要战争中如何多次行善、搭救黎民的往事，令我对作为组织者——此前我一无所知的乡贤——的徐熙春不由肃然起敬，也更激发了我对他生平经历的浓厚兴趣。

不久，我又在孔夫子旧书网注意到有店家出售徐氏后人编写的《纪念徐公熙春诞辰一百十周年》，尽管开价并不便宜，但考虑到与选题直接相关，还是毫不迟疑地买下了。5月，这本纪念集渡过台湾海峡到了我的手边，翻开第一页便是徐熙春先生晚年的半身照，他穿着传统的褂子，眼神柔和之中带着坚毅。在茫茫人海之中，我终于见到了徐熙春先生的身影，那一刻我不由感慨缘分如此神奇！

经细致阅读，我终于在纪念集中找到了我需要的材料，其中大量收录了青浦红十字会自行刊录的征集录内容，即《中国红十字会青浦分会征信录》（按序编号分册刊录），再结合在学校借阅的涉及近代中国慈善事业、红十字运动的学术专著，便意识到已获得的资料很可能不仅仅涉及青浦红十字会自身的运作，更能借此理解地方士绅如何借助慈善组织深度介入地方公共事务，并以此探索地方公益组织背后的社会关系网。

之后，我成功地以"青浦红十字会运作"为主题申报选题、签约导师。青浦区档案馆也在2019年下半年迁入新址，完成馆藏档案的全库搬迁。为此，我请求学校开立一份查档证明，并据此前往青浦区档案馆，顺着先前获得的第四册征信录档案号寻找原始档案。在看到征信录原件的那一刻，我不禁欣喜若狂，因为基于征信录以及在报刊数据库寻找到的资料等，应该能写出一篇不错的学位论文。那段时间，我经常骑车往返住家与档案馆之间，连工作人员都不禁说道："已经很久没见到来看历史档案的人了！"

喜上加喜的是，我先前在徐熙春先生曾孙徐建新先生个人公众号的留言，被其公司的员工注意到。之后，徐建新先生主动联系了我，邀请我到他的府上向了解徐熙春先生的长辈打听线索。其中，时年已94岁的徐家益先生身体健康、耳聪目明，且记忆力很强，便事无巨细地与我分享了徐氏家族的变迁史，以及与徐熙春先生相关的记忆。这些珍贵的亲历者口述史料，对学位论文的写作"如虎添翼"。

当然，我的硕士学位论文写作并没有遇到太多的困难，最终顺利通过答辩。在学位论文的致谢词中，我特意如此评价徐熙春先生一系列的义举：

"所谓'侠之大者,为国为民',用在先生身上是毫不夸张的。因此,面对这样一位真侠士的相关事迹,我实在难以选择转身走开,也坚定了我选择这一题目的决心。"

2023年,应徐建新先生的邀请,我又开始进一步挖掘徐熙春先生的生平经历,并据此撰写一部人物传记。所以,在既有硕士学位论文探讨徐熙春先生在青浦推展公益事业的基础上,我开始更集中地关注他在上海的经商经历及家庭生活。通过详细爬梳档案、报刊、纪念集等史料,一位在上海经营有成的商人、热心公共事务的善士以及深切关爱家庭成员的长辈的形象渐渐清晰起来。

以群像视角看,像徐熙春先生这样生于江南、长在沪上,最终事业有成、在地方事务中有话语权的中小商人,绝非孤例。在近代上海都市化进程中,他们扮演着维系"公共性"的关键角色。但长期以来,由于史料所限,他们中的个体经历鲜有被细致观察。徐熙春先生的相关史料,由于有较为丰沛的留存,因而将他作为此类中小商人的代表人物恰如其分。由此,将徐熙春先生的个人经历加以挖掘、梳理,形成一部雅俗共赏的"公共史学"作品,也颇呼应近年来历史学界流行的"微观化""视角向下"的叙事与研究取向。

因此,本书选择以徐熙春先生在沪经商与开展公益事业的事迹为经,以家庭生活与家人经历为纬,勾勒出在近代上海都市化进程中一位江南"县城青年"如何抓住时代红利,从学徒开始打拼并一步步在上海滩建立起自己的商业版图,并通过商人团体、同乡会等组织推展红十字事业和彰显社会责任的全景图。从徐熙春先生的经历中,可以一窥来自江南的中小商人群体如何主动拥抱都市社会形成的历史机遇,在商业经营之外通过各类社团纽带践行公益价值,成为近代上海都市"公共性"的关键拼图;在坚守传统"慈惠与商道"的同时,融合西方社会的社团组织形态与企业经营制度,形成新的现代"经商—行善"模式;在跌宕起伏的时代浮沉中,如何彰显深沉的"家国情怀",以丰富的处世经验守护家庭、回馈社会。

经过一年的写作,书稿终于付梓。在确定书名时,我向诸位学界前辈求教、探讨,最终选择了"遇见"二字并定名为《遇见徐熙春:在江南与上海之间》,不仅呼应此前已出版的由著名文史作家十年砍柴(本名李勇)为徐熙春先生长子徐传贤所作的传记——《寻找徐传贤:从上海到北京》之名,由此形成徐氏家族史序列作品,而且"遇见"一词本身的意蕴也相当丰富。

首先,"遇见"是作为作者的我与徐熙春先生的"相遇"。从青龙之兴,到珠溪之盛,青浦地方文史的掌故何其丰富!但在茫茫故纸堆中,能够"结识"这位在历史上虽声名不赫,但以自己的身体力行守护乡里且值得敬重的先辈,并通过自己的点滴文字记录其种种义举,何其有幸!

其次,"遇见"是传统与现代、中国与世界的相遇。晚清民初,江南小镇的孩子初见摩登都市的 Light, Heat, Power,在感到新奇的同时一定会随之改变生活方式乃至思想观念。当时,外来的器物文明、制度文明,通过上海等口岸城市的"落地"和传播,逐渐让国人打开视野拥抱更广阔的世界。其中,"红十字"就是典型,而其源于瑞士商人亨利·杜南(Jean Henri Dunant, 1828—1910)的倡议,旨在"博爱恤兵"。这一国际性人道救护团体,在1904年的上海建立起在中国最早的组织——"上海万国红十字支会"。整整二十年后,徐熙春先生与一众地方精英发起成立的青浦红十字会,成为中国较早成立的地方分会之一。在多年运作中,青浦红十字会也充分糅合江南地区善会、善堂的高效组织、重视征信的传统，中西慈善文化的交流与融合中也令"红十字"这一响亮的名字在中华大地更广为人知且遍地开花。

最后，"遇见"折射了战火中的无助难民接受青浦红十字会援助时的感激之情。如今，存世的青浦红十字会的工作照片虽已然模糊，但我们不难想见当时接受赈济和保护的民众那一双双对其充满感激的眼睛，而红十字会工作人员在炮火之下的种种义举正是他们对未来抱以信心和希望最重要的源泉，这也是战乱频仍的近代中国的民众最为珍视的情愫！

正如歌曲《传奇》的歌词"只是因为在人群中，多看了你一眼"，与徐熙春先生的"相遇"最终让这本小书得以面世，也让更多人"遇见"徐熙春先生，并从他的经历中思考江南与上海在近代中国转型历程中的角色变化，感悟他因应时代沉浮的人生智慧。由此，"遇见"二字也精巧地体现出我写作本书的初衷和心路。

在搜集徐熙春先生家庭生活的材料中，我还有一个特别的收获，便是从中感受到传统中国人的气度与风华。无论是从徐熙春先生的照片，还是从其家人的回忆文字中，感受到的都是他那从容、谦和、温润如玉的气质。较之今天不少人的张扬、蛮横，这种温暖的感受显然可爱得多。长期以来，我一直在思考，在同样的外表下，为何古今两代国人能呈现出全然不同的气质？难道仅仅是因为生活节奏的加快？在写作过程中，我也不禁流露出些许怅然：徐熙春先生的从容与温暖，在现今的时代中还能不能普遍地被看见？或许，读者朋友心中自有答案吧。

当然，此时推出这本小书也有着诸多特别的含义：今年（2024年）是青浦红十字会建会一百周年，明年（2025年）是徐熙春先生诞辰一百四十周年暨逝世六十周年，在此谨以本书向以徐熙春先生为代表的青浦红十字人献礼和致敬。此外，我也自今年步入了而立之年，谨以自己的第一本著作向长期关心、照顾我生活与学业的诸位师长、亲朋报以衷心的感谢与祝福。同时，作为一位青浦子弟，我也以这本小书回馈江南大地上美丽的"上善之城"——生我、养我的家乡青浦！

最后，由于自己学力所限，加上资料方面仍有待丰富、完善之处，因而本书难免存在一些疏漏之处，望今后进一步探索史料并不断加以完善、修正，更祈请各位读者朋友不吝指正！

陆轶隽

2024年8月谨识于上海青浦

目　录

序　在江南与上海之间：徐熙春生命轨迹及其意义（李天纲）/ 001

自序　遇见徐熙春：传统与现代的邂逅 / 021

第一章　从江南到上海："到上海，去打拼！" / 005

　　　　故乡青浦：江南"上善之城" / 006

　　　　思葭浜徐氏枝繁叶茂在青浦 / 022

　　　　徐熙春的儒医家庭与良好家教 / 030

　　　　摩登都市的兴起：近代上海转型 / 035

　　　　"到上海，去打拼！"的选择 / 053

第二章　从商号学徒到烟号老板：商界新秀露头角 / 059

　　　　德隆彰烟号做学徒 / 059

　　　　成家立业与生儿育女 / 063

创办信孚泰烟号 / 067

参加青浦旅沪同乡会 / 072

马路商界的优秀代表 / 075

第三章　发起成立青浦红十字会：从商人到慈善家 / 081

"齐卢战争"爆发的起因 / 082

战略要冲青浦战况惨烈 / 086

与红十字会结缘的契机 / 089

青浦红十字会的创建 / 106

第四章　江浙战场救护与造福桑梓：身体力行不务虚 / 113

"齐卢战争"救护当仁不让 / 114

北伐战争救护游刃有余 / 128

青浦县前河淤塞与整治契机 / 138

红十字会介入河道整治 / 143

参加红十字会全国代表大会 / 154

第五章　转战印刷业：从南市到北市 / 161

成立美新印刷公司 / 161

转型现代股份制经营 / 166

制售"抗日贺年片" / 172

"飞马"牌商标之争 / 174

第六章　淞沪烽火再救护：义不容辞为人道 / 179

"一·二八"战火初起与军民御敌 / 180

"一·二八"抗战救护与商善互动 / 183

"八一三"抗战救护与积极性救助 / 189

救护队长遭遇敌机英勇捐躯 / 198

"八一三"抗战善后与暂停会务 / 201

第七章　抗战期间"不响"处世：爱国爱家爱同胞 / 205

在租界尽力援助受难同胞 / 205

默默面对家族人财两失 / 213

拒绝参加日伪"维持会" / 217

殷殷关切子女与爱护家人 / 219

第八章　带领红十字会走向新生：建立医院与复员改组 / 227

青浦红十字会复员 / 228

组织防治血吸虫病 / 233

建立医院与泽被乡民 / 236

青浦红十字会医院的成绩 / 241

红十字会顺利改组 / 245

第九章　憧憬新中国，迎来新生活：保护学生与子女"北上" / 253

学生运动如火如荼 / 254

支持"三育"补习班 / 259

生意伙伴被"打老虎" / 264

保护被通缉的进步学生 / 268

子女"北上"开新篇 / 275

无奈卷入"医院风波" / 281

第十章　一代商人慈善家的人生终章：公私合营与颐养天年 / 287

美新公司参加公私合营 / 287

亲笔家信里的人情世事 / 294

关爱子孙与父子再重逢 / 301

耄耋逝世与魂归息焉墓 / 308

余音 / 317

附录一　徐熙春先生简明年表 / 323

附录二　中国红十字会青浦分会1924—1951年历任主要干部名录 / 335

后记 / 339

2021年3月22日上午，上海青浦区福寿园公墓。

这座公墓因环境幽雅、长眠名人众多而闻名沪上，漫步其间也并无墓地常有的阴郁之感。明媚的阳光下，墓园内各色郁金香开得正盛，透着浓浓的春意与生机，煞是可爱。

我亦有亲人安葬于此，因此除了以小辈身份祭扫故去长辈墓地，还特意前往一位并无亲缘关系的老者墓前献上一束鲜花，致以朴素而真挚的敬意。墓园内是老者的衣冠冢，其后人为他铸造了一尊半身铜像，并在一旁的石碑上镌刻了一段三百字的墓志铭：

> 徐公熙春名正章（公元一八八五——一九六五年），青浦县城厢镇人，青年经商上海，从事印刷业。一九二四年任中国红十字会青浦分会副会长，一九二五年任会长，一九五一年改选后仍任会长。
>
> 徐公自奉俭约，急公好义。一九二四年军阀内战，大批难胞逃青，徐公邀集同仁组织中国红十字会青浦分会收容。此后在一九二七年北伐战争、一九三二年"一·二八"战争、一九三七年抗日战争中，青浦分会在徐公领导下，发扬人道主义精神，先后安置遣返难胞一万八千多人次，组织救护伤员无数，掩埋军民尸体八百六十六具。

⟨⟨⟨ 遇见徐熙春：在江南与上海之间

战后募款购种子援灾民，疏河道、建桥梁。一九四八年徐公解囊出资创办中国红十字会青浦分会医院，造福桑梓。

徐公扶危济困，助人为乐，高风亮节，令人敬仰。

在复旦大学附属中山医院青浦分院（青浦区红十字会医院）住院部大楼旁，同样矗立着徐熙春先生的半身像，像下亦镌刻此文以彰其功，像前常年种着各式鲜花，以示对这位建院耆老的深切缅怀与崇高敬意。

▲今复旦大学附属中山医院青浦分院（青浦区红十字会医院）住院部大楼旁的徐熙春（1885—1965）先生纪念像

不过，颇让人遗憾的是，我即便在青浦出生且也长期居住于此，却对这位乡贤的事迹知之甚少。直到一次偶然的阅读经历，我才惊讶地发现，原来在家乡的历史上竟有这样一位在近代中国数次战争中高举人道主义旗帜，率领红十字会工作人员拯救黎民的义士！随着收集资料越发翔实，中国红十字会青浦分会在历史上的桩桩义举，以及其在改组之前的运作机理逐渐清晰起来。随后，我于2020年以《从江苏省青浦县分会看中国地方红十字会之运作（1924—1951）》为题，撰写硕士学位论文并通过答辩。因此，我此番来到徐熙春先生墓前拜祭，当然有感恩与致谢之意。望着先生铜像那柔和、悲悯而又充满坚毅的眼神，我不禁肃然起敬，而又心怀感激。

当然，我通过答辩、获得学位，并不意味着就此放下了对徐熙春先生生平经历的关注。此后，关于徐氏经商的经历，我又通过对一系列档案的爬梳与解读使其逐渐明了：他还是一位在上海经营印刷业且小有成绩的商人，在同乡会热心地方公益的活跃会员，并曾担任马路商会的代表。同时，在子女的回忆文字中，他又是一位教育有方、关爱有加的慈祥父亲；在家族中，他还是一位颇有担当的长辈……

这样一位生在江南、成于上海、源自传统、拥抱现代的人物，其生平故事一定具备了相当的"历史浓度"。因此，徐熙春的经历不应仅仅囿于一部止于家族的"私家历史"，更应是一部"公共历史"。就此，让我们一点点拨开历史的迷雾，回到百余年前的江南与上海，从一位中小商人的成长史中充分领悟两地变迁的历史脉动，也从中感悟不少值得借鉴的人生智慧。

第一章　从江南到上海:"到上海,去打拼!"

清光绪十一年农历二月十七日卯时(1885年4月2日晨5时至7时)[①],江苏省青浦县城徐氏宅第中。

此时,天刚蒙蒙亮,一声清脆的婴儿啼哭与接生婆的报喜声打破了清晨的宁静,紧张、期待、欣喜交织于老宅的屋檐之下。接生婆高兴地告诉堂中的长辈徐昌藻等,以及孩子的父亲徐公勉:"老爷!夫人生了!是公子!"

新生的婴孩是徐公勉夫妇俩的第三个孩子。对于青浦县城内的这个大家族而言,人口添丁,还是白白胖胖的小公子,总是一桩喜事。根据徐家族谱"公、正、传、家"的字辈排序,长辈为新生的婴孩取名"正章",寓意为人正直、谨守章法。成年后,徐正章为自己取号"熙春",成为日后更为人熟知的姓名,是为后话。

在县城中,徐氏家族颇有声望,从其宅第便能窥其一斑:中堂上方悬挂着由清末著名的"状元实业家"张謇(1853—1926)所书的匾额"衍禧堂",祖宗牌位两旁则是由海上书画与篆刻名家高邕(1850—1921)所书

[①] 有关徐熙春的出生时间,其本人及子孙通常以农历二月十六日作为生日日期。参见徐公理、徐公修编:《徐氏宗谱》(卷下),青浦,骊珠谊记印刷局,铅印本,1931年,第25页。

的一副楹联——"树静山幽不知年岁；国安民乐咸颂太平"，展现着这个家族淡泊名利、宁静致远的价值依归。在房间中，竖立着一尊其他人家鲜少见到的自鸣钟，每到整点便低沉地发出"铛、铛"的报时声。庭院之内，芳草鲜美，落英缤纷，后辈们常常在此嬉戏玩闹，长辈们则悠闲地轻摇蒲扇享受宁静时光。[①]

这里，故事就从这个宅第和背后的家族，以及其繁衍生息的土地慢慢说起。

故乡青浦：江南"上善之城"

青浦县，现为上海市青浦区，位于上海西郊。区境之西，与江苏省苏州市吴江区、昆山市接壤；区境之南，与上海市松江区、金山区及浙江省嘉兴市嘉善县相接；区境之北，有吴淞江横亘，与上海市嘉定区相望；区境之东，与上海市闵行区相连，毗邻上海虹桥机场。"青浦"之名，"青"字得名于区境东北之青龙镇（今上海市青浦区白鹤镇旧青浦村），"浦"字则因有五浦（崧子、顾会、赵屯、大盈、盘龙）汇于吴淞江，故名。青浦区版图东西两片宽广、中部狭窄，恰似一只美丽的蝴蝶，翩翩于秀丽江南。

早在七千多年前，青浦便已成陆。六千余年前，早期先民开始居于此地，他们在脚下的土地胼手胝足、繁衍生息，创造了灿烂的古代文化。崧泽、福泉山等遗址出土的文物与遗迹，清楚证明了青浦是上海地区最早有

[①] 十年砍柴：《寻找徐传贤：从上海到北京》，现代出版社，2022年，第4页。

人类活动的区域之一。

此后，青浦区域隶属屡变：春秋战国时先后属吴国、越国、楚国，秦代属会稽郡由拳县，汉代属娄县，隋代隶属苏州昆山县。唐天宝十年（751）置华亭县后，县境隶属该县西北境。元至元二十九年（1292）置上海县后，县境半属上海县西境、半属华亭县北境。明嘉靖二十一年（1542），析华亭县修竹、华亭，上海县新江、北亭、海隅五乡成立青浦县，设县治于青龙镇，至嘉靖三十二年（1553）废县。万历元年（1573）复置县，移县治于唐行镇（今青浦区盈浦、夏阳街道部分区域），隶属松江府。清雍正二年（1724）曾划北亭、新江二乡，分置福泉县，至乾隆八年（1743）裁撤，仍并入青浦县境。辛亥革命后成立中华民国，青浦县隶属江苏省第三行政督察专员公署管辖。1949年中华人民共和国成立后，青浦县先属苏南行署，后改江苏省辖。1958年，青浦县划归上海市管辖。[1]1999年9月，国务院批复上海市人民政府，同意撤销青浦县，设立青浦区。2000年1月，青浦区人民政府成立。自此，延续四百五十八年的青浦县建置终结。[2]

青浦湖荡密布，水网发达，水域面积达全区总面积的21.6%。区内有上海最大的淡水湖泊——淀山湖，以及吴淞江、漕港（现名淀浦河）、通波塘等主要河道。[3]通过水路交通，可通达上海、昆山、苏州、嘉兴等毗邻县市。伴以宜人的气候、丰沛的降水及肥沃的土地，青浦十分适宜农业

---

[1] 上海市青浦县县志编纂委员会编：《青浦县志》，上海人民出版社，1990年，第2页。
[2] 上海市青浦区地方志编纂委员会编：《青浦县志（1985—2000）》，方志出版社，2009年，第29页。
[3] 上海市青浦县县志编纂委员会编：《青浦县志》，上海人民出版社，1990年，第106页。

生产，加上青浦人世世代代的精心耕作，使青浦成为远近闻名的"鱼米之乡"。

一、青龙之兴：上海地区最早的对外贸易港口

青浦县原县治青龙镇，曾是闻名遐迩的对外贸易港口。相传，"青龙"之名，源于3世纪三国时期孙权在此地建造青龙战舰的传说。造舰传说未必可信，但青龙镇历史上曾为军港却是史实。据《宋史·韩世忠传》载，南宋建炎三年（1129），抗金名将韩世忠曾在青龙港驻军，并在此大胜金兵。此后，韩氏船队寄泊于青龙镇。目前，有关该镇最早建置的记载，见于明嘉靖《上海县志》，为唐天宝五年（746）；而《宋会要辑稿》则记载青龙镇置于北宋淳化二年（991），后一度更名通惠镇。至明万历年间，青浦县治由青龙镇移至唐行镇，青龙镇遂逐渐废弃。由此可推知，青龙镇最早建于8世纪的盛唐，兴盛于10—13世纪的两宋，湮没于17世纪的明末，达近千年之久。

从地理位置上看，青龙镇成为唐宋至明代江南地区重要的外贸港口并非偶然。盛唐时期，上海地区的海岸线恰好就位于青龙镇附近，与4世纪前后建立的出海口军事要塞沪渎垒互成掎角之势。与此同时，青龙镇北临吴淞江，东濒大海，恰如今日的上海一般踞江瞰海，具备内河航运港口的天然优势。昔日的吴淞江，也似上海今日的母亲河黄浦江拥有开阔的水面，以及可供大型船舶逆流而上的吃水深度，且经吴淞江往上游航行即可到达唐宋时期重要的商业城市苏州。优越的地理位置，伴以发达的内河水网，使青龙镇成为唐宋时期帝国东南地区闻名遐迩的交通枢

纽型商业集镇。[1]

从现存的文献资料来看，至南宋时期，青龙镇已成为一个人文荟萃、风景宜人、经济富庶的集镇，被人誉为"人杰而地灵，诚非他方之所及"，乃至媲美当时的都城临安（今杭州）。据方志记载，此时青龙镇内有三十六坊、二十二桥、三亭、七塔、十三寺院，镇上设官署、学校、仓库、税场、酒务、监牢、茶楼、酒肆，鳞次栉比，热闹非凡。南宋嘉定年间（1208—1224），青龙镇镇东建成了学宫，内有聚星堂、敕书楼等，终日书声琅琅，弦歌闻于百里。而后，又建拂云亭，旁有茂林修竹、苍翠扶疏，风景宜人。此外，青龙镇内街道、店肆之中常见到外国客商、留学生等身影，因此青龙镇成为古代上海地区唯一有国际交往的地方。青龙声名远播，吸引了大量富贾巨豪、骚人墨客来此观光乃至定居。范仲淹、米芾、梅尧臣、赵孟頫等著名文化人士，或游览或定居于青龙镇，留下不少诗篇与书画。[2] 巍巍青龙，真可谓钟灵毓秀、人文渊薮！

遗憾的是，青龙镇未能长久发展下去。青龙之兴，完全依赖于吴淞江与其地处入海口优越的地理位置。伴随着吴淞江潮淤水涸，元明之后青龙镇终因此废弛，其地位渐渐为得黄浦江通海之利的上海镇（上海县治）所取代。自此，上海县城崛起，巍立东海之滨，发展至近代已蔚然成为国际大都会。万历元年（1573），明朝廷复置青浦县，有鉴于青龙镇已然衰败不堪，便将县治移往唐行镇。因此，青龙镇的衰败进程进一步加速。至明

---

[1] 熊月之、周武主编：《上海：一座现代化都市的编年史》，上海书店出版社，2007年，第5—6页。

[2] 吴贵芳主编：《上海风物志》，上海文化出版社，1982年，第26—27页。

末,青龙故地竟荒芜一片、杂草丛生,全无昔日人声鼎沸之荣景。明代万历年间(1573—1620),青浦知县屠隆曾至旧县治青龙镇,赋《孟冬行部经青浦旧县》一诗,文辞之间流露出对其衰败的不胜唏嘘:"昔号鸣驺里,今为牧豕场。田夫耕废县,山鼠过颓墙。"由此可知,曾经布满雕梁画栋、外来客商纷至沓来的繁华商港,竟成为周边农民的养猪场,残垣断壁下几只山鼠窜来窜去如入无人之境,真可谓沧海桑田、斗转星移、世代流转!如今,人们如果要凭吊青龙古迹,只得从青浦区白鹤镇青龙寺中始建于盛唐的隆福寺塔(俗称青龙塔)塔身那斑驳沧桑的砌砖,去领略昔日那一丝遥远的香火,不由令人喟叹。①

也许,我们曾经不止一次地听闻"上海过去就是小渔村"的观点,但从青龙镇曾经的辉煌来看,在上海的幼年期便曾拥有过繁荣的外贸港口,且有过一段灿烂的对外交往史。上海开放、包容、大气的城市性格,或许正是源于青龙镇商贾竞帆、市肆鼎沸之象。如此璀璨的过往,又岂能以"小渔村"三字蔽之?如今,青龙虽没,然因其开放之华彩,在上海地区的发展史上毫无疑问地留下了浓墨重彩的一笔!

二、兴旺至今的工商业市镇

青龙镇因吴淞江淤塞而走入历史。不过,由于明中后期之后江南地区成为财赋重地,伴随着商品经济的发展,位于长江三角洲的苏州府、松江府等地区出现了大批经济繁荣、贸易兴盛、人口聚集的工商业市镇。其中,位于苏、松二府交界处的青浦县,其境内工商业市镇也如雨后春笋般

---

① 吴贵芳主编:《上海风物志》,上海文化出版社,1982年,第27—28页。

出现。明清时期，这些市镇不仅形成发达的棉布、粮食等商品市场，而且因"皇权不下县"的基本权力结构还逐渐发育出自治特征，商会、救火会、慈善团体等组织在这些市镇中的成立与发展折射出地方社会网络的日渐完善。

不同于青龙镇因自然环境变迁等原因走向衰败，明清后勃兴的青浦境内诸多市镇的商业兴旺延续至今。如今，当我们放下手边的忙碌工作，漫步于青浦区内的朱家角、金泽、练塘等古镇时，依然能见到熙熙攘攘的人流穿梭于青石板铺就、历经数百年沧桑的古老街巷，街道两旁的商店弥漫着粽叶与稻米的清香，店门外色泽红润的扎肉、诱人的糯米粽、干瘪但余味悠长的熏青豆等物产招徕着来往的客官驻足品尝。漫步这些小镇，小桥、流水、人家构成了秀丽的江南好风光，引无数文人墨客咏诗吟唱，不禁留下了多少诗篇文章绘胜景。"人人尽说江南好，游人只合江南老"，我们有足够的理由相信那些前往古镇的旅者品味此诗句时会不约而同地认为其所言非虚。

由此，在我们流连于这些古镇秀美风光的同时，也不禁好奇这些市镇兴起与发展的历史倒影。当然，我们对江南古镇更深刻的认识，也不应局限于走马观花式的赏玩游览，而是要从历史的脉络理解市镇勃兴之进程。诚如多年致力于研究明清时期江南市镇社会经济问题的复旦大学历史系教授樊树志所言：

> 人们对它们（江南古镇）的依恋和珍惜，充满了怀旧感。这种怀旧感，并非颓废的发思古之幽情，而是对历史的尊重，是对已经消逝，离我们远去的文明的一种追忆，是对过去曾经有过，而今仍萦绕

于心的辉煌业绩的怀念。[1]

正因如此，江南市镇发展的奥秘始终成为明清史研究的热点问题，海内外历史学界对江南市镇社会经济发展问题已有相当数量的研究成果且名家辈出。此处以明清至民国初年青浦典型且成规模的市镇朱家角为例，扼要概述其兴起的过程与社会经济发展状况，以管窥明清时期青浦地区市镇发展风貌。

据明万历《青浦县志》记载，万历年间青浦再次建县后，县内已形成唐行镇（县治）、朱家角镇等大规模市镇。据《青浦区地名志》载，朱家角本名朱家村，宋元时期为一小集镇，后因水运之便商业逐渐兴盛，遂在

▲上海青浦区朱家角古镇（摄于2018年2月）

---

[1] 樊树志：《江南市镇：传统的变革》，复旦大学出版社，2005年，第1页。

明代后期成为大镇,定名珠街阁,又名珠溪、珠里,俗称角里。①明代初年,朝廷推行休养生息政策,解除元代以来对匠户的束缚制度以解放劳动力,鼓励农民种植桑、麻、棉等经济作物,加速了江南地区社会生产的多元化。明代中期后,政府推行"一条鞭法",即将既有的农业税由实物税改为货币税,农民需将拥有的农产品兑换成货币后方能交税,故出于提高产品收益的需要,种植附加价值更高的经济作物成为农民的普遍选择。从更大的视角看,14—15世纪的"地理大发现"使中国的东南沿海地区与开始逐步形成的世界市场进行一定的商品交易,在此过程中大量美洲地区产白银流入江南地区成为主要流通货币,江南地区经济富足程度因此进一步提高。②由此,朱家角所在的松江府成为全国重要的棉布产区与交易市场,明代即有"买不尽松江布,收不尽魏塘纱"之称。至清代前期,松江产的棉布成为全国各地争相竞买的大宗货品。

据清代中期记述朱家角的方志《珠里小志》载,明清时期的朱家角主要的河道有北漕港、南漕港、周家港等。③通过这些河道构成的内河交通网,可前往周边的周庄、枫泾等市镇、青浦县城与松江府城,坐拥水路交通之利的朱家角由此成为松江府重要的棉布交易中心。其时,以朱家角、

---

① 《青浦区地名志》编纂委员会编:《青浦区地名志》,上海辞书出版社,2011年,第32页。
② 谢昊馥:《"市"说新语——清末民初朱家角镇的地方社会结构》,博士学位论文,上海大学社会学院,2012年,第29—30页。
③ 嘉庆《珠里小志》卷1《水利》,载上海市地方志办公室编《珠里小志 孔宅志 盘龙镇志 西岑乡土志 金泽小志》(上海乡镇旧志丛书),上海社会科学院出版社,2005年,第3—4页。

枫泾、朱泾为代表的市镇而非府城、县城，才是巨额棉布交易的中心。[1]因此，松江府布市的发展也带动市镇的社会经济规模，府内部分贸易发达的市镇如朱家角等，其经济地位或规模等反而超越县城乃至府城。

由于朱家角周围湖荡密布，并不适合种植棉花，因而朱家角的棉布市场不同于松江府内其他棉布交易市场，更倾向于棉布的加工与交易中心，经营方式主要为农家向镇上的棉业交易商——牙行处买回从府内其他区域收购且由水路方式运至朱家角的棉花，这些农户自行将购来的棉花织成棉纱或布匹后送至牙行，再换回棉花继续纺织成棉纱、布匹，以此循环。[2]由于牙行为棉布交易的买卖双方提供场所，因此其负责人必须常驻镇内；作为中介机构，投资牙行不需投入大额资金且获利颇丰，更有利于中小商人投资创办。所以，明末清初的朱家角除巨富之户定居外，不少中小商人也会因牙行贸易模式居住在镇上。[3]

商人的密集居住促进了市镇贸易的繁荣。据《珠里小志》载，朱家角镇内的泰安桥周边在康熙年间是"荒冢累累，人烟疏落，月落昏黄时，闻鬼吟狐啸，行人畏之"，但至志书成书的乾嘉时代已成为"生齿日繁，屠门鱼肆，花铺牙行，开设已遍，里中市集，于此为盛"的繁荣商业区。[4]也就是说，泰安桥周边原本是坟头遍地、阴森恐怖、往来行人避之唯恐不

---

[1] 樊树志：《苏松棉布业市镇的盛衰》，《中国经济史研究》1987年第4期，第59页。
[2] 樊树志：《江南市镇：传统的变革》，复旦大学出版社，2005年，第606页。
[3] 谢果馥：《"市"说新语——清末民初朱家角镇的地方社会结构》，博士学位论文，上海大学社会学院，2012年，第31页。
[4] 嘉庆《珠里小志》卷17《杂记上》，载上海市地方志办公室编《珠里小志 孔宅志 盘龙镇志 西岑乡土志 金泽小志》（上海乡镇旧志丛书），上海社会科学院出版社，2005年，第225—226页。

及的荒地，经百余年发展后成为寸土寸金、人满为患的富庶之地，商贸发展之旺不可谓不令人咋舌！

与此同时，朱家角镇区在清代中期就出现了行业的高度分化。据《珠里小志》记载，当时的朱家角有120行之多，不仅存在金属工匠、泥水匠、成衣裁缝等技术工种，也有剃头、乐工、贩夫走卒等非技术工种，此外还有占卜者、风水堪舆师等其他职业。[1]朱家角市场经济的发达催生了各行各业的兴起，同时商业贸易繁荣促使手工业也有长足发展，市镇社会也因行业分化而更加成熟。

然而，在第一次鸦片战争后，伴随着不平等条约的签订与通商口岸开埠，外国棉纱、棉布大量输入中国，加之中国土布对外销售阻滞，导致中国本土棉纺织业受到巨大冲击，而首当其冲的便是青浦县所在的松江府周边地区。当时，外国棉纱、棉布以更低廉的价格与更优良的品质对松江府地区纺织业产生了极大冲击与破坏，造成了松江府"无纱可纺"的局面，进而导致朱家角等市镇原有的布市"消减大半"。[2]因此，朱家角市镇中既有的棉花、纱、布交易中心牙行，由于棉纺织业的整体衰落而面临转型，而出于止损需要一些牙行经营者不得不将过往投资棉业的资金转向投资其他行业。由此，大米在晚清时期取代棉纱棉布，成为朱家角等市镇更重要的大宗交易商品。

---

[1] 嘉庆《珠里小志》卷3《风俗》，载上海市地方志办公室编《珠里小志 孔宅志 盘龙镇志 西岑乡土志 金泽小志》（上海乡镇旧志丛书），上海社会科学院出版社，2005年，第24—25页。

[2] 魏建猷：《青浦事件》，《上海师范大学学报（哲学社会科学版）》1959年第3期，第53页。

青浦原本就是上海周边重要的稻米产区,其著名的"青角薄稻米"由于优良的品质在清初一度被列为贡品而声名远扬,但漕运的限制使青浦地区的稻米贸易流通量有所限缩。但自上海开埠后,上海拥有相对完善的市场机制与更大的市场容量,加上松江府旧有米粮运输制度的废除,吸引着大量的外地客商来沪收购米粮。借此商机,邻近上海、地处稻米产区和水路交通要冲的青浦城厢、朱家角两镇,出现了大量从事粮食交易的米行。至民国初年,城厢、朱家角两镇共有米行30余家,其他行业也有相当程度发展。例如,朱家角镇内除米行外,有绸缎、洋货、药材等多类型商号达百余家之多,商业网络辐射昆山、松江、嘉善等周边县份[1],有"三泾不如一角"之称。[2]在清末民初,青浦县内的城厢、练塘、白鹤、重固、金泽、观音堂等市镇也呈现出百业繁荣、店多成市的局面。[3]米、油等大宗货物的运输需求,加上水网密布的先天自然优势,催生了青浦城厢、朱家角等镇繁忙的轮船运输业。清末以来,青浦城厢、朱家角等镇开辟了由本县或上海轮船公司经营,从这些市镇前往上海、苏州、松江等地的定期轮船航班,朱家角就此成为重要的轮船航班集散地。[4]

青浦县内市镇的商业繁荣,催生出一些服务于地方商业的社会团体,如商会、同业公会等。青浦市镇成立商会,可追溯至清宣统元年(1909)

---

[1] 上海市青浦县县志编纂委员会:《青浦县志》,上海人民出版社,1990年,第361—362页。

[2] "三泾",指上海周边三个以"泾"为名的繁荣市镇,即松江泗泾、金山朱泾与金山枫泾。"角",即朱家角。

[3] 上海市青浦县县志编纂委员会:《青浦县志》,上海人民出版社,1990年,第362页。

[4] 樊树志:《江南市镇:传统的变革》,复旦大学出版社,2005年,第614—616页。

在白鹤、朱家角、城厢等镇成立的"商务公所"①，其成员主要由同业公会会员及部分商店主构成，旨在调解工商业者之间的纠纷，以及作为工商业人士与社会其他成员之间沟通的桥梁。商会负责人通过选举产生，一般由县内较有名望的工商业领袖人物担任。伴随着清末青浦地区工商业的繁荣，商会的职责也日趋扩大，甚至成为地方筹办公益事务的主要推动力量，在慈善组织资金筹措、建设学校医院等方面扮演重要角色。②

出于维护同业利益、分享商业情报、革除行业弊端的考量，以业缘为基础的同业公会在20世纪初年的青浦县境内也有出现。例如，朱家角镇米业同业协会，即本镇人俗称的米行厅，其构成核心为朱家角镇中"四大米行"，不仅在商业方面起到传递米业市场信息、交换行情等作用，更重要的是以米行的富有而使其成为地方公益事业最重要的"金主"。③

发达的社会团体网络为青浦在清末民初推行地方自治奠定了良好基础。伴随着清政府于辛亥前夜宣布"预备仿行宪政"，地方自治运动成为"清末新政"中政治改革的重要环节。青浦县的地方自治始于宣统元年（1909），邑人金咏榴呈请县政府拨款1500文成立城厢自治公所。地方士绅借助这一新的参政平台，推动了本地公益事业与新式教育的快速发展。④宣统三年（1911）二月，清政府颁布《府厅州县地方自治章程》，规定一县需置议事会、参事会与乡镇议事会（后称市乡联合会）。同年，

---

① 上海市青浦县县志编纂委员会：《青浦县志》，上海人民出版社，1990年，第546页。
② 谢杲馥：《"市"说新语——清末民初朱家角镇的地方社会结构》，博士学位论文，上海大学社会学院，2012年，第73—75页。
③ 同上书，第70—72页。
④ 周金金：《民主的曙光：晚清青浦地方自治历程》，载上海市青浦区政协学习和文史委员会、上海市青浦区档案馆编《青浦老报纸》，中西书局，2014年，第63页。

青浦县议事会及参事会宣告成立，县境内选民有选举职员、教育会、劝学所等机构的权利。从人员组成看，青浦县议事会与参事会的活跃成员仍以地方商业团体会员、新式学堂教师等为主。因此，青浦地方自治团体大力推展国民基础教育等工作，乡绅、商人等成为捐办学校的重要力量，同时疏浚河道、修桥筑路等市政工作通过地方自治的推展得以更高效地推行。[1]

此外，青浦县热心自治运动的士绅还以创办报纸的形式，在地方上形成自己的舆论空间。例如，宣统二年（1910），由叶袖东、徐达璋等士绅发起创办《青浦报》。在发刊词中，叶袖东明确指出该报创刊的目的是开启民智、推动地方自治，强调"惟地方能自治，而后国家能自治。地方者，国家之雏形；自治者，自强之导线也"。[2]士绅还借助青浦县议事会这一平台进一步成立保安团、救火会等自治团体，以"地方人办地方事"的运作模式，客观上促进了本地区公益、慈善事业的繁荣，令地方自治更富活力。[3]

三、上善之地，慈善成风

明代以来，随着政府对社会救济事业的重视，孤老院（后名养济院）、药局等官办慈善机构逐渐在全国各地建立起来。但在明末朝纲混乱、社会

---

[1] 周金金：《民主的曙光：晚清青浦地方自治历程》，载上海市青浦区政协学习和文史委员会、上海市青浦区档案馆编《青浦老报纸》，中西书局，2014年，第64—66页。
[2] 张国华：《青浦报业的鼻祖：〈青浦报〉》，载上海市青浦区政协学习和文史委员会、上海市青浦区档案馆编《青浦老报纸》，中西书局，2014年，第64—66页。
[3] 周秋光、曾桂林：《中国慈善简史》，人民出版社，2008年，第245—247页。

动荡之际，仅有的官办慈善机构常难以为继，因而民间慈善事业渐兴。特别是在经济发达、文教兴盛的江南地区，不同于原先仅由个别富人参与如捐钱谷、修路桥等慈善活动，同善会等民间发起的慈善组织开始兴起。地方士绅是慈善组织的建立者，同时也是活跃的参与者。至清代，在同善会的基础上，民间慈善机构更多、更快地发展，形成了数量众多的善会、善堂组织，呈现出机构业务种类多样、创办形式多元、财力充裕、社会参与程度广等特点。

青浦县地处江南，经济发达，自明末以来便逐渐形成了数量较多、品类较为齐全的传统慈善机构。兹以下表介绍明清以降青浦县内活跃的慈善机构：

表1 明末至清末青浦县传统慈善机构一览[①]

名称	始建年份	地点	性质	功能
养济院	明崇祯十五年（1642）	县城西门西虹桥侧	官办	赈济资助县内贫困民众与弱势群体、收容乞丐等。
筹济堂	清道光十三年（1833）	县城南门	官办（养济院分支机构）	收养养济院无法尽收的贫困民众。

---

① 资料来源：光绪《青浦县志》卷3《公建》，载上海市地方志办公室、上海市青浦区地方志办公室编《青浦县卷》（上海府县旧志丛书），上海古籍出版社，2014年，第1133—1139页。民国《青浦县续志》卷3《公建》，载上海市地方志办公室、上海市青浦区地方志办公室编《青浦县卷》（上海府县旧志丛书），上海古籍出版社，2014年，第1858—1866页。梁其姿：《施善与教化》，河北教育出版社，2001年，第173、380、382—383、390—392、400、407页。

续表

名称	始建年份	地点	性质	功能
同仁堂	清嘉庆八年（1803）	接婴堂以东，县城内大悲庵	民间自办	掩埋路上弃尸、向贫苦民众施棺助葬。至清末，负责在夏秋之际向民众施医送药，春秋两季则附设牛痘局，为民众施打疫苗。
接婴堂	清道光七年（1827）	县城东门	民间自办	负责收养弃婴，当弃婴数量满额时送到郡堂。
儒嫠会	清同治九年（1870）	县城北门	民间自办	向县内贫苦的寡妇等每月供给口粮加以救济。
惜字会	清代中期	县城文昌阁内	民间自办	尊孔尚儒，爱惜字纸。另有施棺、施粥、掩骼等慈善行动。

从组织架构看，上述慈善机构组织与组织间有横向业务联系。例如，接婴堂与同仁堂是共同运营体，二者在管理人员（司事）上实现共享，官方扶助的经费由接婴堂与同仁堂按7∶3的比例分摊。[①]在组织的纵向架构方面，单一民间慈善机构在青浦县下辖各乡镇设立分支，辅助开展慈善活动。例如，在朱家角、金泽、黄渡、七宝等乡镇设有同仁堂、同善堂，业务上与青浦县城内同仁堂保持一致，即施棺掩埋。[②]保婴局业务上的纵向联系则更为明显：清同治八年（1869），县司事张文奎在县下辖乡镇推广分局，珠溪（朱家角）、金泽、凤溪、七宝等乡镇分局之后陆续建立起来[③]，并在此基础上形成"镇—县—府"三级婴孩转送机制，一定程度缓解

[①] 光绪《青浦县志》卷3《公建》，载上海市地方志办公室、上海市青浦区地方志办公室编《青浦县卷》（上海府县旧志丛书），上海古籍出版社，2014年，第1134页。
[②] 同上书，第1135—1136页。
[③] 民国《青浦县续志》卷3《公建》，载上海市地方志办公室、上海市青浦区地方志办公室编《青浦县卷》（上海府县旧志丛书），上海古籍出版社，2014年，第1858—1862页。

了县城内单一育婴堂的抚婴压力①。

经费来源上，青浦县传统的民间慈善机构大多拥有独立田产，而不单一依赖民众捐款。在经费筹措方面，这些机构不仅有地方士绅利用捐款、田产等方式直接资助②，也有官府对慈善机构的补贴③，在关联慈善组织之间还存在资金相互流动扶助的现象④。经营者方面，既存在由政府建立的养济院，对于鳏寡孤独废疾者进行经济补助，更活跃的则是由地方士绅出资、出地且由官方通过经费补助并加以背书的民间慈善组织。业务方面，慈善组织的业务范围由单一走向多元，如同仁堂在原先收埋代葬等业务外于清同治九年（1870）新增了施医及种牛痘的部门。⑤组织规范上，这些慈善机构大多建立了较为完备的章程，对于施善的经费收支、技术规范等做了详细规定，以利于善行的推展。例如，接婴堂针对婴儿的照料、死婴掩埋、

---

① ［日］夫马进：《中国善会善堂史研究》，伍跃、杨文信、张学锋译，商务印书馆，2005年，第259页。

② 例如，在接婴堂运营中，邑人仲翰屏、张肖严等并由捐田资助。参见民国《青浦县续志》卷3《公建》，载上海市地方志办公室、上海市青浦区地方志办公室编《青浦县卷》（上海府县旧志丛书），上海古籍出版社，2014年，第1858页。

③ 例如，同仁堂的经费部分来源于冬季漕粮征收税的提成。同治八年（1869），青浦县府批准在钱粮公费的财政项目下向同仁堂每年拨款三百千文。参见光绪《青浦县志》卷3《公建》，载上海市地方志办公室、上海市青浦区地方志办公室编《青浦县卷》（上海府县旧志丛书），上海古籍出版社，2014年，第1135页。

④ 例如，同仁堂与接婴堂实际上是经营共同体，当接婴堂的运营经费出现不足时，同仁堂则会拨付相应资金补充。参见民国《青浦县续志》卷3《公建》，载上海市地方志办公室、上海市青浦区地方志办公室编《青浦县卷》（上海府县旧志丛书），上海古籍出版社，2014年，第1858页。

⑤ 民国《青浦县续志》卷3《公建》，载上海市地方志办公室、上海市青浦区地方志办公室编《青浦县卷》（上海府县旧志丛书），上海古籍出版社，2014年，第1861页。

乳母工资等按接婴、保婴两方面做了八项具体要求。①

因此，明末以来青浦地区慈善组织的运作，行之有年且较为规范，形成了纵横交织且颇见效率的慈善组织网络，让救贫济苦、施医送药、掩埋施棺等慈善事业得以更有效地开展。其中，特别活跃的便是由地方士绅出资，并由县内热心人士运作的民间慈善机构如同仁堂等，反映了明清时期青浦县慈善助人蔚然成风的现象。毫无疑问，"仓廪实而知礼节，衣食足而知荣辱"，青浦社会经济的高速发展催生出民众对公益事业的高度热情，使得这片伴水而生的土地名副其实地成了"上善之城"。

思荻浜徐氏枝繁叶茂在青浦

根据民国二十年（1931）五月出版的《徐氏宗谱》记载，徐熙春所在的徐氏家族的始祖可溯至明初居住在松江府城的徐阎（又称竹庭公）。至第三世徐道训时，因其娶位于青浦县境西北赵屯桥（今位于青浦区白鹤镇）苏氏之女，故在明代中叶从茸城（松江府城）迁至唐行镇思荻浜②，故该家族又称为"思荻浜徐氏"。③同时期，松江府内亦有一定规模、颇有知名度的同姓家族，如华亭徐氏、上海徐氏等，其中涌现出不少历史名

---

① 民国《青浦县续志》卷3《公建》，载上海市地方志办公室、上海市青浦区地方志办公室编《青浦县卷》（上海府县旧志丛书），上海古籍出版社，2014年，第1858页。

② 明代中叶，青浦尚未建县。唐行镇思荻浜现址约为上海市青浦区盈浦街道城中西路与五厍浜路路口附近。

③ 因青浦县境内有其他徐姓家族，如位于七宝的徐三重家族、位于白鹤镇的蒋浦徐氏等，故以《徐氏宗谱》将本文涉及的徐熙春所在的徐氏家族依其最早迁来青浦的居地思荻浜而称"思荻浜徐氏"。

人，最知名者当数官至礼部尚书的徐光启（1562—1633）。徐光启与耶稣会传教士利玛窦（Matteo Ricci，1552—1610）交往甚密，后受洗加入天主教，努力学习与传播西学，与利氏共译《几何原本》（前6卷），并创作了《农政全书》。如今，上海著名的商业区徐家汇，其名源于向徐光启"中西交汇"的种种功绩致敬。

思葭浜徐氏在清代初期迁居青浦县城内，经过二三百年的发展而"由读书起家，游庠食饩，贡成均登贤书者，后先相望"，成为晚清民初青浦县城中"必以为首"的庞大耕读家族。①虽然"必以为首"的说法略有夸张成分，但思葭浜徐氏在青浦的声名之望与交友之广泛，从编写宗谱时能够邀请到民国年间曾任外交总长的胡惟德②为之题名一事便可窥见一斑。

▲民国二十年（1931）五月出版的《徐氏宗谱》

---

① 朱运新：《徐氏宗谱序》，载徐公理、徐公修编《徐氏宗谱》（卷上），青浦，骊珠谊记印刷局，铅印本，1931年，第1页。

② 胡惟德（1863—1933），字馨吾，浙江吴兴（今湖州）人。早年就读于上海广方言馆，曾于1890年与薛福成出洋，任清政府驻英使馆翻译，后于1902年任驻俄公使、于1907年任外务部右丞。1911年，以外务部副大臣署理外务大臣。民国成立后，一度暂代唐绍仪内阁外交总长。1912年，任驻法国、西班牙、葡萄牙三国公使。1920年，调使日本。1926年，任段祺瑞政府外交总长兼关税特别会议全权代表。1927年，任平政院院长。1933年11月，在北平（今北京）逝世。

遇见徐熙春：在江南与上海之间

青浦地区因其优越的自然环境与发达的社会经济，催生出了不少类似思葭浜徐氏这样的邑内望族。早在三国两晋南北朝时期，就诞生出顾、陆两大家族[①]：青浦陆氏可溯于三国时期东吴名将陆逊，顾氏则可溯于东吴丞相顾雍。现存文献中对青浦望族最早的明确记载是唐代后期的顾谦家族，这一家族即顾雍后裔，居于北平乡崧子里（今青浦区华新镇凤溪地区）。[②]两宋时期为外来望族迁往青浦的高峰期，伴随着中国经济重心南移，加之北宋后期中原地区战事不断、宋室南渡，大量北方地区移民被迫举家迁居青浦所在的华亭地区。由于华亭地区地处海隅，较少受到战事波及，因而成为这些移民定居的首选之地。这一时期，地处其间的青龙镇也因移民潮到来而进一步繁荣，成为众多名门望族的迁居地。至元代，由于青浦所在的松江府地区经济持续发展，青浦地区诸望族在此地生根发芽、繁衍生息。至元末明初，尽管由于战乱与政府打击豪强政策影响，江南一些望族走向衰落，青浦地区的部分望族也随之受到冲击，如元代水利专家任仁发所在的青龙任氏"迨世变，一褐亩庐，义不去圻"[③]，但地区内其他大多数望族则未受到大的冲击，从而得以继续繁衍生息[④]。

明代中叶后期正是"思葭浜徐氏"迁入青浦地区的时段，该时期随

[①]《绍熙云间志》卷上《姓氏》，转引自上海市青浦区博物馆编《青浦望族》，上海人民出版社，2016年，第2页。
[②]《唐故朝散郎贝州宗城县令顾府君墓志》，载《绍熙云间志》卷下《墓志》，转引自上海市青浦区博物馆编《青浦望族》，上海人民出版社，2016年，第2页。
[③]《谒浙东宣慰副使致仕任公及其子台州判官墓》，载王逢《梧溪集》卷六，转引自上海市青浦区博物馆编《青浦望族》，上海人民出版社，2016年，第4页。
[④] 上海市青浦区博物馆编：《青浦望族》，上海人民出版社，2016年，第2—4页。

着区域经济发展与科举兴盛，加之青浦县在嘉靖二十一年（1542）独立建县，青浦境内的各望族继续保持成长之势。与此同时，也有其他外来望族在这一时期密集地迁入青浦境内。例如，著名的席氏家族，原为居住于江苏太湖洞庭东山的商业家族，由于明代中后期洞庭东山地少人多，同时江南地区工商业日渐兴旺，是故部分席氏家族成员外出经商。席氏在青浦地区的发展史，可追溯于席家第二十八世席端樊、席端攀，兄弟二人于明万历年间来到青浦经商，开设典当铺，从事典当、质押业务。席氏兄弟先后在朱家角及周边市镇朱泾、枫泾、嘉定等开设大量店铺从事棉布交易，经过多年悉心经营，席氏商业经营网络逐渐覆盖全国，成为明代后期富甲江南的巨商富贾。清代初期至中期，席端樊、席端攀的后人陆续由三支迁居朱家角，经子孙繁衍成为朱家角镇内的重要家族。[1]由于席氏家族秉持业儒与行商并行不悖的家训，因而成为闻名遐迩的儒商世家，家族内涌现出不少商业巨子和名人，如曾担任上海《申报》报馆经理、后在宣统元年（1909）购得《申报》股权并开中国人自行经营大型报刊之先河的席裕福等。[2]殷实的家境、良好的家风，使得席氏家族成员多热心公益、广行善举，成为青浦地区公益事业重要的支持力量。[3]

明清易代，战乱频仍，政局动荡，对青浦县内成长中的不少望族打击甚大。除了受战争破坏之外，清初高压的政治环境也加速了这些望族的衰

---

[1] 上海市青浦区博物馆编：《青浦望族》，上海人民出版社，2016年，第234—236页。
[2] 吴成平主编：《上海名人辞典》，上海辞书出版社，1998年，第449页。
[3] 上海市青浦区博物馆编：《青浦望族》，上海人民出版社，2016年，第232页。

落。顺治年间，江南地区爆发"奏销案"[1]，此案最终导致松江等府辖内大量进士、举人、贡监生员被罢黜。据清代松江府文人叶梦珠在其笔记《阅世编》中记载，"奏销案"使得江南地区"怀才抱璞之士沦落无光，家弦户诵之风忽焉中辍。一方文运，顿觉索然"[2]，原本昌盛的文风经此一案后一度一蹶不振。青浦县境内陆树声、徐阶、陈子龙、王良玉、杜氏、章氏，此六大家族也因"奏销案"等政治事件波及一度衰微，县内仅沈荃一族因其进士及第第三而兴起。直至康雍乾时期，随着政局的稳定、经济的发展与科举的兴盛，这一窘境才得以改观，青浦境内的望族才得以重振与繁衍，先前受"奏销案"影响的陆氏、章氏、徐氏等家族依靠科举重新崛起，同时也产生了一批新兴望族如王昶、徐恕等家族。[3]

清代中期，思葭浜徐氏正是借着第十四世族人徐景（1707—1802）继承先祖余荫，用心经营商业，逐渐成为青浦县城内有影响力的家族。徐景，字永照，为清代太学生，屡遇覃恩，被授予七品顶戴。据徐景的五世孙、

---

[1] "奏销案"，指清初发生于江南地区的政治事件。清顺治十八年（1661），朝廷将上年奏销有未完钱粮的江南苏州、松江、常州、镇江四府并溧阳一县的官绅士子全部黜革。事件起因是清军入关后，为支持统一全国的战争，清廷在富庶的江南地区实行比明代更严厉的催科。征税官员皆以十分为考成，不足额者常被参罚。但江南士绅豪强依然凭借昔日权势买通官府、贿赂书吏，拒缴钱粮，以致积压欠税达数十万。同时，在政治上，这些士绅对清廷采取不合作态度。由此，清政府为裁抑江南士绅豪强特权，以及在政治上进一步打压，便借口"抗粮"制造"奏销案"。此案最初限于无锡、嘉定二县，后蔓延至苏州等四府一县。清政府将四府一县内的欠粮者，不论官籍大小与欠数多寡，在籍绅衿一律按名黜革，共计波及13 517人。后清廷在奏销基础上继续实行"十年并征"政策，使江南绅衿苦不堪言，直到康熙年间"平三藩之乱"之时为争取江南地主阶层支持，禁令方有松弛，允许涉及"奏销案"的绅衿缴纳银钱恢复绅籍。参见张婷婷主编：《中国历史百科》（第一卷），民主与建设出版社，2014年，第98页。

[2] 叶梦珠：《阅世编》卷六《赋税》，上海古籍出版社，1981年，第141页。

[3] 上海市青浦区博物馆编：《青浦望族》，上海人民出版社，2016年，第4—5页。

曾参与编撰《徐氏宗谱》的徐公理所作《永照公传》载，徐景本人虽承袭了祖辈恩荫，但秉持"坐拥仓箱而又治圭顿之术"，也就是在坚持读书的同时不排斥商业经营的理念，因此除读诗书考功名之外，徐景在青浦县城内开设布店并经营钱庄。经徐景多年悉心打理，其家族"财雄乡里"。尽管已获得了邑内民众羡慕的资财，但徐景并未以此自矜，相反他成了县内热心公益慈善的慷慨善士：无论是施粥送医、捐棺助葬，还是修桥铺路，总能看得到徐景为之奔走忙碌的身影。徐景乐善好施、助人为乐的优良品格，日后在其家族成员中得以延续。

▲思苎浜徐氏第十四世族人徐景画像（来源于《徐氏宗谱》）

徐公理如是评价徐景：

> 尝考公（徐景）生平，好为慈善之士。其曾孙锡文，玄孙昌藻，六世孙正康、正祥（徐桂舲）、正章（徐熙春），皆慷慨好施，不过继公之志。当日仁粟义浆，有不造福于无形者耶？①

正所谓"智者乐，仁者寿"，徐景能够以96岁高龄安详辞世，甚至在此时其玄孙徐兆熊、徐渭祥生已数岁。徐景得以在人生暮年尽享四世同堂

---

① 徐公理：《永照公传》，载徐公理、徐公修编《徐氏宗谱》（卷上），上海，1931年，第7页。

的天伦之乐，以及乡里乡亲的倍加敬重，一定与他慈爱、谦卑的性格不无关系！

思葭浜徐氏与其他县内望族再次遭到重大破坏，是在咸丰、同治年间清政府与太平天国之间的战争中。由于太平天国后期，忠王李秀成主要控制苏州府、松江府一带，因而青浦县成为据守上海的"洋枪队"、淮军与太平军拉锯的战场。李秀成与清军和"洋枪队"在青浦县城内进行了数次攻防战，当时的清军，特别是"洋枪队"已配备火器，其对县内建筑的破坏远非冷兵器时代的攻城可比，因而青浦县内的建筑大半遭受严重破坏。在邑内著名士绅熊其英为《徐氏宗谱》所作序言中，扼要地描述了清咸丰十年（1860），太平军进入青浦县城时对思葭浜徐氏的洗劫情形：

> 洪军（指太平军）入境，琐尾流离，室家如毁，珍藏典籍荡然无存。[1]

在上述珍藏典籍中，便包括部分思葭浜徐氏的手抄宗谱副本。[2]迨清政府借助湘军、淮军平定太平天国后，包括思葭浜徐氏在内的青浦诸望族又很快恢复产业，延续文教。《徐氏宗谱》也通过族人的冒险保存，得以存续。[3]

直至清末民初，思葭浜徐氏仍主要活动于青浦县城，也有部分支系迁至朱家角、昆山金家庄等毗邻地区。作为耕读家族，尽管徐氏族内子弟多

---

[1] 熊其英：《徐氏宗谱序》，载徐公理、徐公修编《徐氏宗谱》（卷上），上海，1931年，第1页。

[2] 徐公理：《重辑宗谱序》，载徐公理、徐公修编《徐氏宗谱》（卷上），上海，1931年，第4页。

[3] 同上。

▲思葭浜徐氏宗祠内景（来源于《徐氏宗谱》）

以读书为业，登高第者却并不多见。徐氏家族中多有好诗文者，为青浦的文化繁荣作出一定贡献，如徐熙春的祖父、第十八世族人徐元龙（号秋松，1827—1879）创作文章颇有文采，故在县内开设私塾，招徕学生，登坛授课。同时，徐元龙曾与县内著名文化人士熊其英、邱汝钺等共同参与纂修光绪《青浦县志》。[①]除此之外，思葭浜徐氏族人多乐善好施，热心公益，历代有不少人都为赈济灾民作出贡献。其中，除前文提到的徐景，第十八世族人徐昌藻（字子卿，1835—1905）曾慷慨捐出大额资金，资助县城内

[①] 徐公修：《秋松公传》，载徐公理、徐公修编《徐氏宗谱》（卷上），上海，1931年，第8—9页。

大生桥等桥梁的修建，之后捐出家中八亩良田与五百金作为宗族春秋祭扫之费，晚年则在县城内登瀛桥老宅后建了四座平房。徐昌藻逝世后，这四座平房改为徐氏宗祠，后人则捐出若干田产作为祠堂运作经费。[1]

徐熙春的儒医家庭与良好家教

徐熙春的父亲徐公勉（1857—1928），继承家族中的优良学风，学养深厚，年仅20余岁便成了青浦县城内的知名才子。在读书考功名之外，徐公勉也向青浦县城内的朱若愚先生学习医术，学成之后偶尔业余行医，服务一方民众。学得医术后不久，徐公勉再次专攻科举考试且表现优异，获得了增广生的资格。[2]增广生，即增生，为科举时代生员的一种，是科举制度中在廪生正式名额之外增加的生员名额，全称为增广生员，是为官学第二等生员。增广生的名额有定数，次于享受官府的生活补贴即食廪饩的廪生。

徐公勉的经历可谓"儒医"现象的典型样本。所谓"儒医"，指既学习医术又通儒学之人，这类现象伴随着宋代理学的昌明而兴起。据《宋会要辑稿》载："朝廷兴建医学，教养士类，使习儒术，通黄素，明诊疗而施于疾病，谓之儒医。"这一群体不仅仅把治病救人视作个人谋生的手段，而是将之视作利民安国的仁术，甚至将救人与拯世视为同务。[3]另外，诚

---

[1] 徐公理：《子卿公传》，载徐公理、徐公修编《徐氏宗谱》（卷上），上海，1931年，第9—10页。
[2] 徐公理、徐公修编：《徐氏宗谱》（卷下），上海，1931年，第5页。
[3] 张岱年主编：《中国哲学大辞典》，上海辞书出版社，2010年，第422页。

如中医界长期流传的一句谚语所说——"秀才学医,笼中捉鸡",由于中国古代文化的诸多面向,无论是社会学、伦理学还是天文学、医学,皆可从哲学层面糅合、贯通,特别是"天人相应""阴阳五行"的观念在上述领域有一通百通之妙,因而精通儒学者学起传统医学犹如"笼中捉鸡"一般也就不足为奇了。正因如此,一些在科举考试中无法一路向上的知识分子,也抱着"不为良相,则为良医"之愿景,乐于通过学习医术治病救人、悬壶济世,同时多少可贴补一些家用,且可在乡里留得佳名。[①]

然而,徐公勉之孙、徐熙春长子徐传贤(1908—1972)在1956年撰写的一篇向组织交代"历史问题"的《自传》[②]中,则记录了另一段涉及徐公勉学医与行医的经历,颇为耐人寻味:

> 祖父曾学医,有丰富的医学知识,但自己不肯行医,甚至家里有人生病还是求神送鬼。据说要挂牌行医,必须在"贫""夭""绝"三个字中顶一个字,意思是要做医师,不是贫,就是短命,不然就是断子绝孙。一般人当医师愿顶一个"贫"字,但是我祖父连个"贫"字也不肯顶,因为贫穷是很难忍受的。[③]

按常理说,以自己学得的医术救民于倒悬,本该是行善积德的大好事,怎会与贫穷、短寿、断子绝孙等字眼产生关联呢?一种可能的解释是,徐公勉学习的是传统医学,而非以分析、定量、实验为基础,从生物

[①] 李具双主编:《品掌故 话中医》,北京中医药出版社,2019年,第11—12页。
[②] 徐传贤《自传》原件收藏于北京邮电大学档案馆。参见钱益民编:《传邮万里 贤达人生》,上海,2020年。
[③] 徐传贤:《自传》,载钱益民编《传邮万里 贤达人生》,上海,2020年,第24页。

学等现代科学的视角理解人类健康与疾病的现代医学。中国传统医学与世界其他地区的传统医学类似，有"医巫同源"的特点，即治病救人的医学与装神弄鬼的巫术深度融合。因此，上古时代，医技又被称为"方术"，被视为术数（算命术）的一大领域。其时，医治病人的主要凭据则是阴阳五行、四时六气等术数层面的理论。①古人相信，人之贫富、祸福、寿夭，皆为上天注定。因此，算命等行为被视为泄露天机，只能由盲人等自身命运已然不济的群体来担当。依照这一理论，巫师驱鬼去祟、医师治病救人等行为都改变了上天对个人命运的安排，其代价就是损失巫师、医师个人的福报。如此，民间挂牌行医则有了"贫""夭""绝"三字之中顶其一的说法。但是，对于一个家族而言，又有哪位老人不希望自己富裕、长寿、子孙满堂呢？因此，徐公勉即使从朱若愚先生处学得了医术，但并不愿轻易为他人诊治，更不愿放弃科考之途成为全职医师。②

徐公勉的妻子孙氏（1855—1924），是青浦县庠生孙潢的第三个女儿。③但巧合的是，据《徐氏宗谱》记载，"思葭浜徐氏"中仅徐公勉一支，便有三位与同县的孙氏族人通婚：徐公勉娶孙潢之三女；徐熙春之长兄徐正祥（又名徐桂舲）娶青浦县庠生孙承爵之女④；徐正祥之子徐传经娶青浦县孙泳棠之女。⑤由此可见，徐、孙两家相互交往之密，乃至祖孙三代皆互相通婚。

---

① 王玉德、林立平等：《神秘的术数：中国算命术研究与批判》，广西人民出版社，1994年，第8页。
② 十年砍柴：《寻找徐传贤：从上海到北京》，现代出版社，2022年，第20页。
③ 徐公理、徐公修编：《徐氏宗谱》（卷下），上海，1931年，第5页。
④ 同上书，第21页。
⑤ 同上书，第43页。

徐公勉夫妇一共育有八个子女[①]：长子为徐正祥，字桂舲，生于1880年[②]；次子为徐正祁，生于1882年，后过继给同族徐篴，又字杏根，号午桥，但不幸在1903年早逝，得年仅21岁[③]；三子为徐正章，字六根，号熙春[④]；四子为徐正祖，生于1887年，字宝根，号又馨[⑤]；五子徐正祺早夭；长女徐岭梅，嫁与昆山县朱孝培；次女、幼女皆早夭。[⑥]

幼年时期的徐熙春，与同龄孩子一样难免有些顽皮、好动。对此，徐公勉夫妇二人对三子徐熙春等孩子的管教颇有心得：通过循循善诱而非棍棒伺候，让年幼的子女能日积月累地了解做人的道理。据徐熙春长女徐珠英撰文提及，其祖母孙氏是如此悉心教育子女为人处世之道的：

> 父亲讲到我们祖母的为人通情达理，待人和善、宽厚。教育小辈千万不要打人骂人，要做对人有益的事。父亲小时候和兄弟几人在外面玩，有时和人家吵闹了，甚至有人在骂人，当祖母听到了就一个个叫他们进屋，坐在凳子上，严厉地问他们究竟为什么吵闹？人家为什么要骂娘呢？好好地想想，你们不应该欺侮人家，也不应该被人去骂娘。就在祖母这样多次责问、教育下，使父辈慢慢地懂得怎样做人的道理，要做对得起父母的事，所以他们都非常孝敬父母，兄弟之间也

[①] 徐公理、徐公修编：《徐氏宗谱》（卷下），上海，1931年，第5页。
[②] 同上书，第20页。
[③] 同上书，第23页。
[④] 同上书，第25页。
[⑤] 同上书，第27页。
[⑥] 同上书，第5页。

很团结友爱。①

年纪稍长后，徐熙春便开始接受传统的儒学教育。由于祖父、父亲皆曾为塾师，故除了前往私塾学习《论语》等儒家经典之外，徐熙春在家中也多受父母的严格训导与鞭策。据徐熙春长子徐传贤在《自传》中回忆，祖母孙氏"常常叙述过去在困难时的处境，勉励孙儿辈用功读书，将来可以显亲扬名，过优裕的生活，还受到别人的尊敬"②。我们从中不难品出徐公勉夫妇对徐熙春等子女的殷殷期许：所谓"万般皆下品，唯有读书高""吃得苦中苦，方为人上人"，只有发奋读书，方能在今后出人头地、光宗耀祖。

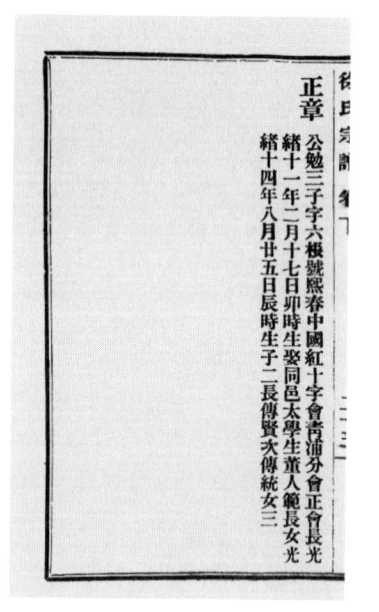

▲徐熙春在《徐氏宗谱》中的身份信息

与此同时，徐公勉夫妇身正为范，强调为人必先立德。父母二人的正直、敦厚与勇敢，也深深地影响着年幼的徐熙春等子女。

据徐熙春长女徐珠英回忆，她借长辈之口了解到了父亲徐熙春在八九岁时的另一则"非常可笑，也很可敬"的往事，而这件小事也很好地折射出徐公勉夫妇优良的家庭教育：

---

① 徐珠英：《怀念父亲——徐公熙春》，载徐家益、徐建新主编《青浦徐氏族谱考正集暨纪念徐熙春先生130年华诞》，上海，2014年，第136—137页。

② 徐传贤：《自传》，载钱益民编《传邮万里 贤达人生》，上海，2020年，第24—25页。

父亲他们到外婆家去玩,临走告别了大人。刚走出大门,听到里面的舅母们在议论说:这个小辫子最调皮。那时父亲留有一个小辫子,他知道里面大人们在讲他,便毫不犹豫地转过身去,回进屋里,板着脸严肃地对他们讲:"我还没有走,有意见当面讲,不要在背后讲人坏话。"大人们听了红着脸,只好笑笑地接受他的批评。从这件事看来,父亲从小就是一个耿直、聪颖、勇敢的孩子。[①]

由此可见,良好的家教是培养孩子立足于世的根本保障。日后,徐熙春在经商、开展慈善事业时也秉持公正、慈爱、坚毅之心,而这便是在童年阅读《三字经》《朱子家训》等蒙学读物,以及父母日复一日的训导中慢慢建立起来的。时光慢慢流逝,徐熙春在"人之初,性本善"等课文的吟诵声中一点点长大。到了10岁前后,徐熙春抓住了一个足以改变其个人与家族命运的重要机会。

摩登都市的兴起:近代上海转型

从《徐氏宗谱》的记载来看,徐公勉是思葭浜徐氏中应试科举的最后一代。到了徐熙春一辈,家族传统实现了从"耕读传家"到"商读传家"的根本性转变,其一大根源是晚清以来距离青浦不远的上海由于对外开放而迅速成为重要的国际都市。在此过程中,新式学堂的不断设立,近代工业体系的建立,与发达的进出口贸易等优势为青年人打拼创造了诸多机

[①] 徐珠英:《怀念父亲——徐公熙春》,载徐家益、徐建新主编《青浦徐氏族谱考正集暨纪念徐熙春先生130年华诞》,上海,2014年,第137页。

会，深深吸引着周边郊县乃至整个长江三角洲地区的年轻人来沪求学或做工以寻觅机遇。晚清民初上海的兴起，对于包括徐熙春在内的很多江南青少年而言，不啻为改变自身命运的一大良机：他们可以不用再走父辈们皓首穷经、求取功名的道路，而是通过机遇与努力，在日新月异的"魔都"上海获取人生之中的第一桶金。由此，近代上海的都市化历程成为江南地区家族与个人转型的重要契机。

一、上海开埠与租界设立

近代上海之兴起，与其在西方坚船利炮之下被迫开放，以及随后租界的设立与扩张等要素有极重要的关联：第一次鸦片战争结束后，清政府被迫签订《南京条约》，其中规定上海作为通商口岸，并且英国方面可在上海派驻领事，专理商贾事宜。[①]就这样，上海在英国军队大炮的威逼下开放了。1843年11月，英国派遣的首任上海公使乔治·巴富尔（George Balfour，1809—1894）经过与时任上海道台宫慕久（1788—1848）商定后，宣布上海自当年11月17日起开埠。[②]

开埠后的上海很快吸引了大批英国人来此定居，不仅有经营各类洋行的商人，也有来此传播"福音"的传教士等。这些外国人来到上海之后的首要问题便是为"屯物经商"和"携眷居留"而需要"租地造屋"。因此，英国方面便利用《五口通商附粘善后条款》（《虎门条约》）中限定中外活

---

① 《江宁条约》，载王铁崖编《中外旧约章汇编》第1册，生活·读书·新知三联书店，1957年，第31—32页。
② 唐振常主编：《上海史》，上海人民出版社，1989年，第134页。

动范围的条款①，将眼光投向上海县城以北的临江荒滩，强行在此租地、建屋。这片区域在日后有一个更为人熟知的名字——"外滩"（The Bund）。巴富尔希望该区域能专门辟为外国人造屋之地，清政府也希望通过外交谈判做到"息事宁人，中外相安"，故1845年11月29日上海道台宫慕久以上海道名义公布一项告示，宣布洋泾浜以北、李家场以南之地租给英国商人，以用来建设房屋与居住。随后，宫慕久便公布了与巴富尔商定的《土地章程》（Land Regulations）23款，规定租借地界址、租地办法、"华洋分居"（中国居民与外国人分开居住）、英国专管、章程修改办法等原则，并在日后被外国人视为上海租界的"根本大法"。

尽管在《土地章程》中规定中国仍保留土地管辖权、司法权、行政权以及对居留地外人决议有最后审核权，但自此之后美、法两国借《土地章

▶ 今上海外滩一角
（摄于2016年2月）

---

①《五口通商附粘善后条款》，载王铁崖编《中外旧约章汇编》第1册，生活·读书·新知三联书店，1957年，第35—36页。

程》在上海建立租借地，英国则将眼光落于界外土地，时时希望扩展。可以说，《土地章程》的签订让清政府对外国人有所限制的政策一开始就遭遇重大挑战。①

此后数年间，美国、法国等国家跟随英国的脚步，相继设立了各自在上海的租借地。1848年，美国圣公会牧师文惠廉（William Jones Boone，1811—1864）向上海道台提出建立美国租借地的要求，经交涉上海道台答应将苏州河北岸虹口一带作为美国租借地，但并未议定界址。1854年2月，美国将领事馆迁入租借地内。②1849年4月6日，上海道台麟桂贴出公告，宣布经与法国驻沪领事敏体尼（Louis Montigny，1805—1868）、驻华大使剌萼尼（Marie Melchior Joseph de Lagrené，1800—1862）协商，法国人可在其租借土地内建造房屋、商行，并可将房屋出租或用来堆放货物。法国租借地最早的边界为南至城河，北至洋泾浜，西至关帝庙诸家桥，东至广州潮州会馆沿河至洋泾浜东脚，双方注明界址。由此，上海法国租借地正式宣告设立。③英、法两国又相继通过谈判与施压的方式，攫取各自在租借地中的专管权。从1843年开埠至1849年，不到六年的时间，英、美、法三国在上海都占有侨民居留地，也就成为日后人们习惯所称的"租界"。④至此，英、美、法三国在上海的租界控制范围大致划定：英、法租

---

① 唐振常主编：《上海史》，上海人民出版社，1989年，第136—141页。
② 刘惠吾主编：《上海近代史》（上），华东师范大学出版社，1985年，第78页。
③ ［法］傅立德、梅朋：《上海法租界史》，倪静兰译，上海社会科学院出版社，2007年，第30—31页。
④ 一般而言，英、美租界称Settlement，该词有居留地、住宅区之意，与英国在上海租借土地以供囤积货物与提供居住地的目的相契合；而法租界自称Concession，该词有特许、让渡之意。参见唐振常主编：《上海史》，上海人民出版社，1989年，第145页。

界以洋泾浜为界，占据着外滩；而英、美租界夹峙苏州河河口。[1]

尽管开埠初期，英、美、法三国租借的区域都是荒郊野地，看似满足了清政府"华夷互不相扰"的想法，但这些国家挑选租借地的区域是别有深意的：三国租界均东临黄浦江，南北分别夹峙通往内地的两条内河——吴淞江（苏州河）与洋泾浜，因而通过两条河流可掌握更深的腹地。其中，法国驻沪领事敏体尼就对自己挑选的法国租借地选址有如下考量：交通方便，界沿三面都被可航行水路包围，靠近商业中心。[2]因此，租界只要控制苏州河、洋泾浜汇入黄浦江的周边区域，就足以扼上海县城之咽喉，从而实现对上海商埠的控制。

此后，英、法、美三国运用威逼利诱的方式，以"青浦教案"[3]等事件为借口，不断扩张租界范围。据学者周振鹤统计，1849年英租界第一次扩张时，其面积增至2820亩；1863年英、美租界合并为公共租界，经两次扩张后，至1899年面积达33 503亩。1849年法租界建立后，经三次扩张，至

---

[1] 刘惠吾主编：《上海近代史》（上），华东师范大学出版社，1985年，第78页。

[2] ［法］傅立德、梅朋：《上海法租界史》，倪静兰译，上海社会科学院出版社，2007年，第25页。

[3] "青浦教案"，指清道光二十八年（1848）英国伦敦会传教士麦都思（Walter Henry Medhurst, 1796—1857）、雒魏林（William Lockhart）与慕威廉（William）违反《虎门条约》规定，擅自前往青浦县传教，在当地城隍庙发放布道小册子，引发大量乡民和漕粮水手争相索取，以致三人困于人群之中。情急之下，雒魏林持手杖打伤一人，引发殴斗，致三传教士受轻伤。事后，英国理事阿礼国（R.Alcock, 1807—1897）一再要求苏松太道咸龄"惩凶"，咸龄与候补道员吴健彰先未理睬，后经英理事向两江总督李星沅施压，被迫作出处理：10名中国水手被枷号示众，由中方惩办，中国地方政府赔银300两，咸龄因查办不力被革职。事后，阿礼国借故迫使新任道台麟桂答应将英租界扩张为2820亩。这是新教传入中国后的第一起教案。参见王荣华主编：《上海大辞典》（上），上海辞书出版社，2007年，第259页。上海市青浦县县志编纂委员会编：《青浦县志》，上海人民出版社，1990年，第768—769页。

1914年面积达15 150亩。公共租界与法租界合计面积为48 653亩,为原上海县城面积的八倍之巨。①

二、"华洋杂居"与"国中之国"

1850—1860年代的太平天国战争,是上海城市发展的又一重大转折。由于太平天国以天京(今南京)为都城,主要活动范围为长江三角洲地区,因此太平军与清军之间的战争对包括青浦县在内的江南府、县造成严重的社会、经济冲击。特别是由福建传入且主要成员是农民和手工业者的民间秘密社会团体——小刀会②,与清军于1853—1855年在江南多县发生拉锯战,对这些地区的社会经济造成了严重破坏。1853年9月5—17日,小刀会先后攻占嘉定、上海、青浦、川沙等六县,但不久后便与清军陷入攻防激战。尽管小刀会首领刘丽川一再向各国驻沪领事保证不伤害外国侨民、维持与各国通商等以表达善意,但欧美各国并未就此改变对小刀会的敌意。随着中外联合绞杀,经十七个月与清军和外国军队的战斗,小刀会终告失败。③

由于租界特殊的地位,即便小刀会首领也不敢贸然在租界与清军交火,加之各国在上海组织了独立的武装——"洋枪队"进行保卫,因此上

---

① 周振鹤:《城外城——晚清上海繁华地域的变迁》,载复旦大学文史研究院、哈佛大学东亚系编《都市繁华:1500年来的东亚城市生活史国际学术研讨会论文集》,2009年,第373页。转引自戴鞍钢:《近代上海与江南:传统经济、文化的变迁》,上海书店出版社,2018年,第3页。

② 在太平天国定都天京后半年,为争取洪秀全方面的支持,小刀会在上海建立的"大明国"政权也改称"太平天国",给人以小刀会受天京节制的印象。

③ 唐振常主编:《上海史》,上海人民出版社,1989年,第159—169页。

海的三个租界成为特殊的"避风港"。于是,为避免受小刀会与清军以及后续太平军与清军的战火波及,大量上海县城及周边郊县的居民,以及到后期一些江浙一带的官僚、地主、富商携带家眷在1850—1860年代纷纷躲入租界,形成了事实上的"华洋杂居",带来了英、美、法三租界人口数量的第一次大增长。据学者邹依仁统计,从1853年太平军攻占南京到1862年进军上海前后,上海公共租界人口从1855年(当时为英租界、美租界)的2万余人增加到1865年两租界合并时的9万余人,法租界则在同期增长了4万余人,三租界合计人口净增长达11万人之多,增长人口的绝大部分构成是中国居民。[1]

在中国居民大量涌入租界避难之初,租界内的外国人还开展了一场关于是否容留华人居住的讨论。尽管一些反对者认为大量华人居住会破坏租界中"宁静安乐"的生活氛围,但更多外国人则从中嗅到了商机:他们发现若将土地租给华人,或在租界内建成房屋供华人租住,并从中收取30%~40%收益的话,不失为一条迅速便捷、有利可图的生财之道。[2]在现实利益的驱使下,1845年《土地章程》中"华洋分居"的原则逐渐形同具文。大量外国侨民在租界内向中国居民出租土地、房屋,收取租金,由此带动租界地价的大幅上涨,也同时刺激了租界内工商业的发展。

英、美、法三国鉴于"青浦教案"等事件的处理方式而食髓知味,通过多年与清政府方面的谈判与要挟,谋求修改《土地章程》以扩大在沪权益。1854年7月8日,阿礼国联合美国领事马辉、法国领事爱棠,正式宣

---

[1] 邹依仁:《旧上海人口变迁的研究》,上海人民出版社,1980年,第3—4页。
[2] 唐振常主编:《上海史》,上海人民出版社,1989年,第179—180页。

布经三人共同签字后的《上海英法美租界租地章程》于三日后在英国领事馆内召开的租地人会上通过。这个完全由外国人在自己集会上通过的章程，直接绕开了与清政府的谈判流程，更直接反映了三国的真实意图。这个章程相较于1845年通过的《土地章程》有如下重要改动：

其一是租界的扩张，面积扩至1845年的三倍多；

其二是取消1845年章程中各国商人租地要向英国领事申请许可规定，改由租地人向各国领事呈报并至上海道台备案；

其三是默认"华洋杂居"，取消1845年章程中"华洋分居"规定；

其四是在租界内设立武装巡捕，以维持界内治安与协助租界当局征税；

其五是成立工部局①，建立完全独立于中国行政系统之外的租界行政当局；

其六是确立绕开中国政府批准的章程修改方法；

最后是设立类似租界内立法机构的"租地人会"，可表决工部局提出的征税等议案。

如果说1845—1853年上海租界更类似于外侨聚集区的形态，清政府尚能在其间行使征税、管理等权且对租界事务还有一定审核权的话，那么从1854年的《上海英法美租界租地章程》签订后，租界性质就发生了根本变化，成了具有殖民地性质的"国中之国"，工部局为行政当局，清政府对租界越来越无法行使主权，西方各国则可根据其意愿改造。②

租界的殖民地化在1860年以后的几年内得以进一步加剧，首先表现

---

① 工部局，成立之初称 Executive Committee，意为执行委员会，后改称 Municipal Council，意为市政委员会。

② 唐振常主编：《上海史》，上海人民出版社，1989年，第170—184页。

在租界区域的合并、扩张。一方面，伴随着英国方面的越界筑路，租界的触角在上海越伸越长，一些新筑的马路及周边区域，如静安寺路（今南京西路）在日后也正式纳入工部局管辖范围内。另一方面，法租界也在1860年代初实现第一次扩张。由于英、美租界在1863年正式合并为公共租界，法租界则逐渐独立于英、美租界的节制，于1866年颁布《上海法租界公董局组织章程》18条，成立相当于工部局地位的公董局（Conseil'd Administration Municipale de la Concession），使之成为法租界内最高行政当局，而清政府对法租界内事务已无发言权。其次，租界当局通过与清政府签约的形式，攫取租界内的领事裁判权，两大租界内出现司法机构——会审公廨。1869年4月公共租界颁布的《上海洋泾浜设官会审章程》规定了涉外案件需领事陪审、外国领事同时具有审理权与接受上诉权等严重践踏中国司法主权的条款，使得上海租界在司法上逐渐独立于清政府之外。至1860年代末，上海租界的殖民地化过程基本完成，这块租借地的面积甚至远远超过了上海县城本身，进而导致二者地位的彻底翻转：县城逐渐走向没落衰败，对上海城市发展的影响随之式微，而县城之外的租界则迅速发展起来，至19世纪下半叶上海县城以北租界的发展便极大地代表了整个上海的发展。[1]

三、现代文明的窗口

租界的成立、扩张是近代中国领土、司法等主权沦丧的重要象征，但客观上其的存在又向中国社会提供了一个资本主义生产方式与西方文明的

---

[1] 唐振常主编：《上海史》，上海人民出版社，1989年，第217页。

"展览馆"。因此,租界"既是耻辱的标志,又是文明的窗口"①。

（一）市政管理的样板。租界较之上海县城,有更整洁的市容与更先进的市政建设与管理制度。1902年,在清政府颁布《钦定学堂章程》后,清廷便鼓励全国兴办新式学堂。为改变初等学堂传授乡土史时无书可参的现况,李维清奉学部令在1907年编成的《上海乡土志》一书中,将他所见的租界与华界（指租界之外的地方）市容风貌进行了一番形象的对比:

> 租界马路四通,城内道途狭隘。租界异常清洁,车不扬尘,居之者几以为乐土;城内虽有清道局,然城河之水秽气触鼻,僻静之区坑厕接踵,较之租界几有天壤之异。②

尽管"天壤之异"这样的字眼难免有夸饰之嫌,但租界与上海县城之间在市容上存在巨大差异,应属史实。之所以形成如此巨大的差别,一方面固然与县城既有的基础设施、居民素质和传统习惯等有关,但另一方面更重要的是由于租界系统的市政规划与近代工商业发展的需求更为契合,从而适应了日益繁荣的通商需要。与此同时,租界通过建立一系列规章制度,使市政管理更趋规范化、制度化,如工部局设立工务处、警务处、公共卫生处、火政处,共同构成市政工作的重要环节。相较于城市发展陷入停滞的上海县城,租界市容已与同时期世界上其他主要城市之间相差无几。

---

① 熊月之:《上海租界的双重影响》,载《万川集》,上海辞书出版社,2004年,第120、129页。

② 李维清:《上海乡土志·第十课 道路》,载胡祥翰、李维清、曹晟《上海小志 上海乡土志 夷患备尝记》（上海滩与上海人丛书）,吴健熙、施扣柱标点,上海古籍出版社,1989年,第68页。

第一章　从江南到上海："到上海，去打拼！"

在租界中，上海本地居民第一次见到以煤气灯、电灯、自来水为代表的近代先进的物质文明，其使用之方便快捷，逐渐改变了他们既有的生活习惯。以煤气为例，本地居民最初接触时认为其为"地火"，只能穿着皮鞋通过煤气管道附近，乃至部分赤足者不敢行经煤气公司附近。但经过一段时间后，他们发现煤气、电灯等，较之油灯等旧物件使用起来安全、便捷，便逐渐接受了这些新事物。[1]新事物的出现，也彻底改变了上海的城市面貌，如有时人留下诗句歌颂当时的上海租界夜景："火树千株照水明，终宵如在月中行。地埋铁管通街市，真个销魂不夜城。"[2]

租界的城市管理制度，在清末逐渐为中国士绅接受并效仿。1905年，上海城厢内外总工程局（后于1909年改为城自治公所）成立，是为上海城厢地方自治之滥觞。作为重要推手的李平书（1854—1927）强调，上海县城厢的地方自治必须"采取东西国市町制度"，即将租界的管理经验移植到上海城厢来，因此1905年成立的总工程局便师法工部局，不仅仅限于办理市政工程，而是同步纳入社会治安、司法审判等事宜。在总工程局的《简明章程》中，规定了总工程局涵盖编查户口、测绘地图、推广埠地、开辟马路、整理河渠、清洁街道、添设电灯以及推广警察、举员裁判等事宜，并从机构设置角度说明地方自治办理的事务：总工程局下设户政、警政、工政三科，也与工部局的机构设置高度相似。[3]从此层面上看，租界的市政管理对于中国部分有识之士而言，能够不出国门便可借此了解西方

---

[1] 熊月之：《上海租界的双重影响》，载《万川集》，上海辞书出版社，2004年，第121页。
[2] 辰桥：《申江百咏 卷上》，载顾炳权编《上海洋场竹枝词》，上海书店出版社，1996年，第79页。
[3] 冯绍霆：《李平书传》，上海书店出版社，2014年，第131页。

《《《 遇见徐熙春：在江南与上海之间

▲上海外滩（摄于1886年、1928年）

更为科学、高效的管理制度，从而改变了先前对西方社会的误解与偏见，并在思考中国城市管理不足的同时，积极对标租界更优质的管理经验，从而提升了中国城市自身的管理水平。

（二）经济活动的枢纽。租界设立之初，外滩设立了大量洋行开展进出口贸易，因而开埠后不久上海的进出口贸易量迅速增长，随之成为鸦片战争后开放的五个通商口岸中进行大宗贸易的唯一港口。仅从出口数据便可看到上海作为全国进出口贸易重要枢纽的地位：1846年，上海出口占全国出口比重七分之一，仅过了五年便占到三分之一，在紧接着几年便达到全国出口半数以上。[1]由此，上海取代广州的地位，无可争议地成为中国第一大商埠。

贸易的勃兴带来上海金融市场的建立与发展。1848年，租界内还出现了第一家外国银行——丽如银行（Oriental Bank），标志着外国金融势力进入上海。[2]1865年，英国汇丰银行（The Hongkong and Shanghai Banking Co.,Ltd）成立，是为第一家总行设在中国的外国银行。此后，上海本土钱庄开始接受外商银行的"银拆"。[3]这一方面标志着外商对上海金融市场开始控制；另一方面则意味着钱庄业与银行业的整合，而钱庄业通过学习外国银行，建立行业规范，自身也逐渐有良性发展。[4]

作为中外贸易新的主要据点，外国船舶来沪日多。1840—1850年代，

---

[1] [美]马士：《中华帝国对外关系史》第1卷，张汇文等译，生活·读书·新知三联书店，1957年，第403页。
[2] 唐振常主编：《上海史》，上海人民出版社，1989年，第150—151页。
[3] 所谓"银拆"，指外国银行对华商钱庄以银两为计算标准拆借的利率。
[4] 唐振常主编：《上海史》，上海人民出版社，1989年，第242页。

外国资本家陆续在上海开设行栈、码头等，如1852—1853年，英、美等国在上海和浦东开设的船坞。同时，设立一批船舶修造厂及沟通信息的印刷厂和报馆等，如1850年的字林报馆，是为上海最早一批外国资本企业。之后，外国资本企业不断开设，英商祥生船厂与耶松船厂先后于1862年和1865年成立，成为上海规模最大的造船厂。此后，外国资本家利用不平等条约的相关条款，逐渐在上海直接投资设厂。1878年后，外国洋行先后建立了怡和、宝昌等缫丝厂及日、美、英、德四国资本合办的"上海机器轧花厂"，还有一些食品工厂与化学工厂。此外，工部局经营的公用事业，如上海电气公司（上海电力公司前身）、电车公司（英商、法商）、电话公司等，由于其垄断和稳定的性质，因此也成为清末民初上海产业工人所在企业的重要组成部分。据统计，至1894年，各类外国资本的近代企业共雇佣工人达1.9万人。

与此同时，清政府洋务派以"求强、求富"为目标，在上海创办了一些军事企业。1867年，由"上海炮局"（1862年成立）与由李鸿章收购的美商旗记铁厂合并而成立的"江南制造局"，成为洋务派建立的最大军火工厂，成立时有工人2821人。为了解决军事企业的资金筹措与原料运输等问题，洋务派也兼办了一些民用企业，如1872年李鸿章创办的轮船招商局、1890年投产的上海机器织布局等。截至1890年代，洋务派创办的企业中约有7000名以上产业工人。

此外，1870年代后，因外商刺激及传统经济结构遭到破坏，一些商人、地主、官僚等投资于近代工业。至1880年代，国人投资的缫丝业兴起。至1890年代，又成立华新、裕源等纱厂，其他如面粉、火柴、印刷、机器等企业也陆续为民族资本所开办。截至1890年代，上述民族企业共拥有产

第一章　从江南到上海:"到上海,去打拼!"〉〉〉

▲上海南京路(摄于1892年、1920年)

业工人约1.41万人。①

回顾上海在1860—1890年代外商、洋务派与华商创办近代企业的历史，可以发现这些企业大多采用近代机器生产而非传统的手工业生产方式，大大推动了近代上海社会生产力的发展。同时，这一时期近代上海工业形成高度集聚效应：一方面表现在工人总数的集中。据统计，1894年上海产业工人人数为4万人，占当时全国产业工人总数的41%～44%。②另一方面表现在设厂空间的集中。尽管上海并非工业原料产地，但由于较之其他地区"混乱失序"，上海租界内的企业经营环境明显较优，因此不少企业主宁可远离原料产地与消费区，也选择将工厂设于上海。据统计，直至1930年代，上海公共租界内各类工厂有3400多家，占到上海工厂总数的2/3。③由于汇集商贸、金融、航运等中心，加之近代工业在此起步，租界名副其实地成为上海经济活动的枢纽。

（三）新学新知的渊薮。外国传教士及其他外国人等在上海租界及周边地区，开设了一些学校如徐汇公学、圣约翰书院等，创办了一些译介西学的新式报刊如《万国公报》等，翻译出版了不少西学书籍如《格物探源》《天演论》等。诚然，传教士等创办学校的初始目的，当然有传播基督教的需求，但建学校、办报刊、译西著等文化活动却客观上向中国人传播了西学、普及了新知。无论是徐汇公学等教会学校，还是非教会学校，

---

① 沈以行、姜沛南、郑庆声编：《上海工人运动史》上卷，辽宁人民出版社，1991年，第9—11页。
② 同上书，第12页。
③ 戴鞍钢：《近代上海与江南：传统经济、文化的变迁》，上海书店出版社，2018年，第171页。

理化知识、天文地理、中外历史等新学成为这些外国人创办学校授课的主要内容，由此西人所办学校开了中国近代教育风气之先。中国人创办的新式学堂，如张焕纶（1846—1904）创办的梅溪书院（是为中国近代第一所小学），以及盛宣怀（1844—1916）创办的南洋公学（上海交通大学前身），其学制、课程等皆借鉴西人所办学校。

西人创办的新式报刊，以及教会等机构出版由西人或中国作者翻译的西学著作，则将西方的新学问，包含近代自然科学与社会政治知识等，向中国读者译介。一些中国人从这些报刊、书籍中了解到民约论、进化论，甚至还知道了当时被称为"百工领袖"的马克思及其学说[1]，从而引起这些接受新知的人们开始思想上的震动，进而怀疑传统而走向革新，其中最典型者就是1906年在上海澄衷学堂求学的15岁少年胡适（1891—1962，本名胡洪骍）。胡适从学堂内杨千里先生处阅读到严复（1854—1921）译《天演论》后，第一次了解到"天演""物竞""淘汰""天择"等术语，加之亲身经历中国在甲午战败后和庚子、辛丑之辱，其内心与不少人听闻"物竞天择，适者生存"公式一样受到了"绝大的刺激"。后来，在二哥的提议下，胡适取《天演论》中"适者生存"之意，为自己起了表字"适之"，并在考取留美官费学生时（1910年）正式更名"胡适"。[2]

当时，《申报》《新闻报》《字林西报》（*North China Daily News*）等外商创办的新闻类报纸，则对近代中国新闻出版业起到很大的刺激与促进作用。一些国内人士创办的报刊，其印刷技术、报纸版式、办报方针等深

---

[1] 陈旭麓主编：《五四后三十年》，上海人民出版社，2019年，第7页。
[2] 胡适：《四十自述》，海南出版社，2017年，第46—47页。

受外商影响，如晚清颇有影响力的革命报刊《苏报》，其国际国内新闻就直接取自西人创办的《字林西报》。

因此，由于租界的特殊作用，近代上海成为西学在中国传播的"批发部"和"中转站"，求西学、奔上海成为当时知识界的普遍心理；加之租界对于言论限制相对于清政府、北洋政府而言更为宽松，故清末民初的上海形成了一种比较适合文化发展的环境。就这样，上海如同海纳百川般培养、吸纳、汇合了大量文人学者，并以此为基础形成了具有明显开放性、灵活性的海派文化，成为全国的文化中心。[1]

回溯近代上海都市化的道路，可以清楚地看到整个近代上海对外开放的历程，而上海的开埠就此成为江南与上海地位扭转的转折点。开埠前，上海县城与中国其他传统城市之间并无显著差异，在地理空间与江南城市群中属于江南的"边缘"地带，且不与苏州、杭州等江南中心城市比较，其城市规模也逊于松江府城；开埠后，上海一跃成为江南新的中心城市及连接东西方"两个世界"的枢纽。此后，上海开始以中心口岸的力量重塑江南区域经济与文化版图，江南则成为上海广袤且丰饶的腹地。其实，从江南的上海到上海的江南的转变过程，折射出了一个时代的终结与另一个时代的开始：开埠前，以苏杭为中心的江南，是埠际贸易主导的一个"区域性世界"，上海在其中仅仅是苏州的转运港；开埠后，以上海为中心的江南，转变为由对外贸易主导的深度卷入世界市场和全球体系的"世界性区域"。这种以"边缘"缔造"中心"的变化，不仅对于江南区域史而言

---

[1] 熊月之：《上海租界的双重影响》，载《万川集》，上海辞书出版社，2004年，第125—126页。

是具有深远意义的转折,而且就此牵动中国由传统迈入现代的整体变迁,最终促成现代中国的转型。①

"到上海,去打拼!"的选择

近代上海由传统向近代的嬗变过程,背后蕴含着巨大的商机与筑梦机会,让无数青年人怀揣着各种梦想来到这座崭新的大都会打拼。像沙逊(Jacob Elias Sassoon,1844—1916)②、哈同(Silias Aaron Hardoon,1847—1931)③这样不远万里的"淘金者",尚且都来到这座东方的"冒险家乐园"

---

① 周武:《边缘缔造中心:历史视域中的上海与江南》序,上海书店出版社,2019年,第1—2页。

② 沙逊,英国犹太商人,为伊利亚斯·大卫·沙逊的长子。1872年,在印度孟买的新沙逊洋行创立后,被其父派往上海,主持新沙逊洋行上海分行业务,主要从事鸦片贸易,兼营印度生产的棉纱、棉布和麻袋,为新沙逊集团的发展打下了基础。1877年,廉价购进美商琼记洋行的"侯德"产业(现和平饭店原址)后,开始在上海从事房地产业投资,逐渐成为上海房地产大王,同时兼营进口印度棉麻制品。1880年,离开上海返回印度。1916年,病死于孟买。参见吴成平:《上海名人辞典》,上海辞书出版社,2001年,第86页。

③ 哈同,英裔犹太商人,生于伊拉克,父早亡,随母迁居印度孟买。1873年,到上海,初在老沙逊洋行任门卫、业务管事,不久升任领班和行员,其间自己也经营鸦片兼放高利贷,大量收买南京路和静安寺一带地皮,后入英国籍。1886年,改任新沙逊洋行大班协办,次年被法租界公董局聘任为董事,不久又任公共租界工部局董事、租界法院陪审员,出巨资用铁藜木铺设南京东路。1901年,在上海独自建立哈同洋行,继续经营房地产、鸦片和高利贷。1902年,资助蔡元培、章太炎等建立爱国学社。同年,兴建哈同花园(原址今上海展览中心),又称爱俪园,园内有佛教寺院、华严大学(后改称仓圣明智大学)。该园一度成为同盟会成员活动场所,也收容庇护过不少下野政客和在逃官僚。后兴办广仓学会,聘请王国维、徐悲鸿、汪仲山等任教,并主持书画事。1912—1913年,与清逊位皇帝溥仪、北洋军阀交往甚密。娶中国人罗迦陵为妻,在杭州西湖建哈同庄园,取名罗苑。后来,病死于上海。参见吴成平:《上海名人辞典》,上海辞书出版社,2001年,第369页。

⟪⟪⟪ 遇见徐熙春：在江南与上海之间

寻找致富良机，那么对于不少身处近水楼台的江南青少年而言，上海的新式学堂、各类工厂乃至传统的手工业作坊等，相较家乡的营生更是有着难以言喻的吸引力。因此，"到上海，去打拼！"，成为19世纪末至20世纪初江南青少年的共同心声：在他们的心中，较之生气日淡的江南故乡，上海是一座地地道道的"魔都"，既有着散发洋气的"摩登"（Modern）一面，又有着遍地机会以发家致富乃至扬名立万的独特"魔力"（Magic）一面。

　　由于天资、家境、教育程度等差异，江南地区的青少年前往上海谋生的起点也大相径庭。若有幸生于家境殷实的家庭，这类年轻人通常会前往上海的各类新式学堂学习新学。例如，比徐熙春年幼2岁且出生于青浦县邻县吴江县的柳亚子（1887—1958），出身吴江黎里镇内的书香门第，自家族中的高祖起好几代有诗文集行世，他年仅12岁便能作五言、七言旧体诗。[1]1902年，南洋公学爆发"墨水瓶风潮"引发大批学生退学，蔡元培、吴稚晖等人发起成立"爱国学社"，接纳退学学生继续接受教育。[2]经亲友介绍，柳亚子了解并赞成"爱国学社"的革命主张，于是决定前往学

---

[1] 柳亚子：《柳亚子自述》，群言出版社，2014年，第2—3页。
[2] "墨水瓶风潮"，是近代上海第一起学潮。事件的具体经过是：1902年，南洋公学已有六个普通班与一个特别班，其中五班中文教员郭镇瀛是个守旧儒士，被学生哂为"没有墨水的墨水瓶"。当年10月15日，某学生将一盛满清水的墨水瓶故意放到郭的桌上，郭认为是学生有意嘲弄，遂限三日内要求查出涉事学生并将其除名，但三日限期后并未有下文。郭遂串通学堂总办，将怀疑对象伍特公等三人以"不敬师长"之名开除。五班同学全体哗然，集体要求学堂取消三位学生的开除令，并辞退郭教员。然而，学堂以"聚众开会，倡行革命"为由，将五班学生集体开除。此事引发南洋公学全体学生与部分教员的强烈不满。次日（10月19日），学生发动罢课，要求学堂收回成命，但校方避而不见。当时，在南洋公学任教的蔡元培从中调停，但学校依然不肯让步。蔡元培遂带领愿意离校的200余名同学出走，在上海白克路福源里（今凤阳路107弄）租借民房成立"爱国学社"。参见卜启明、薛理勇编：《上海掌故辞典》，上海辞书出版社，1999年，第570—571页。

习。1903年，柳亚子在父亲的帮助下坐着一艘小船，从家乡吴江黎里镇出发，经过芦墟到青浦朱家角再换乘小轮船前往上海，进入"爱国学社"旁听课程。与胡适类似，柳亚子在学社中经吴稚晖教习读到了《天演论》。此后，章太炎成为柳亚子的授课老师，接触了西方民主革命思想，受此影响他为自己起名"人权"，表字"亚卢"，意为"亚洲的卢梭"。[1]可见，前往新学堂读书学习，引发了思想观念上的转变，这从柳亚子的经历中便可见一斑。

当然，在江南，更多普通家庭并不会如吴江黎里柳家一样有着富裕家境与家学涵养，这些家长一般会将自己的孩子送到上海的工厂、手工作坊、商店等当学徒；而出身经济条件更差家庭的年轻人，则会到码头等从事苦力劳动，甚至沦入"黑道"谋生。例如，比徐熙春年长3岁且来自江苏镇江的程子卿（1882—1961），其经历就颇具典型性。程子卿早年肄业于镇江高功书院，后来因为家中贫困便到镇江的何益顺米店当学徒，由于在店中每天需要不断拎米包，因而练就了过人的臂力。约在1900年，程子卿从镇江到上海谋生，先在十六铺码头做搬运工。在十六铺，程子卿结识了帮会首领兼"包打听"的黄金荣（1868—1953）与丁顺华，三人意气相投，便结拜为青帮弟兄。是时，程子卿年龄还不到20岁，由于皮肤黝黑，人称"黑皮子卿"，属青帮中的"悟"字辈人物。待到积累了一些钱财后，程子卿进入"法书斋堂"学习文化知识。1911年，经黄金荣介绍，程子卿进入法租界大自鸣钟巡捕房当巡捕，此后长期任职于法租界巡捕房。[2]

---

[1] 柳亚子：《柳亚子自述》，群言出版社，2014年，第131—132页。
[2] 苏智良：《程子卿夜闯中共"一大"会场之考证》，载《上海：城市变迁、文明演进与现代性》，上海人民出版社，2011年，第255—257页。

再说青浦县城内的思葭浜徐氏，至徐熙春的父亲徐公勉一代，其家庭的经济环境相较于祖父徐景一代的"财雄乡里"，显然衰弱了不少。根据徐熙春长子徐传贤的《自传》记载，他如此回忆祖父徐公勉的家庭状况：

> 我的家庭那时是一个没落的封建地主家庭，祖父母生下八个子女。靠60～70亩出租的田度日，经济很困难。所以我伯父（徐桂舲，已死）和我父（徐熙春）很早就到上海去学生意、当学徒，把另外一个伯父嗣出去了（杏根，婚后不久即死）。[1]

在晚清江南地区，思葭浜徐氏的经历并不罕见。徐公勉虽有秀才功名，家中也有还算不少的田地供出租，但由于子女众多，小农经济生产低下，即便担任塾师且偶尔为邻里行医治病，也只能勉强维持大家庭的基本生活，因此"经济很困难"并非夸饰之词。徐公勉一家通过祖上的积累有些家族财产，尚有捉襟见肘之感，那么对于更多家境不如他们的家庭而言，其生活之艰难可想而知。

例如，徐熙春的同乡、商务印书馆创始人夏瑞芳（1871—1914），便出生于一个世代务农且家境清寒的家庭。由于家境实在贫困，夏瑞芳的父母变卖了家中的田宅，在上海董家渡开设小商店，并在其9岁时将他寄养到青浦县内的亲戚家中。等到11岁时，夏瑞芳已表露出强烈的"到上海去"的意愿。有一次，适逢夏母回青浦老家省亲，夏瑞芳借此机会便想跟着母亲到上海见见世面，但遭到拒绝。于是，夏瑞芳偷偷地尾随母亲，但被眼前的一条河流阻拦而不能过河，心急的他看到了行经的一艘小船，便

---

[1] 徐传贤:《自传》，载钱益民编《传邮万里 贤达人生》，上海，2020年，第24页。

央求船夫载他渡河。船夫一看孩子年龄尚小,开始并未答应。夏瑞芳大哭道:"你要是不载我渡河,我就跳河死掉!"船夫为其决心触动,便载他过了河。到达朱家角后,夏瑞芳再次见到了母亲,母亲也深感孩子坚定的意志,便带着他到了上海。很快,夏瑞芳便在上海基督教清心堂附设的小学免费读书。①

或许,夏瑞芳是从大人们的口耳相传中了解到远在自己家乡40多公里之外,有这样一座风气时尚、机会遍地的摩登都市,慢慢地对它有了强烈的向往,乃至于在11岁时终于坚定决心,冒着危险只身踏上了前往那座城市的旅程。那时,每一位有志少年来到上海的道路,有不少与夏瑞芳一样,布满艰辛乃至危险。但正是上海开埠之后,独有的魅力与机遇深深地打动了他们的内心,驱使着他们冒着辛苦去那座大人们口中洋气、有钱的城市追逐梦想。

距离上海约400公里之外的徽州,流传着这样一句俗语——"前世不修,生在徽州。十三四岁,往外一丢",说的是古徽州人对十三四岁年龄段孩子的态度:如果孩子天分好,便继续上学,考秀才、举人乃至进士;若读书天资稍逊,十三四岁时孩子的身体也基本长成,那么父母则会安排他们外出打工,先从学徒干起。②如此看来,思葭浜徐氏对孩子的培养也与古徽州人有着异曲同工之妙。由于家族中长期以来科举表现平平,并未有举人、进士层级的族人,加之前述较为拮据的家庭经济状况,于是徐公勉便想着不如让徐桂舲、徐熙春这些孩子放弃科考之路,待他们长到十三四

---

① 蒋维乔:《夏君瑞芳事略》,载赵俊迈《典瑞流芳:民国大出版家夏瑞芳》,商务印书馆,2017年,第119页。

② 赵焰:《徽商六讲》,安徽大学出版社,2014年,第30页。

岁时"往外一丢",让他们到上海去已经打拼有成的亲戚处做学徒来贴补家用。

就这样,1898年3月[1],年方舞勺的徐熙春便跟着大哥徐桂舲的脚步坐上了前往上海的乌篷小船,从青浦城厢镇出发,顺着漕港河,沿途经过蟠龙、七宝、法华等镇,经一日航程便登上了十六铺码头。抬头望去,外滩沿岸洋楼林立、招商码头汽船嘶嘶,摩登都市的图景已全然不同于江南县城,不禁让徐熙春和哥哥徐桂舲怦然心动。距离十六铺码头不远的南市新开河,便是他们"学生意"的所在,兄弟俩的人生即将就此翻篇。

---

[1] 来源于《徐熙春美新公司要事记事本》(1956年),由徐熙春外孙方针提供。

第二章　从商号学徒到烟号老板：
商界新秀露头角

1898年，13岁的徐熙春与大哥徐桂舲一起去投靠位于上海南市亲戚开设的烟号，从学徒开始一步步积累自身财富和社会阅历。经过十余年的辛勤劳作，以及依靠自身的聪明才智，徐熙春在1915年终于拥有了自己的烟号——信孚泰，完成了从学徒到老板的"逆袭"。尽管经营初期面临着一些意想不到的挑战，但通过诚信经营的理念与敏锐的商业头脑，徐熙春逐渐成了南市一带颇有影响力的烟丝商人，并在之后加入了上海民国路商业联合会，以及由青浦在沪各界人士发起成立的"青浦旅沪同乡会"以履行自身社会责任。与此同时，徐熙春成家立业、生儿育女，家庭生活幸福美满、其乐融融。

当然，从徐熙春早年的创业经历中，我们还可以一窥清末民初上海南市的零售商业特别是烟丝业的发展概貌，并在此基础上进一步观察中小商人如何通过参与商会、同乡会等组织，实现其在商人身份之外获得更广阔的社会活动空间。

德隆彰烟号做学徒

在卷烟大规模普及之前，中国民间吸烟方式主要分旱烟、水烟两种。

旱烟即将烟叶切成烟丝装在烟斗内点火吸烟的方式，烟斗则附在竹制或铜制的数寸长的烟杆之上；水烟则是通过在烟杆的一端装置盛水部分，使烟丝燃烧后通过水的过滤作用减少烟火气的吸烟方式。[1]由于水烟吸取时能够营造烟雾缭绕的朦胧感，因而颇受当时有钱有闲的地方士绅的青睐。例如，力帆集团创始人、"老重庆"尹明善（生于1938年），曾如是回忆他童年时代所见乡里的绅贾享受吸水烟的飘飘欲仙之感：

> 在卷烟流行之前，水烟是中上人家的常用品，似乎可以说是乡绅商贾的最爱。吸水烟要轻轻装烟丝，噗噗吹纸捻，咕嘟咕嘟听水声，香烟缭绕飘飘然进入仙境，不少人享受的就是这个近乎美妙的过程。女主人坐在堂屋手捧水烟袋，娴静、淡然，是民国时期一幅典型的民俗风情画。而吸卷烟过程简单、方便、随意、潇洒。两相对比，水烟文化可说是从容优雅，卷烟文化却是自在悠闲。[2]

水烟的主要产区是甘肃兰州，在全国各地的流行得益于太平天国后左宗棠的部队换防西北，令往来西北与内地的人数逐渐增多，于是部队中的人返乡时便常常将兰州产水烟带到南方馈赠亲友。其时，一些有闲阶层视水烟为珍品，互相宣传称赞。清末民初，上海德隆彰商号瞅准了贩运水烟背后的巨大商机，便携巨额资金在兰州开办水烟工厂，制成后将水烟成品贩售至上海，随之赚得丰厚利润。在德隆彰的刺激与引领下，兰州当地开

---

[1] 朱邦兴、胡林阁、徐声合编：《上海产业与上海职工》，上海人民出版社，1984年，第574页。
[2] 尹明善：《水烟——旧重庆往事之五》，载《芭蕉飚飚：尹明善随笔集》，生活·读书·新知三联书店，2020年，第235页。

设近百家大小水烟作坊，每年产量十万担以上，源源不断地流入上海等地市场，形成了从种植、制作、贩运到零售且横跨兰州与上海等地的完整经营生态链。在上海南市，有五大著名的水烟批发贩售商行异军突起，分别是一林丰、协和成、德隆彰、永生瑞、义源厚，均开设于上海南市的新开河一带。[①]

德隆彰正是徐熙春13岁时前往投奔的商号，其所有者为汤侍绳及汤椿年、汤圣才叔侄三人，与徐桂舲、徐熙春兄弟为表叔侄、表兄弟关系。据多年从事青浦徐氏宗谱考据工作的徐家益先生回忆，从清末到抗战前夕，汤氏家族在南市地区主要经营钱业、房地产、参燕、西烟等业，为当地望族。当时，汤、徐两家往来甚密，时相晤叙，长袍马褂、衣冠楚楚，鞠躬作揖、相互寒暄，在徐家益等晚辈看来，汤氏叔侄与徐家兄弟的互动甚是有趣。[②]

由于近代上海商业企业大多由传统的旧式商号转化而来，尽管开埠为上海带来了西风影响下的管理制度，但由传统手工业与商业延续下来的学徒制，因其强大的历史惯性而得以保留，而学徒是商业企业中最底层的劳动者。可以说，近代上海商业企业的大多数人都有学徒背景，甚至商号业主由学徒发迹而来者也不乏其人。例如，上海滩知名的"赤脚财神"虞洽卿（1867—1945），出生于浙江省镇海县，幼年失怙且家境贫寒，靠母亲

[①] 胡伯益：《兰州水烟与同朝人》，载中国人民政治协商会议陕西省大荔县委员会文史资料研究委员会编《大荔县文史资料》第4辑，大荔，1991年，第62—63页。
[②] 徐家益：《为远祖徐阶、徐时泰、徐光启三公正名树谱——青浦徐氏宗谱考实》，载徐家益、徐建新主编《青浦徐氏族谱考正集暨纪念徐熙春130年华诞》，上海，2014年，第19页。

一手将他抚养长大。1881年，虞洽卿念完三年私塾后便前往上海进了瑞康颜料行当学徒，"满师"后任跑街。1893年起，虞洽卿至德商鲁麟洋行当买办，此后通过自身多年经营创办三北轮船公司、新昌榨油厂等企业，并参与发起上海证券物品交易所，逐渐成了上海金融、航运等行业的巨擘。[1]

尽管各行各业招收学徒与管理方式不尽相同，但各业学徒依然有如下基本共性：

其一是严格的人身依附关系。在商业企业中，无论生意规模大小如何，学徒均需向业主拜师。如此，商业企业所有者利用学徒制变相招募童工，在规避政府法令限制与社会舆论谴责的同时，亦可利用"师徒"关系建立起对学徒生活的绝对支配，同时学徒在正常工作之余还需要伺候业主家庭的衣食起居。按上海著名中医师、曾经为学徒的陈存仁（1908—1990）的说法，"旧时做门生，老师的事什么都要做，除倒痰盂、扫地、整理烟榻、迎送宾客之外，还要帮他购买一切杂物"[2]，因而相应地学徒自我支配的时间被严重压缩。值得注意的是，即便学徒"满师"出店，这样的"师徒"关系仍可存续。

其二是学徒劳动的无偿性。学徒制通过变相的人身依附，迫使学徒学艺期间从事近乎无偿的劳动活动且人身自由等受到限制，甚至有时还会遭受业主的打骂。尽管业主负责学徒的日常衣食等开销，但为压缩经营成本，学徒的生活待遇往往较差，社会上普遍称这种生活是"吃三年萝卜

---

[1] 陶水木编：《近代浙商名人录》，浙江人民出版社，2005年，第48—49页。
[2] 陈存仁：《银元时代生活史》，广西师范大学出版社，2007年，第17页。

干饭"。①

由此看来，即便投靠的是亲戚创办的商号，徐桂舲、徐熙春兄弟二人的学徒生活想必也绝不会太轻松。不过，"失之东隅，收之桑榆"，学徒生涯虽然辛苦，还不时会受些委屈，但对于多数普通人家的子弟而言，这段生活是磨炼能力与品性并进而立足上海滩之前最重要的职业训练。因此，徐熙春也正是通过学徒三到四年的训练期，逐渐养成了勤劳、细致、坚忍的性格，待人处世开始变得八面玲珑，也慢慢地和五湖四海的客人、老板打起交道来。经过五年的磨炼，徐熙春终于在1903年正式"满师"，并离开了德隆彰。②

成家立业与生儿育女

"满师"之后的十年间，徐熙春辗转多家丝烟行，先后做过账房、经理等工作。③自此时开始，徐熙春便常用自己的号"熙春"示人。目前，我们能在近代报刊上最早见到"徐熙春"三字的，是在1912年12月20日上海《申报》第7版一条名叫《有无别情》的社会新闻上：

> 法租界新开河浜苏和太烟行行伙徐熙春，昨与栈司陈三，同扭南汇航船主周锡元、船伙王阿福至南区，控称今秋九月间，陈挑送皮丝三十五包送上该船，由王阿福代收，嘱送至南邑益盛号，不料许久未

---

① 沈祖炜主编：《近代中国企业：制度和发展》，上海人民出版社，2014年，第110—112页。
② 来源于《徐熙春美新公司要事记事本》（1956年），由徐熙春外孙方针提供。
③ 同上。

到。迨向询问，诿为不知，求追货本洋二十元，讯之周、王，均不承认，区员恐有别情，着送商埠巡警局预审拟究。①

从这段材料中，我们发现到1912年时徐熙春已成为苏和太烟行的行伙，已然比学徒身份更进一层。苏和太是位于南市的一家由福建商人经营的丝烟行，而徐熙春在此做行伙算是延续了他在德隆彰做学徒时的营生。工作期间，徐熙春发现运输船主对运输的丝烟货品可能监守自盗，并及时将其扭送至巡警局，可见徐熙春认真、仔细的行事态度和较强的正义感。

在"满师"后不断地"跳槽"中，徐熙春一点一点积累着自己的财富，同时他也到了该成家立业的年龄。1905年，徐熙春受父母之命，娶县城内另一大族董家的小姐董月娥为妻。②董月娥是董家的老大，下有弟妹六人。其堂弟是著名的"红色牧师"董健吾，毕业于上海圣约翰大学，曾为基督教牧师。1930年，董健吾在上海创办大同幼稚园收养革命者后代，并在1936年受托前往陕北递交密信，不久又护送美国记者埃德加·斯诺赴陕甘宁边区，后长期从事爱国统一战线工作。③

由于家中丁口众多，董家与思葭浜徐氏的处境颇为类似，到晚清民初也成了一个趋于败落的大族，而如此的家庭环境也造就了董月娥勤俭朴素、热心善良的品格。徐熙春的幺女徐传珍非常感念母亲董月娥为家庭的操持，曾撰文回忆她是如何打理家庭、友爱邻里的：

---

① 《有无别情》，《申报》1912年12月20日第7版。
② 徐毓英口述，徐家益整理：《徐毓英回忆父亲徐熙春》，2016年3月30日。
③ 吴成平：《上海名人辞典》，上海辞书出版社，2001年，第577页。

她治家克勤克俭，从不浪费一分一毫，节衣缩食。每有荤菜或新鲜副食，常常留给我们吃，自己往往吃些生菜。她在生活上没有自己的要求。为了抚育我们兄妹五人长大，她一针一线深夜缝纫，清晨起床劳作，从不稍懈。她心灵手巧，做得一手好菜，亲戚们都喜爱吃她烧的菜。她做的当地土特产，如炙豆、腊肉、酱瓜、菜苋、虾干、糖年糕、粽子等等，样样美味可口，具有特色，别有风味，家人和亲友们品尝后都赞不绝口，她常常做了许多时令食品分送给家人及亲友，自己则吃得很少。她善良温顺，待人诚恳正直，关心他人，助人为乐，对上敬重孝顺父母、公婆，与妯娌、姑嫂、婆媳之间，以及与邻里亲友都能和睦相处，从未见其由于家务琐事或孩子间争吵而与人发生口角或红过脸，人缘极好。①

徐熙春与董月娥的婚姻虽然仍属传统的"父母之命，媒妁之言"，但并不妨碍夫妇二人数十年来相濡以沫、恩爱有加，婚后几乎没有因琐事发生过争吵，却时常能听到夫妻之间相互关心、体贴的言语。在外人看来，徐熙春做事沉稳、细致，甚至从其照片上看表情也不免严肃，但他在家庭生活中则时常显现出幽默的一面，如常常给妻子讲笑话、开玩笑，令家庭氛围显得十分快乐、和谐。

1908年，徐熙春夫妇拥有了他们的第一个孩子，即长子徐传贤。在其后二十年间，徐熙春夫妇又先后生下次子徐渭江（生于1910年，族谱名徐传统）、长女徐珠英（生于1919年）、次女徐毓英（生于1926年）、幺女徐

---

① 徐传珍：《回忆我的父亲与母亲》，载徐家益、徐建新主编《青浦徐氏族谱考正集暨纪念徐熙春130年华诞》，上海，2014年，第150—151页。

传珍（生于1928年）。可以看到，徐熙春夫妇二人所生的五名子女，其长幼年龄差距达20岁之多。至徐传珍出生时，徐熙春的长子徐传贤已与盛希珍小姐结婚，并于徐传珍出生后次年得了长孙徐家善。时年，董月娥40岁，身体健康，依然能分泌母乳，便以自己的乳汁同时哺育幼女与长孙，而儿媳的乳汁又同时供养小姑与儿子，因而婆媳二人相互关照成了邻里与家族之间的美谈。①

由于徐熙春常年在上海经商，加之晚清民初青、沪两地的交通尚不能做到当日往返，因此形成了一种特殊的家庭生活形态。当时，徐熙春常居上海南市家中照顾生意，董月娥则留守青浦老家，先抚养两位幼子至成年并将他们送到丈夫身边，后自己继续与三位幼女同住。每到暑假期间与农历新年，徐熙春与二子才回到青浦老家，与妻女团聚。由此，董月娥承担起了教育孩子、打理家庭的重任，成了名副其实的"贤内助"。每到亲人团聚的时刻，家中总是其乐融融，三个女儿更是喜出望外：不仅能够品尝到父亲和兄长带来的可口点心，还能时常受到家中长辈的称赞。然而，相聚的时光总是很短暂，由于徐熙春生意繁忙，往往仅在青浦家中小住几日就要返回上海南市。此后一段时间，三个女儿不时会感受到一丝寂寞，直至父兄再归，多年周而复始。②尽管相当长的一段时间内，徐熙春、董月娥夫妇分居上海、青浦两地，但二人依然相敬如宾、恩爱有加，共同经历了大时代之下的风风雨雨，一起携手度过了整整六十个春秋，直至徐熙春在1965年80岁时先行一步魂归道山。

---

① 徐毓英口述，徐家益整理：《徐毓英回忆父亲徐熙春》，2016年3月30日。
② 徐传珍：《回忆我的父亲与母亲》，载徐家益、徐建新主编《青浦徐氏族谱考正集暨纪念徐熙春130年华诞》，上海，2014年，第150—151页。

创办信孚泰烟号

自德隆彰"满师"后,经过多年打拼,徐熙春与其长兄徐桂舲已积累了一定的财富。按照惯例,学徒若要自立门户、开店经营,原来的"师傅"会为曾经的学徒"单飞"提供经费上的支持,但需要在距离原店稍远的地方开店,以避免师徒间的直接竞争。

1915年1月18日,徐熙春、徐桂舲兄弟俩在亲友、"师傅"等的资助下,创办了信孚泰皮丝烟号,主营福建产皮丝烟。[①]信孚泰的店址位于法租界新开河永安街口[②],虽与德隆彰距离不远,但也并非毗邻"打对台"。

从店名来看,"信孚泰"三字应源自《易经》。在《易经》中有"中孚"卦,内卦为兑为泽为愉快,外卦为巽为风为顺从。卦形内虚外实,寓意心怀诚信,故称为"中孚"。卦象呈现出泽上有风,寓意极为诚信,守信之风无远弗届。卦中诸爻的吉凶悔吝都与"诚信"相关,从不同角度揭示了君子应当广施信德的道理。卦辞中有"信及豚鱼",说明守信之风应当遍及世间万物,与《易经》强调诚信是立身处世根本、一切道德的根源若合符节的宗旨甚为契合。[③]另有"泰卦",卦辞曰:"小往大来,吉,亨。"这句卦辞可以理解为"用小的支出换得更大的回报,是吉祥和顺利的展现",

---

[①]《信孚泰皮丝号开幕》,《新闻报》1915年1月19日第10版。

[②]《上海新开信孚泰皮丝栈择于阴历十二月初四日开张放盘七天广告》,《新闻报》1915年1月15日第1版。

[③]《国学经典藏书:周易》,陈虎、刘娜译校,吉林大学出版社,2021年,第320页。

寄托着商业经营者"一本万利"的美好期许。在"泰卦"中，第四卦的卦辞曰"翩翩，不富，以其邻不戒以孚"，则是说行事如鸟一般轻快，不以损害邻居而富裕，以诚待人而不须互相防备。①由此观之，"信孚泰"三字既展现出徐氏兄弟二人诚信待客、货真价实的经营理念，也反映了坚守勤劳、守信的品格以发家致富的美好愿望。可以说，这是将经营者的价值观融入企业文化的生动案例。

信孚泰主要贩售的水烟品种——皮丝烟，是一种切得极细碎，形如肉松的水烟烟丝，主要产地位于福建永定、上杭、连城等县，其中永定产皮丝烟品质优良，驰名海内外，素有"烟魁"之称。②例如，作为北京城著名"玩家"的唐鲁孙（1908—1995）曾称，对于抽水烟的人而言，福建产

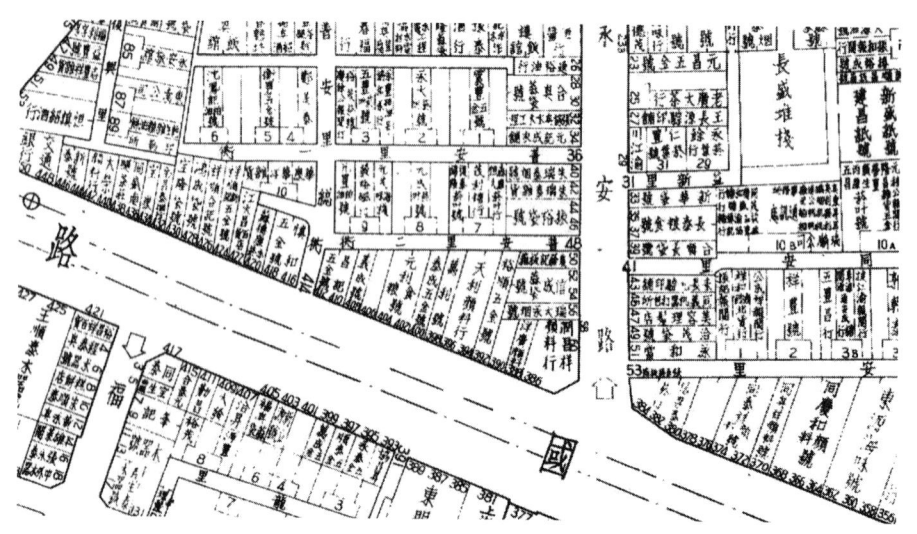

▲徐熙春创办的信孚泰烟号地址为上海民国路380号（位于右下角）

---

① 十年砍柴:《寻找徐传贤：从上海到北京》，现代出版社，2022年，第15页。
②《福建省龙岩地区烟草志》编纂委员会编:《福建省龙岩地区烟草志》，福建科学技术出版社，1994年，第143页。

的皮丝烟可谓"隽品",即使南方人士客居北京,有的也会托人从福州带上几包丹凤牌皮丝烟。皮丝烟的消费群体,十之八九是江浙人士。①

当时,信孚泰曾在上海《新闻报》《申报》等主要媒体上连续七日发布开幕广告。在广告中,信孚泰一再强调店内贩售皮丝烟的优势:"本号向在福建永定设厂,专办上等烟叶、精制各拣选露叶,加工督造,条色俱全,运载来申。"②类似于德隆彰在兰州的发家之道,信孚泰也采用了从产地生产、加工到上海贩售的一条龙式经营。这种模式果然为其带来了极高的人气,开张仅短短两天顾客便络绎不绝,销售收入达万元,并且顾客对店内售卖的自由双麒麟牌、和顺曾牌皮丝烟赞美有加。③

不过,近五个月后,徐熙春面临了开业以来的第一个挑战,向他发难的正是当年他曾做过行伙的苏和太烟行。事件的起因是,经营皮丝业的福建人苏和太、林裕隆至法租界公堂,指控徐熙春售卖的皮丝烟使用另一烟号东福升放弃使用的旧品牌,并向徐熙春求偿银6000两。对徐熙春更为不利的是,苏、林二人还请东福升的店主林作梅、林仲卿与福建丝烟商帮的负责人苏颖杰,到公堂证明东福升的旧品牌在去年(指1914年)农历八月就已停止使用,并勒令徐熙春今后不得再次使用。

徐熙春对此回应说:这一旧牌照就是证人之一的林作梅卖给自己的,且以合同图样作为凭证;如果这一旧品牌本身便已取消,那么作为品牌拥有者的林作梅就不应再卖给自己,从而造成麻烦。此后,原被告双方再次

---

① 唐鲁孙:《唐鲁孙作品集:老古董》,广西师范大学出版社,2017年,第273页。
② 《上海新开信孚泰皮丝栈择于阴历十二月初四日开张放盘七天广告》,《新闻报》1915年1月15日第1版。
③ 《信孚泰皮丝号开幕》,《申报》1915年1月20日第11版。

至法租界公堂对质，林作梅出庭接受法官传讯，证明徐熙春所言属实。据此，法租界公堂作出裁决，判处林作梅除需偿还徐熙春旧牌照的购买价格外，另罚银50两，并再偿还原告诉讼费银20两结案。①

整起事件表面上看是一起由店主出卖废弃品牌给其他业者的乌龙事件，但更深层次地折射出在皮丝销售领域中以苏和太为代表的福建帮，与以徐熙春为代表的申帮之间的激烈竞争关系。如前文所述，由于皮丝烟的主要产地为福建永定一带，因此福建帮长期把持上海南市等地的皮丝烟销售市场。面对徐熙春这样的后来者，福建帮以使用旧品牌求巨额赔偿的手段，企图将申帮日渐兴隆的生意绞杀于摇篮之中。从求偿金额高达6000两白银来看，这层意味似乎更为强烈。

好在信孚泰的经营并未因此受到太大影响，诚如其商号之名，以诚信经营的理念与对产品品质的精益求精，渐渐地在上海皮丝烟经营生态中占有了自己的一席之地，销路甚至远到华北地区。1918年1月29日，上海《新闻报》以《信孚泰皮丝之畅销》为题进行专题报道：

> 福建皮丝烟专销江浙、两湖之间，业此者建帮人为多。光复后，申帮信孚泰等往建采购烟叶，制造信孚牌记，运沪销售。大小批盘，一例照市，故营业甚为发达。近来，北省销路亦有推广，惟两湖因局势未定，稍为减色云。②

信孚泰的生意蒸蒸日上，令徐熙春的家庭经济状况大有改观。至1920

---

① 《出卖废牌之科罚》，《申报》1915年6月4日第10版。
② 《信孚泰皮丝之畅销》，《新闻报》1918年1月29日第9版。

年，徐熙春一家仅二子一女，相较于其父亲徐公勉同期而言，家庭供养负担显然要轻得多，再加之信孚泰的优良业绩，使得徐熙春可以投入更多开支到孩子的教育与改善家庭生活等方面。徐熙春先将长子徐传贤送到老家青浦县城内的小学读书，但同时出于对孩子教育的重视，除在学校读书外，徐熙春另外安排徐传贤到邻居家一位老学究家中补习《论语》《孟子》《古文观止》等传统典籍。1918年徐传贤小学毕业后，跟随父亲、伯父来到上海，考入位于上海法租界的中法学堂。该学校最初仅向法租界华籍巡捕提供法语教学或向欧籍巡捕提供汉语教学，经过四个阶段的发展，至1920年代初期已成为同时具备小学、初中与高中学历教育，面向华人招收学生的西人主办新式学堂。中法学堂以设施完备、纪律严格、毕业生出路较好等特点逐渐蜚声沪上，乃至不少家境优渥的父母争相将自己的孩子送入该校学习，其中就包括上海滩的闻人杜月笙（1888—1951）、张啸林（1877—1940）。[①] 根据1913年修订的章程，进入中法学堂学习，初中班一学期学费为20元，需在开学时一次性付清，若在学期或

▲今上海永安路信孚泰旧址

---

① 十年砍柴：《寻找徐传贤：从上海到北京》，现代出版社，2022年，第23—24页。

学年期末考试中获得班级的第一名或第二名，即可在下一学期或学年免交学费。[1]

当时，20元学费相当于什么概念呢？据上海名医陈存仁（1908—1990）回忆，1920年代初，小洋2角可到"老大房"买熏鱼六七块，"邵万生"的熟火腿每一包也是2角，此二物尚且是上海寻常人家最高贵的佐餐品，其他如臭豆腐干、香烟等几个铜板便能买到。[2]由此看来，每学期20元学费在当时对上海的普通人家而言是很高昂的，因而也只有具备一定经济实力的家庭才能将自己的孩子送入中法学堂完成学业，这也从侧面反映了徐熙春创办信孚泰烟号有所盈利后相对宽裕的经济状况。

与此同时，靠着童叟无欺、货真价实的经营策略，徐熙春在街坊邻里中逐渐赢得了好名声，遂开始加入一些社会团体，以贯彻家族传统里获得财富后回馈社会的理念。例如，在1920年代初，通过德隆彰经理潘伯良的关系，徐熙春加入了青浦旅沪同乡会，与其他会员一起通过系列善举造福乡里。同时，徐熙春也加入了民国路商业联合会等中小商业团体，后来又成为法租界烟业商人代表，通过向公董局陈情等方式维护周围街坊的权益。

参加青浦旅沪同乡会

上海在1843年开埠后，迅速成为江南地区重要的工商业与文教中心城市。对于距离上海租界直线距离40多公里的青浦县而言，上海的崛起产生

---

[1] 董鸿毅口述，曹炽康整理：《上海法租界公董局中法学堂》，载马军、蒋杰主编《上海法租界史研究》（第二辑），上海社会科学院出版社，2017年，第152页。

[2] 陈存仁：《银元时代生活史》，广西师范大学出版社，2007年，第17页。

第二章 从商号学徒到烟号老板：商界新秀露头角

了巨大的辐射效应，吸引了大批县内的商人赴沪经营工商业。同时，也有相当部分的青浦籍年轻学子前往上海各新式学堂求学深造。

在今天看来，青浦与上海的距离并不遥远，从青浦新城站乘坐轨道交通17号线，至虹桥火车站换乘轨道交通2号线，坐到上海市区人民广场站的时间总计不过一个多小时。但在晚清民初，青浦与上海之间主要依靠水路运输，两地间甚至没有公路通达，故通勤时间较之今日要长得多。因此，在上海经商、求学的青浦子弟，事实上并不会经常回到乡里，大多选择长期居住在上海。出于联络同乡友谊、"抱团取暖"的需要，一些旅沪青浦闻人开始考虑组成旅沪同乡团体，其历史最早可追溯至1905年由沈商耆（沈彭年，1877—1929）发起的"同乡会"[1]。但实际上，在之后的十余年间，这个"同乡会"并没有发起过多活动，直至1916年10月才由许咏霓等11人，以"青浦旅沪同乡数量增多，却'各事其事，不能时相往来，乡情日就疏远，同人等深以为憾'"为号召，主张发起联络团体，以"联络情谊，发展事业"。[2]10月15日，青浦旅沪同乡会正式宣告成立。在成立大会上，与会会员通过当场投票的方式，选举德隆彰经理潘伯良为旅沪同乡会正会长，张雄伯、李绮城为副会长，另有王钝根（1888—1951）、倪祝华、汪颂良等20人为评议员，会址设在上海三马路（今汉口路）华报馆楼上。大会同时通过同乡会章程，规定组织名称、入会方式、会纪、人事架构与职责等方面事宜。[3]至1917年11月，青浦旅沪同乡会召开秋季同乡大会，在修改会章、增加名誉会董等议程结束后选举正副会长及各部门职员，而徐

---

[1]《青浦同乡会发起》，《申报》1905年11月20日第9版。
[2]《组织青浦同乡会之通告》，《申报》1916年10月14日第11版。
[3]《青浦旅沪同乡会成立》，《申报》1916年10月16日第11版。

熙春在这次会议上被选为会计员。①由于之后会务长期停顿，1927年5月2日，徐熙春等原会员重新成立旅沪同乡会并修改会章、改组人事，经选举徐熙春成为同乡会九位委员之一。②

从参会者来看，由于青浦旅沪同乡会章程规定"原籍青浦，有公民资格而在上海有住所者"即可由两名以上会员介绍入会③，如此宽松的入会标准使得参会者的社会成分相当广泛，其中也不乏已在上海经商、求学、办报等事业上取得成绩的青浦籍著名人士，如《申报》副刊"自由谈"的创始人王钝根、嘉绍电灯公司经理叶养吾（1885—1961）等。这些闻人除了热心参与同乡会事务外，对于会外其他社会公益事务的资助与投入也不遗余力，如首任会长潘伯良曾于1915年资助中国红十字会等三所慈善机构。④事实上，徐熙春后来参与创办中国红十字会青浦分会时，潘伯良等同乡会会员就是最积极的资助者与参与者。

从职责上看，青浦旅沪同乡会成立目的即有联络乡谊之意，通过印刷会员名录、定期组织聚餐等形式凝聚青浦同乡之间的友谊。同时，青浦旅沪同乡会也起到中间人作用，调解同乡之间的矛盾。⑤考虑到旅沪子弟多有"已就商业而学犹不足，或有志向学而力苦不逮"的状况，经职员常会决议，同乡会自1916年起附设函授国文科，主要向这些子弟讲授应用文字，科目有论说、杂记、函牍等，切实提高了他们的文字运用

---

① 《青浦同乡秋季大会记》，《申报》1917年11月15日第10版。
② 《青浦旅沪同乡会重组成立》，《申报》1927年5月2日第11版。
③ 《青浦旅沪同乡会成立》，《申报》1916年10月16日第11版。
④ 《普益习艺所 中国红十字会 思济因利局敬谢包荣棠、包文焕善士》，《申报》1915年9月8日第1版。
⑤ 尹宗云：《青浦旅沪同乡会研究》，《都会遗踪》2013年第3期，第40—41页。

能力。①

当然，青浦旅沪同乡会更重要的职责是对贫苦旅沪同乡进行经济资助，协调各方资源辅助乡里并替同乡陈情。例如，1916年11月12日，青浦旅沪同乡会第三次职员会召开，建议"设法救济，拟由本会公具意见书，陈情本地官绅，酌提公款，开设贫民工厂"，以达到救济与规范游民行为的目的。②再如1918年6月，青浦旅沪同乡会有鉴于朱家角通过轮船往返沪宁铁路安亭车站的旅客增多，过短的月台会带来较重的安全隐患，因而向沪宁铁路局申请加长月台。③

从以上案例中不难发现，民国初年成立的青浦旅沪同乡会，其功能已不仅仅停留于联络乡谊的层次，而是在一定程度上具备了援助与服务同乡的公益性质。青浦旅沪同乡会的成立，为徐熙春日后开展慈善活动提供了组织架构、章程、处理事务等方面的有益借鉴，也借此充实活跃成员。

马路商界的优秀代表

"五四"运动后，上海公共租界、法租界及华界商店在北京爱国学生热情的感召下，自发参与罢市斗争。"六三"大罢工[④]后，各马路商界以

---

① 《青浦旅沪同乡会之通告》，《申报》1916年11月28日第11版。
② 同上。
③ 《函请加长安亭旗站之月台》，《申报》1918年6月26日第10版。
④ "六三"大罢工，指1919年6月3日北洋政府下令逮捕爱国学生的消息传至上海后，上海商界、工厂举行罢市、罢工。从5日至10日，上海纺织业、金属业、运输业等六至七万工人举行大罢工，此后风潮波及全国。"六三"大罢工对北洋政府冲击较大，为缓和民众的愤怒情绪，被迫释放了被捕学生，并在10日批准曹汝霖、陆宗舆辞职，章宗祥被免职，之后于6月28日拒绝在《凡尔赛和约》上签字。参见钟民主编：《中国工运大典》，中国物资出版社，1997年，第7—8页。

更大激情投入罢市运动,迅速在闸北、法租界、公共租界地区的马路、街道上蔓延开来。公共租界工部局等行政机构企图以武力强行开市,上海总商会对罢市态度暧昧且配合工部局劝导开市,更激发了中小商人的强烈愤怒,不断组织临时性的商业联合会组织以示抗议。由是,马路商界店员的罢工,一方面反映民初商人政治觉悟的提高与国民意识的增强;另一方面在对付军警强行开市的过程中,不少商店业主发现尽管能通过联合会议等形式协调罢市,但店家与店家之间终究缺乏能高效沟通、指挥的机制。因此,在曹汝霖、章宗祥、陆宗舆被罢免职务后,这些参与罢市的中小商人备受鼓舞,更使得他们感受到团结、联合的力量,使得上海各街道上规模各异的马路商界联合会如雨后春笋般涌现。此类团体的兴起意味着上海中小商人开启走向联合的关键步伐,一般而言该组织先由街区内较大的商号发起,后在该街区内征求签名与盖章,获得绝大多数商家的同意后方告成立。马路商界联合会的成立基本解决了各马路街区内商人组织涣散的问题,但在向租界当局争取各项权益的过程中,这类组织又显得各自为政、缺乏更严密的组织性。于是,在1919年10月26日,各路商界总联合会宣告成立,既强化既有马路商界联合会的横向联系,又一定程度上促进新的马路商界联合会成立。①

1919年8月20日,民国路商业联合会成立,成为"五四"运动后上海最早成立的34家马路商界联合会之一。②根据徐珂编《上海商业名录》,此

---

① 彭南生:《五四运动与上海马路商界联合会的兴起》,《华中师范大学学报(人文社会科学版)》2009年第3期,第69—70页。
②《民国路商业联合会通告》,《申报》1919年8月19日第10版。

时信孚泰的准确店址为民国路193号至195号（近永安街）[①]，因而徐熙春顺理成章地加入了民国路商业联合会。到了1920年，徐熙春成为改组后的民国路商业联合会干事员，德隆彰经理潘伯良（也是青浦同乡会的负责人）则被选举为正会长。[②]而后，由于在烟业经营上的优良成绩，徐熙春成为法租界地区烟业商人代表。

诚如学者彭南生指出，马路商界联合会自成立伊始便扮演双重角色：一方面，它们搭建起市民与租界当局的沟通桥梁，租界当局在街区内推行清扫街道、增添路灯等公共事务时，牵涉面广的则由各路商界总联合会致函工部局，单一街区内则由辖内的马路商界联合会向巡捕房及时反映；另一方面，更重要的是马路商界联合会成为街区内中小商人与租界当局的斗争平台。如前章所叙，上海租界的形成与扩张是西方列强通过不平等条约不断攫取的结果，在"华洋杂居"的格局形成后，华人纳税实际上承担了租界税收收入的主体，但并没有获得与此相匹配的权益。正是在"五四"精神的感召下，租界中的中小商人通过成立马路商界联合会以抵制租界增捐，进一步推动城市民权运动深入发展。[③]作为法租界新开河地区有一定影响力的烟业商人，徐熙春也利用马路商界联合会这一平台时常向公董局谈判行政事宜，为法租界地区中小商人争取权益，并在1929年反对法租界公董局滥征招牌税事件中扮演了重要角色。

1929年2月，上海法租界商界联合会向公董局询问为何向各商户征收

---

① 徐珂编：《上海商业名录》，商务印书馆，1920年，第398页。
② 《商界联合会开会并记》，《申报》1920年5月20日第15版。
③ 彭南生：《街区里的商人社会：上海马路商界联合会（1919—1929）》，北京师范大学出版社，2021年，第274页。

卫生税，并要求取消。过了半个月后，上海法租界商界联合会才获得公董局法文信函回复，但法文秘书在将这封回信翻译时，误将"卫生税"翻译为"招牌税"，且税目征收范围有所扩大。① 由此激起了各中小商户的强烈不满，上海法租界各业团体与各商联会数百位代表，遂在3月3日下午2时假座法租界总商会召开会议商讨对策。会上，徐熙春被推举为主席团成员，由瞿振华报告各业团体与各商联会向公董局陈情并得到回复的情况，爱多亚路商联会代表童理璋报告各业团体与各商联会的决议办法，包括拒绝承认招牌税、卫生税，必须宣布其性质并承认既定缴税等。徐熙春代表法租界烟业商人，提出公董局先以卫生税试探民意，如今变本加厉，欲向华商征收招牌税，无法令人接受。会后，成立了各业团体与各商联会临时办事委员，专门处理与公董局协商招牌税征收问题，徐熙春等九人被列名为各业临时办事委员。② 商户的反对诉求经各马路商界联合会转交法商总会交涉，由时任法商总会主席杜月笙、纳税华人会主席张啸林向公董局转达，经魏志仁督办解释原系翻译错误，后公董局提出在新的税收办法征收前，公董局与华商双方搁置争议，另行议定方法。③ 整起事件得以初步解决，其中离不开徐熙春等中小华商的陈情与抗争，由此看出马路商界联合会在联合街区商人以对抗租界当局不合理制度方面的重要作用，也折射出"五四"后以徐熙春为代表的中小商人自我维权意识的萌发。

与此同时，马路商界联合会也是上海街区内开展公益事业的重要主

---

① 《法工部局卫生捐改为招牌税 法工部局覆法商总会函》，《申报》1929年2月26日第15版。
② 《法租界各业代表大会纪》，《申报》1929年3月4日第14版。
③ 《法租界卫生捐问题续讯》，《申报》1929年3月21日第16版。

体。作为近代城市中的基础商业社区，街区是中小商人经商营工、安身立命的所在。在一个街区内，来自不同地域、从事不同行业的商人共同生活、经营，因而逐渐形成了超越传统业缘、地缘、血缘等的市民公共意识，最突出的外化便是"行小善"，即通过设立街区义务教育、重视公共卫生、维护街区治安等工作，逐渐强化街区内商人的家园意识，反过来也会促进商业街区的繁荣和商户的经营业绩。[1]从这个层面看来，徐熙春日后开展慈善事业，想必也与其参加马路商界联合会的经历有一定关系。

---

[1] 彭南生：《街区里的商人社会：上海马路商界联合会（1919—1929）》，北京师范大学出版社，2021年，第493页。

第三章　发起成立青浦红十字会：
从商人到慈善家

1924年9月至10月，江苏督军齐燮元与浙江督军卢永祥为了争夺上海的控制权，爆发了大规模军事冲突，史称"齐卢战争"或"第一次江浙战争"。这场军阀间的战事始自9月3日双方在沪宁铁路黄渡、安亭车站附近的交火，以同年10月12日卢永祥宣布下野并逃往日本、浙军失败告终。在双方交战的一个多月中，江苏省嘉定、太仓、宝山等县沦为战场，且遭受重大经济损失与社会动荡。

在这场军事冲突中，地处江、浙两省交通要冲的青浦县并未幸免，特别是县境东部和北部的白鹤江、赵金孔柏、观音堂等乡镇（今位于上海市青浦区白鹤、华新等镇），成为此次兵灾中损失最为惨重的地区之一。据战争结束后江苏兵灾各界善后联合会的调查结果，青浦县在这次战争中共计受灾700万元，全县16个市乡中10个受灾，造成百余人伤亡，占战争中各县总计损失的11%。[1]

齐、卢双方士兵军纪败坏，在青浦县境内大肆烧杀抢掠，造成了深重

---

[1]《兵灾各县损失统计表》，载娄东、傅焕光编《江苏兵灾调查纪实（民国十三年）》，商务印书馆，1924年。

的人道灾难。在如此危急的情势之下，徐熙春等各界旅沪青浦籍人士闻讯后迅速采取行动，于当年9月3日发起成立中国红十字会青浦分会（以下简称"青浦红十字会"），承担起在"齐卢战争"中的伤兵救护与平民赈济工作。青浦红十字会高举博爱、人道旗帜，在战火之中救县内民众于倒悬。作为副会长的徐熙春，积极动用其在上海的商业网与在青浦的地方人脉网，建立起了一个在战时能高效运作的救护赈济机构。

"齐卢战争"爆发的起因

1924年的"齐卢战争"是当时中国两大军阀直系与皖系从中央到地方争夺权力和地盘的缩影，其起因折射出1920年代前后中国政局之混乱。这里梳理一下这场战争爆发的前因后果，以从中理解军阀将领之间的冲突为何给江浙地区带来如此巨大的破坏力。

袁世凯统治的北洋时期，直系军阀的代表人物冯国璋（因其为直隶人，故其统领的军事集团称为"直系"）和皖系军阀的代表人物段祺瑞（因其为安徽人，故其统领的军事集团称为"皖系"）皆为"北洋系"的代表人物。袁世凯死后，冯国璋、段祺瑞二人的矛盾逐渐公开化。江苏为冯国璋传统的控制范围，而段祺瑞在"府院之争"后挫败黎元洪的势力，获得中央政府控制权，并在一战中加入协约国阵营，获得日本政府借款（史称"西原借款"），使得皖系势力一度达到顶峰。1918年冯国璋卸任总统后，皖系通过操控"安福国会"推举徐世昌为总统。1919年冯国璋病逝后，段祺瑞似乎已找不到强力的竞争对手，因此他计划以武力统一全中国，其中一大战略目标是征讨在广东的护法军政府，地处南北要冲的湖南成为此次南北战争中的重灾区。在对护法军的军事行动中，直系新首领曹锟势力崛起，麾下的将领吴佩孚异军突起，所部一直打到了湖南衡阳。然而，直系并未因此获得太大的政治收益，反而是皖系中声名狼藉的张敬尧获得了湖南督军一职，战功卓著的吴佩孚无所酬庸。于是，吴佩孚选择按兵不动，并响应广东政府的和平呼吁，同时与直系另一位重要将领冯玉祥取得联系。随后，吴佩孚、冯玉祥二人的部队遂掉头北上，并于1920年7月在京津地区爆发了直皖战争。此时，关外的奉系军阀张作霖选择支持直系，皖系在此情势下最终落败，段祺瑞下野，其势力元气大伤。[1]

"齐卢战争"的双方分别为直、皖两大阵营中的重要军事人物：齐燮元出身北洋新军第六镇，至1924年时任苏皖赣巡阅使兼江苏督军，与吴佩孚等同为直系巡阅使级别的重要军事将领；卢永祥则比齐燮元年长18岁，在北洋系中辈分甚老，甚至可比肩冯国璋、段祺瑞等头面人物，于1919年起出任浙江督军，并在浙江经营多年，根基深厚。皖系在直皖战争中失败后，卢永祥成为系内仅存的兼具军队与地盘的实力将领。

齐、卢双方分别控制的江苏省与浙江省，地域毗邻、经济相依，因此彼此间存在利益龃龉不可避免。其中，双方矛盾的一大焦点即针对淞沪地区的控制权。淞沪地区即上海和周围的县域，如宝山、嘉定、青浦等，该地区是当时中国经济活动的枢纽与对外交往的前哨阵地，同时也是中国财政税赋的重要来源，因而对各大军阀将领而言为必须争夺的"肥肉"。

从行政区划来看，淞沪地区本属于江苏省管辖，但事实上在1916年袁世凯死后，该区域的实际控制权一直落入皖系势力手中。皖系控制者自然不会

---

[1] 十年砍柴：《寻找徐传贤：从上海到北京》，现代出版社，2022年，第54—55页。

受实际控制江苏省的直系势力的摆布，故淞沪地区的实际控制权成为直、皖双方矛盾的焦点之一。例如，1919年卢永祥接替病逝的杨善德任浙江督军，直系原本期望时任第六师师长的齐燮元接任卢永祥留下的淞沪护军使一职，但皖系始终坚持其麾下的第四师第八旅旅长何丰林接任。双方为此僵持不下，在1920年甚至接近爆发武装冲突，仅碍于上海为中外观瞻所系，且外国公使团对双方在上海冲突屡有警告，故双方签订协议得以维持淞沪地区现状。

但是，这仅仅是表面上的偃旗息鼓，双方争夺淞沪地区的暗流始终涌动。在此之后，卢永祥与奉系、南方革命党人形成反对直系的"三角同盟"，推行浙江"自治"。与此同时，齐燮元则在江苏拓展势力，对淞沪地区怀有"卧榻之侧岂容他人鼾睡"的心态，与卢永祥之间的矛盾进一步深化。上海在反直"三角同盟"成立后，成为卢永祥叫板直系势力的堡垒。1923年6月，黎元洪被逼出走，直系曹锟贿选传闻甚嚣尘上。卢永祥当然不会放过这次良机，通令全国坚决反对，此举直接激怒直系。齐燮元遂联络直隶总督王承斌等，计划发动对浙战争，意图彻底解决与卢永祥的矛盾。江浙绅商闻讯后纷纷反对齐燮元动兵，并积极斡旋双方，以阻止战事发生。英、美、日等国公使亦向北京政府施压，强调淞沪地区的和平稳定事关其在华权益，不能让此地陷于战火。齐燮元的攻浙计划本身也遭遇直系其他成员的反对，如吴佩孚忌惮于齐燮元势力趁势做大，因而表示反对。此时，出于未准备充分及各方势力反对的原因，齐燮元在各方斡旋之下，与卢永祥方面在当年8月20日签订《江浙和平公约》，规定双方不得收容两省之外的"客军"等条文。随后，齐、卢双方在10月与12月分别与安徽、江西省当局签订和平条约，条款比照《江浙和平公约》。看起来，齐、卢双方又一次在多方关切下实现了和解。

不过，此后不到一年时间，《江浙和平公约》便沦为具文，战事最终仍然在淞沪地区爆发了，其直接的导火索是并不与江浙有关系的直系新锐孙传芳入闽与福建局势的变化。1923年3月，孙传芳出任福建军务督理，尽管为闽督，但孙受制于省内军队派系复杂，亟谋出路。与此同时，吴佩孚亦预图以福建为跳板，作为进攻广东乃至统一全国的必争之地。是故，1924年3月，孙传芳在吴佩孚的支持下，将福建省内的皖系将领王永泉赶出省外，与王密切相关的臧志平、杨化昭二部亦在5月由福建退至江西。由于当时江西属直系控制范围，臧志平、杨化昭二部很快与同为皖系的卢永祥取得联系，并在6月初进入浙江境内，实现与卢的合流。此刻，齐燮元终于找到了一个对浙动手的理由，即卢永祥收容臧、杨二部的行为违反《江浙和平公约》中不得收容"客军"之规定。同时，此举亦引发吴佩孚的不满，原本吴企图劝说卢永祥让步，遣散臧志平、杨化昭二部以平息事态，但卢以臧、杨二部入浙是为维护大局和平为由拒绝吴的提议。地处福建的孙传芳亦不甘囿于闽地一隅，对攻浙之事有所想法。因此，齐燮元与孙传芳实现了力量上的合流。

自1924年中开始，江浙地区便战云密布，齐燮元、卢永祥等势力在此纷纷厉兵秣马，准备战事。8月下旬，直、皖双方各自召开军事会议，进行了战争动员，并针锋相对地布置攻守计划。至9月初，双方各自互打电报战，指责对方破坏国家统一，己方发动战争是为了"讨逆"、维持地方秩序。由此，"齐卢战争"不可避免地爆发了。[①]

---

① 汪朝光：《中华民国史：1920—1924》，载李新总主编、中国社科院近代史研究所中华民国史研究室编《中华民国史》（第四卷），中华书局，2011年，第407—415页。

战略要冲青浦战况惨烈

从性质上看,"齐卢战争"是北洋军阀实力将领间为争夺淞沪地区控制权而发起的非正义战争,因而双方均无所谓"道德高地"。双方阵营麾下的士兵军纪松弛,在战场上除了相互厮杀之外,亦多行烧杀抢掠之事,对富庶的江南地区造成了重大破坏。1924年《东方杂志》上一篇名为《战后的江南》的文章中,作者在回顾整场战事时不无痛心地描述"齐卢战争"给江南地区社会经济带来的惨烈蹂躏与巨大损失:

> 九、十两月中的齐卢交战,集苏、浙、闽、皖、赣、鄂、鲁、豫八省军队,十余万人于江苏、浙江交界沿太湖及沿铁路的区区九县中,枪礮【炮】的子弹纵横突飞,军队于决生死争地方以外,行有余力,则以抢劫,就地土匪,趁机大起。人民的生命财产,真实不堪闻问了!当战争末了时,中外人士豫【预】算这次战争中直接间接的损失,数以"千万"计。这种损失统计,我们虽一时不能得到确实的数目,但法国某武官判定东南东北两战的国力损失,共须五亿元左右,唐绍仪估计东南战后赈济和善后的款项,非二千万元不办,我们试一折合计算,则齐卢战争中的财富损失额,不难概见。

> 这次战争直接受损失的,为松江、青浦、嘉定、太仓、宝山、昆山、金山、奉贤、上海等战区九个县分【份】。这九县本来民物殷阜,为江南富庶之地,但经过这一次战事,已变成为"闾里为墟,居民流散"的情形了。战事初了时,黄炎培等为救济的豫【预】备,曾巡行

战区,其报告书中有一节说:"……无辜良民,死于战时之炮火,已属可怜。困于战后之焚掠。尤为奇惨。其间如浏河全市,弥望瓦砾,方泰一镇,洗劫殆尽……妇女迫于奸淫……"这种伤心惨目的情形,不仅以所举两地为限,战区各地,大抵如此。举一反三,殊可概见。读者试一检本志前数期记述东南战事各篇,就两军接触各地点与军事行动范围所及各地点,一揣想其惨状,当无不热泪横流而痛心疾首于杀人为快的两军首领![1]

青浦由于地处江苏、浙江两省交界处,且齐、卢双方最早爆发冲突的地点沪宁铁路黄渡车站就在县境东北,因此全县不可避免地横遭兵祸。县内各乡镇除遭受农田因兵士践踏而绝收等经济损失外,齐、卢双方军士纪律败坏,部分士兵在县境到处纵火劫掠,带来了深重的人道主义灾难。例如,青浦县境内受灾较为严重的白鹤港镇(今上海市青浦区白鹤镇),地处嘉定与青浦交界,恰为齐、卢双方的交火前线。1924年9月4日,卢永祥的浙军抵达白鹤港,同日齐燮元的苏军李殿臣部亦抵达,两军发生火拼,后至的苏军杨春普部在白鹤港镇开始行劫掠,乃至"无日无之"的地步。在镇内,这些兵士抢劫民众的衣被床柜等物,且纵火焚烧三十余户,强奸妇女五十余名。令人发指的是,为了劫掠更多财物,苏军士兵竟扒开民众坟墓,将尸首拖出棺外,并搜刮墓内陪葬财物。[2]在青浦县东北的其他乡镇,如杜村、重固等,自8月底以来两军士兵除正面交火外,也施加

---

[1] 大山:《时事述评:战后的江南》,《东方杂志》第21卷第23期,1924年,第5页。
[2]《青浦县各市乡兵灾情况》,载娄东、傅焕光编《江苏兵灾调查纪实(民国十三年)》,商务印书馆,1924年。

⟨⟨⟨ 遇见徐熙春：在江南与上海之间

类似在白鹤港的暴行——焚烧房屋、奸淫妇女、抢劫财物，并肆无忌惮地践踏田地，导致稻米与棉花等作物绝收。他们的火拼与劫掠直接导致青浦县境内乡镇，特别是县境东北部诸乡镇的民众纷纷逃离家园。原本这些居民欲往上海方向避难，但由于战争导致铁路交通中断，想要逃往上海只能通过轮船，然而轮船的载客量终究有限，不敷承载数量如此之多的难民，故更多人只能选择逃往距离相对较近、局势相对安定的青浦城厢镇。

徐熙春目睹了乡亲们逃难的惨状，以寥寥数笔便描述出了他们的惊慌失措与落魄无助：

> 慨自甲子秋间，江浙齐卢起衅，淞沪一带，猝构兵氛。我青浦全境，适当南北战线之冲，而城厢市数千家户口，捆载赍重，挈带妻孥，相率迁避他乡。加以捉船拉夫，交通阻隔，北郊炮火之声昼夜震于耳鼓，行者难以回顾室家，居者并苦，断绝刍米，凄惨景象，罄竹难书。①

当徐熙春写下这段令人心碎的文字时，不知他的内心究竟起了多么大的波澜？按常理想，他应该是一边强忍着泪水一边写下的吧。或许，在他看到乡民拖家带口逃离家园的那一刻，不仅在内心中起了强烈的恻隐之心，更唤起了他内心中的大爱：我一定要为可怜的乡民提供一些力所能及的帮助，让他们少受一些罪。同时，"造福桑梓"的祖训也鞭策着徐熙春要尽快采取行动，以保护逃难的乡人，救助落难、受伤的民众。

---

① 徐熙春：《青浦红十字分会征信录序》，载《中国红十字会青浦分会第一次征信录》，1927年，上海市青浦区档案馆藏，档案号：W-93-188，第4页。

与红十字会结缘的契机

目睹家乡百姓遭此大难,旅居青浦的同乡岂能坐视不管?此时,徐熙春与其他青浦旅沪同乡相比,尽管并不是最有钱、最有名的,但或许是最热心的:经过多年在沪经商,他已然累积了不少商业与社会人脉,而这为他筹备物资、组织力量以拯民倒悬提供了最得力的帮助。同时,至1920年代,上海的各类慈善组织已如"过江之鲫"般遍地开花,通过联合大大小小的慈善机构,调动各类救援物资以赈济灾民,是实现救助行动高效化、正规化的不二之选。

为此,徐熙春将眼光投向了落地中国社会已有整整二十年的国际红十字会,展现出了他不同于传统绅商的独到格局与视野。在组织救护力量时,徐熙春为何没有选择在江南地区经营日久且运作相对更成熟的传统善会、善堂,而是选择了"舶来品"——红十字会呢?要回答这个问题,我们就有必要回顾红十字运动来到中国、进而在江南地区落地生根的历史过程,也需从中分析徐熙春究竟如何与红十字会结缘,乃至在日后为此奋斗终身并成为贯穿后续人生的志业。

一、红十字会:从舶来机构到生根中国

红十字运动的历史,可追溯至1862年。一位名叫亨利·杜南(Henri Dunant,1828—1910)的瑞士商人,目睹了1859年法奥战争中的索尔费里诺战役(The Battle of Solferino)中大量受伤士兵由于无法得到及时有效救护而惨遭遗弃乃至死亡的惨痛情形,后来在日内瓦出版了《索尔费里

‹‹‹ 遇见徐熙春：在江南与上海之间

▲红十字国际委员会（ICRC）位于瑞士日内瓦的总部大楼（摄于2024年1月）

诺回忆录》（*A Memory of Solferino*）一书，对这些士兵遭遇的惨况进行了详细记录，引起轰动。在书中，杜南提出了建立战争中专门从事伤员救护的组织，以人道和中立原则保护战争中每一名受伤士兵之生命安全的构想。①1863年，杜南等五人发起成立"伤病救护国际委员会"（International Committee of the Rescue of Wounded Soldiers），书中的构想得以成为现实。1864年8月，瑞士、法国等十二国代表在日内瓦召开国际会议，正式通过《1864年8月22日改善战地陆军伤者境遇之日内瓦公约》，同时通过以"白底红十字"作为伤兵救护组织的标记，是为红十字运动奠定的法

---

①［瑞士］亨利·杜南：《索尔费里诺回忆录》，杨小宏译，红十字国际委员会东亚代表处（北京），2009年，第87页。

理基础。1880年,"伤病救护国际委员会"改组为"红十字国际委员会"(International Committee of the Red Cross, ICRC),并于1919年5月由各国红十字会成立"国际红十字联合会"(International Federation of the Red Cross, IFRC)。[①]经过百余年发展,红十字运动高举"人道、博爱、奉献"旗帜,由最初的战争救护组织逐渐发展为推动全球公共卫生事业发展,协助开展战时平民保护、寻亲等行动的综合性人道主义组织,全球会员人数达2.5亿人,覆盖全球186个国家和地区,成为世界上规模最大、历史最悠久的人道主义救援组织。[②]

红十字运动进入中国人的视野,可追溯于甲午战争。甲午战争期间,日本赤十字会派出近十万医生和看护妇,不分畛域、不分阵营救治日中双方的伤员,留给当时部分有识之士极为深刻的印象。[③]因此,在1898—1900年间,《申报》等报刊发表《创兴红十字会说》《中国亟宜创兴红十字会说》等文章宣传红十字知识,同时诸如大阪华商孙淦以及倡导革命的孙中山等开明人士也通过不同方式向政府、国人宣传红十字会创设之利。例如,孙淦有感日本赤十字会在牛庄(今辽宁营口)设立医院诊治伤兵之事,并意识到红十字会的中立性特征,向驻日公使裕庚递信,并要求转交

[①] "国际红十字联合会",由美国红十字会最早发起提议成立,两会同驻瑞士日内瓦。"国际红十字联合会"与"红十字国际委员会"的区别是:联合会的成员为各国红十字会,而国际委员会的成员则是各国政府;联合会是联络各国红十字会的一个中心,而国际委员会则参与对各国设立红十字会的正式承认权及推行红十字会的标准工作。这两大组织共同使红十字运动更具国际性。参见袁可尚:《红十字会联合会之组织与工作》,《红十字月刊》1946年第6期,第4—6页。

[②] 红十字国际委员会:《工作内容》,https://www.icrc.org/zh/what-we-do,访问时间:2020年5月18日。

[③] 《中国亟宜创兴红十字会说》,《申报》(上海)1899年4月10日第1版。

总理衙门，请求政府在国内设立红十字会[①]，但其主张并未受到清廷重视。孙中山则在1897年翻译《红十字会救伤第一法》(Ambulance Lecture: First Aid to the Injured)，第一次将"红十字会"之名用于汉文译注中，向国人普及伤员救护等知识。[②]受此影响，一批具有部分红十字会特征的慈善社团开始出现。例如，1900年八国联军侵华期间为救助遭难的华北难民及流落的江浙同乡，部分上海绅商成立"救济善会"与"济急善会"。陆树藩（1868—1926）等参与发起的上海绅商在《申报》发表的《救济善会启》中，将该组织定性为"如外国红十字会之例"，旨在不分敌我救护各国难民与受伤兵士，并已照会各国领事发给护照以利善会会员前往救助。但是，由于其施救地域与人群有限，加之其未加入《日内瓦公约》，故该类组织并非严格定义上的红十字会。

1904年3月日俄战争期间，出于东北地区难民救济需要，由沈敦和（1866—1920）牵头，上海绅商发起成立"东三省红十字普济善会"，其会名"援泰西红十字会例"，且救助对象无分身份，强调要帮助东三省难民"速离危地，以避大难"。[③]但是，随着社会对在中国设立常设性红

[①]《大阪华商孙淦呈请裕钦使转咨总署奏设红十字会禀》，载中国红十字会总会编《中国红十字会历史资料选编（1904—1949）》，南京大学出版社，1993年，第6—7页。

[②] 关于孙中山的译本，后再版则命名为《赤十字会救伤第一法》。从英文原书名看，原无"红十字"（the Red Cross Society）之名，孙中山之所以将红十字会写入书名，可能是由于其师康德黎当年在香港创设红十字会、日本出现类似译名书刊以及自身对红十字会的好感。"赤十字"之名源于日本，为日本政府区别于当时基督教十字标志采取的译名。1886年，日本加入《日内瓦公约》，到1887年就将1877年成立的博爱社易名"日本赤十字社"。参见邹振环：《近代中欧日交流视野下的"红十字"与"赤十字"》，《广东社会科学》2018年第2期，第119—120、122页。

[③]《东三省红十字普济善会章程并启》，《申报》1904年3月3日第1版。

十字组织的期待越来越强，在中国尚未加入《日内瓦公约》的前提下，这些上海绅商寄希望于国际合作的形式，并以中外合办形式常设红十字会。

中国建立红十字会之始，当溯于1904年3月10日。当日，中、英、法、德、美五国代表在上海公共租界工部局开会决议设立"上海万国红十字支会"，后更名"上海万国红十字会"，其中西董有李提摩太（Timothy Richard, 1845—1919）等35人，华董有沈敦和、施则敬（1855—1924）等10人。该会华董大多为上海商界中的著名绅商，如上海纺织业巨擘、"宁波帮"代表人物严小舫（1828—1906）、上海"茶王"徐润（1838—1911）等，足见绅商对于中国建立最早红十字会举足轻重的作用，也表明了中国的红十字会的起源便是民间自立。"上海万国红十字支会"成立后，迅速投入对日俄战争中中国灾民的救护，包括救护出险、赈济衣粮等。1904年，清政府批准加入《日内瓦公约》，表示中国已完成加入国际红十字委员会程序。

然而，"上海万国红十字会"毕竟是一个因应战时救护的临时性机构，且为中外合办。因此，建立一个由中国人独立运作的常设性红十字会逐渐提上日程，但该进程直至清亡仍不顺利：1906年，"上海万国红十字会"由于日俄战事结束而中止运作。1907年，盛宣怀（1844—1916）、吕海寰（1842—1927）作为"上海万国红十字会"中方代表，上奏请求清廷设立常设性红十字会。1910年，盛宣怀、吕海寰、吴重熹（1838—1918）三人再次向清廷上书，期盼清政府开启自行筹办常设红十字会的进程，并提出要学习日本赤十字会建立会员制，但由于1910年试办章程申请立案实际并未完成，因此一直到清亡前清政府设立的"中国红十字会"及之后更名的

"大清红十字会"也未设总会会所、分会和征集会员,可谓名存实亡。[1]此外,清政府有关总会地址设立于北京以利与政府方面协商,训练医学人才需配合军方等要求,也与沈敦和等上海绅商设立常设性民筹、民办红十字会的想法大相径庭,使得上海绅商与清政府之间就红十字会的官办与民办属性问题存在重大分歧。1911年10月24日,沈敦和等人遂再次以中外合办形式设立"中国红十字会万国董事会",就总会设址、红会属性等问题与北京方面"几成水火"。[2]直至1912年10月30日,中国红十字会全国代表大会召开,会上正式宣布中国红十字会完成内部统一,亦同时确立了相应的规章制度——《中国红十字会章程》,规定总会设于北京,同时将上海的万国董事会命名为中国红十字会总办事处,北京总会负责处理与中央其他部门协调与对外事务,上海总办事处负责资产管理与监督,这实际上确立了中国红十字会内部独特的二元结构。在该结构中,北京总会拥有正统名义,但上海总办事处由于对资产的控制,在会务方面实际拥有更大的主导权。[3]

大会通过的《中国红十字会章程》(简称《章程》)共计6章20条,主要规定标志、会址、宗旨、会务等方面。其中,值得注意的是分会规则的设立,尽管国际上红十字运动的通则是一个国家只能有一个红十字会,强调"全国性"与"唯一性",但事实上在清末中国存在大量挂名的"红十字"组织,如张竹君在1911年10月成立的"中国赤十字会",以及在地方上同时存在的多个互不隶属的"红十字"挂名组织,如广东一省之内便有

---

[1] 张建俅:《中国红十字会初期发展之研究》,中华书局,2007年,第35—37页。
[2] 池子华:《红十字与近代中国》,安徽人民出版社,2004年,第89页。
[3] 张建俅:《中国红十字会初期发展之研究》,中华书局,2007年,第55页。

广东红十字会、粤东红十字会等多个团体。尽管上述组织在辛亥革命战争救护中弥补了中国红十字会人手上的不足，也取得了不俗的救护成绩[①]，但这种各自为政的现象客观上也使得中国红十字会会务推展产生混乱。《章程》规定中国各地方设立红十字分会，其章程应遵循总会及《日内瓦公约》，会务及会员名册定期向总会缴交，并统一以"中国红十字会某处分会"命名。[②]故《章程》规定地方分会总则，规范各地挂名红十字组织林立的现象的同时，实际上也正式确立了中国红十字会的"总会—地方分会"二级管理结构。《章程》就地方分会的具体运作也制定了配套章程，其中会员制度保持与总会一致，具体为：

> 凡独捐洋一千元以上，或募捐洋五千元以上，或义务办事异常出力者，由常议会议决，举为名誉会员。凡纳捐洋二百元以上，或募捐洋一千元以上，或义务办事一年以上者，由常议会议决，举为特别会员。凡纳年捐五元满六年者，或一次纳捐二十五元者，均照章认为正会员。名誉会员、特别会员、正会员，均为本会终身会员，均得佩戴本会会员佩章。[③]

至1922年，又纳入普通会员（一次纳捐10元以上）及学生会员（需纳捐

[①] 池子华：《近代的红十字运动历史变迁》（上），载《中国红十字运动通史（1904—2014）》（第一卷），合肥工业大学出版社，2018年，第178页。

[②] 《中国红十字会章程（1912年）》，载中国红十字会总会编《中国红十字会历史资料选编（1904—1949）》，南京大学出版社，1993年，第226页。

[③] 同上书，第224页。

1元）的分类。①至此，中国红十字会总会及地方分会会员制度大致建立完成，各地方分会招募会员均遵照此例。透过二级管理制，为地方上认同红十字理念，并拥有一定人力、物力、财力以组织红十字机构的人士提供创设平台。同时，作为红十字总会在地方推展会务的基层组织，地方分会令红十字运动的触角延伸至中国各地，若地方上一旦出现战事，分会的建立则可以有效地疏解总会的工作压力，成为地方层面战争救护的主要力量。

统一大会后，中国各地红十字会地方分会的成立呈高速发展之势，从1912年的60多个分会增至1919年的169个分会，短短七年间便增长100有余。②特别是在经济发达的江南地区，在1920年代屡受军阀混战之苦，尤其是"齐卢战争"中军阀士兵在地方上多行劫掠之事，迫使江南地区部分绅商出于维持地方社会秩序的需要而建立地方红十字分会。据统计，截至1924年9月20日，因应"齐卢战争"救护而设立的红十字分会即有30余处，各级会员加入达3000余人。③

二、与红十字会"结缘"的路径

徐熙春又是如何与红十字会"结缘"的呢？根据笔者考证，至少可分为以下三条路径：

---

①《中国红十字会修正章程（1922年）》，载中国红十字会总会编《中国红十字会历史资料选编（1904—1949）》，南京出版社，1993年，第230页。

②张建俅：《中国红十字会初期发展之研究》，中华书局，2007年，第93页。

③曹金国：《江浙战争与中国红十字会的人道救援》，硕士学位论文，苏州大学历史学系，2008年，第19页。

第三章 发起成立青浦红十字会：从商人到慈善家

其一，通过亲眼见证红十字分会的救护行动，从实践脉络直观理解红十字会的作用。对徐熙春等在上海南市地区经商的旅沪青浦商人，同时也是日后青浦红十字会的发起人而言，他们对红十字会救护行动的最初记忆，可以追溯至1911年10月成立的中国红十字会沪城分会。在辛亥革命与二次革命期间，中国红十字会沪城分会在南市进行了战时救护行动，其中救护伤兵与赈济难民都颇有成效，因而带给徐熙春等人极为深刻的印象。沪城分会由医师夏应堂（1871—1936）、殷受田（1881—1932）发起成立，同时夏、殷二人也是该会长期负责人，隶属"中国红十字会万国董事会"（"沪会"）系统，也是"沪会"最早正式承认的第一批分会之一。[1] 沪城分会成立与辛亥革命密切相关，于武昌起义爆发当天即1911年10月10日发起成立，并开始招募会员和组织临时救护队。[2] 11月4日，上海在革命党人陈其美领导下光复，革命党在进攻制造局的过程中大量施放炸弹，导致大量士兵及民众伤亡。为此，"中国红十字会万国董事会"总办事处负责人沈敦和紧急调拨两辆汽车，并延

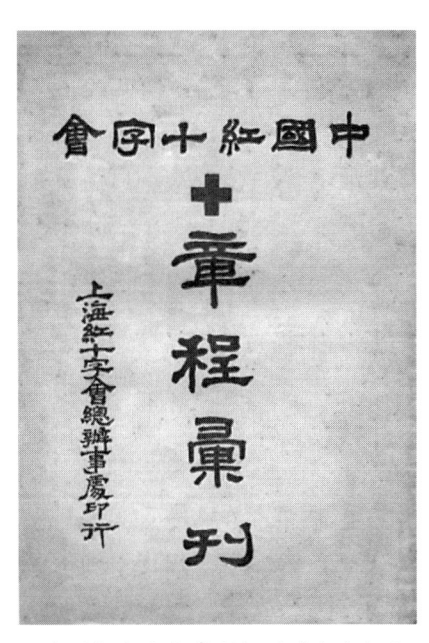

▲中国红十字会章程汇刊（上海红十字会总办事处印行）

---

[1]《红十字会第一届分会职员一览表》，《申报》1911年11月27日第13版。
[2]《分会成绩录要：沪城分会》，《中国红十字会月刊》1921年第2期，第40页。

请医师赴现场急救,同时在上海绅商代表李平书的帮助下将制造局大厅开辟为红十字会临时医院,对伤兵等进行救护。①与此同时,沪城分会则在这场战事中对"中国红十字会万国董事会"所办临时医院事务多有协助。②

沪城分会更有成效的救护、救助行动发生于1913年(农历癸丑年)的二次革命中。当年7月18日,陈其美在上海宣布独立,南市地区再次成为战场。经过多次救护训练的沪城分会救护队员随即出发,配合中国红十字会总办事处的救护行动,走上南市街头"救护受伤兵民,掩埋路遗尸骸"。虽然时值暑热且战场上流弹不止,但沪城分会救护队员依然积极救护受伤兵民,他们的义举不仅受到中国红十字会总办事处的高度肯定,也让"中外人士咸赞叹不置"。③同时,沪城分会也组织了难民救助与义诊工作:8月1日,该会理事长夏应堂有鉴于城内难民流离失所,因而通告会员将社会各界捐赠的荷兰水、啤酒、饼干、香烟、药丸等"一律照市作价分购",并将所售善款用来购买面包分发给难民,以帮助他们果腹。④8月17日,沪城分会借上海城内沉香阁场地开设医院,结合中西医治疗并收取极为低廉的医疗费,并免除药费。⑤战事平定后,该会还协助上海县城内流民的疏散工作,共计帮助14 000余伤兵难民等回到原

---

① 《红十字会医队救伤》,《申报》1911年11月5日第19版。
② 池子华:《近代的红十字运动历史变迁(上)》,载池子华主编《中国红十字运动通史(1904—2014)(第一卷)》,合肥工业大学出版社,2018年,第130页。
③ 《分会成绩录要:沪城分会》,《中国红十字会月刊》1921年第2期,第41页。
④ 《城内访函》,《申报》1913年8月2日第7版。
⑤ 《红十字会纪事》,《申报》1913年8月7日第7版。

第三章　发起成立青浦红十字会：从商人到慈善家 >>>

籍。[①]在沪城分会同仁努力下，救护工作卓有成效：包括总办事处及沪城分会所设的五座医院，共计收治受伤民众947人，其中因伤重不治者仅11人，平均每治疗一位伤员的成本仅17元，救护队900余人的平均人力成本仅每人3元左右。[②]因此，沪城分会交出的这份成绩单极为出色。

当沪城分会在南市地区开展救护活动之时，徐熙春恰好就在地处南市周边的苏和太皮丝行做行伙，可能目睹了沪城分会的各项救护行动，以直观的形式令其了解到红十字会的精神价值——"人道、博爱、奉献"以及基本的业务范围。更重要的是，沪城分会在辛亥、癸丑两次战事中积累的有益经验，对日后青浦红十字会针对江浙战争等战事的救护、赈济行动提供了借鉴。

其二，通过报刊等媒体的即时报道与介绍文章，了解红十字运动的相关信息。中国红十字会总办事处除了自1921年10月起定期出版刊物《中国红十字会月刊》介绍总会与各地分会的会务状况外，也以通俗、易懂的普及文章向公众宣传红十字相关知识。与此同时，上海《申报》等会外媒体也不时刊载红十字会总会及各地分会在战争中开展救护行动的新闻，以及各级会员的推介文章。据统计，自《申报》1872年办报以来，至1924年9月3日青浦红十字会成立，仅其一家报纸以"红十字"作为关键词检索就有共计5424篇文章提及[③]，内容主要涉及红十字会总会及各地分会的会务与在日俄、辛亥、癸丑等多场战事中的救护动态等。通过媒体如此高密度

[①]《中国红十字会癸丑成绩撮要》，载中国红十字会总会编《中国红十字会历史资料选编（1904—1949）》，南京出版社，1993年，第230页。
[②]《分会成绩录要：沪城分会》，《中国红十字会月刊》1921年第2期，第41页。
[③] 统计结果，源自北京爱如生《申报》数据库。

地报道红十字会相关新闻,能使公众迅速知晓这一"舶来"机构的善举义行,并有助于建立对红十字会的信任与好感。

在建会前后对红十字会的相关报道中,有两篇报刊文章对徐熙春认知红十字运动性质、业务等方面的知识至关重要,乃至青浦红十字会成立后徐熙春特意将此二文编入征信录中,作为向青浦民众宣介红十字会知识的重要材料。这两篇文章分别是:刊登在1921年第2期《中国红十字会月刊》,由四川巫山县大昌镇红十字分会所撰的《红十字会十大利益说》,以及1924年9月30日于上海《申报》上发表,署名作者为冷秋之的《红十字会条约之溯源》。

具体而言,《红十字会条约之溯源》一文开宗明义地介绍红十字运动的性质——"红十字会基于红十字条约,以救护战争伤亡兵士为目的,盖纯粹之慈善事业也",并且在介绍红十字运动的起源时援引了1856年克里米亚战争的惨烈状况,以及1859年索尔费里诺战役中"亘久悲惨之状",以此作为红十字会成立的历史背景介绍,并明确指出世界和中国红十字会的成立时间。在文章最后,指出了红十字运动标志"白底红十字"的由来,是将瑞士国旗的"红底白十字"变色,以致敬作为条约签约地的瑞士,并特别强调"红十字会为世界公认之慈善事业,交战双方皆不得冒用旗帜或徽章,而红十字会亦不能被人利用,以违反国际公约也"。[①] 尽管该文在介绍红十字会起源时,仍有将亨利·杜南误认为是"安里与鸠南"两人的史实错误,但不可否认,该文仍正确指出了红十字会源于战争救护的起源与本质,并强调红十字会的中立性,同时辅以相对通俗

---

① 《红十字会条约之溯源》,《申报》1924年9月30日第13版。

易懂的文字进行介绍。因此，除青浦红十字会外，其他多地的红十字分会（如常熟分会）也将该文编入征信录中，以作为面向民众的宣传教育资料。

《红十字会十大利益说》则从现实收益的角度向民众普及加入红十字会的各类益处与社会荣誉等，而"十大利益"具体如下：

一、本会会员由总会造册，呈报政府及内务部备案，认为中国红十字会终身会员。

二、入会之后即为本会会员，当尽其待遇保护之责任。

三、入本会会员能得到总会发给红十字银质佩章。

四、本会会员能得到总会发给凭照，每年春间新提名录刷印后，分寄泰东西红十字万国同盟会，公认为万国红十字会会员。

五、本会会员能得总会各种书籍、印刷品、纪念品等，函索即寄，不取分文。

六、本会会员可得军政各界保护，免除一切危险。

七、本会会员名为慈善，而最有荣誉，为他会所不及。

八、本会会员能享本会各种权利及名誉职。

九、本会会员不惟名传乡里，而一省一县，并直达中华全国，以及五洲万国莫不有会员之名。

十、凡属国庆大典、重大宴会以及喜庆等，见佩有红十字徽章者，莫不起敬；平时军警界人员遇红十字会人员，亦以举手称敬，其荣誉为何如？[①]

[①]《红十字会十大利益说》，《中国红十字会月刊》1921年第2期，第2页。

从以上十条观之，加入红十字会不仅可以在战时获得人身保护，且可通过参会后的各项行动获得来自会内外的各项荣誉，可谓好处多多。与此同时，此十条也很好地解释、说明了红十字会区分于传统慈善机构的特征，即中立性与普世性：加入红十字会因其中立属性，故在战时可以受到保护。此外，由于红十字运动的普世性，自己的行善之名不仅可以传播乡里，更可在县、省乃至国家、世界层面传扬。通过浅显易懂的说明，这篇文章无疑提升了公众对红十字会的认同度以及他们参加这一组织的吸引力，因而青浦红十字会等多个地方红会也采用这篇文章向公众宣传加入红十字会的诸多益处。

红十字会不同于传统善会善堂，由于其借助现代媒体的传播，能够不断扩大其救护活动在民众中的知晓度，加之有较为明确的章程规范与组织架构，因此其善行嘉举能有更佳的传播效果，在这一点上传统的善会善堂难望其项背。徐熙春之所以选择红十字会作为开展救护赈济行动的平台，一大重要原因即在于红十字会经过在中国二十年的发展壮大与高密度的宣传后，已在民众心中形成了良好的品牌。因此，运用红十字这一响当当的招牌，能较之善会、善堂以更有利于调动各项资源服务救护、赈济行动，以及动员民众配合、参与。

其三，徐熙春个人的商业人脉在其接触红十字会的过程中，亦扮演了相当关键的角色，这也是不可或缺的一点。根据徐熙春邻居、青浦县城内著名士绅项寰所作《中国红十字会青浦分会序》的说法，由于徐熙春在沪长期经商，因而"与中国红十字会诸执事素所熟悉"。结合徐熙春及其亲友在南市地区长期从事商业活动的背景来看，他所熟悉的执事中最可能包括的就是有"王菩萨"之称的上海著名慈善家且也是沪南地区颇具经济实

第三章　发起成立青浦红十字会：从商人到慈善家

力的实业家王一亭（1867—1938）。

王一亭，名震，字一亭，号梅花馆主、海云楼主，别号白龙山人，祖籍浙江吴兴（今湖州），生于江苏省南汇县周浦（今上海市浦东新区周浦镇）。王一亭为近代上海之一大奇人，集实业家、社会活动家、慈善家、书画家、中外文化交流使者、佛教大居士于一身。[1]

▲上海滩实业家、慈善家王一亭

与徐熙春的经历类似，王一亭亦年幼时离开周浦老家来到上海谋生，13岁时曾在上海慎余钱庄做学徒。后经人推荐，进入日清汽船株式会社，先后任买办、华人经理等职务。在近代中国，买办在积累一定量资金后通常会选择投资实业，实现资本的进一步增长，而王一亭亦不例外。1904年，著名实业家张謇发起创办上海大达内河轮船公司，王一亭应邀投资入股并任董事、经理。此后，大达公司经不断发展，成为长江下游镇江、扬州、南通等地短途运输的重要企业。1906年，周廷弼、沈缦云等集资创办中国第一家民办银行——上海信成商业储蓄银行，王一亭被推举为董事，后王一亭又与沈缦云等合作创办公司涉足地产业。1907年，王一亭与李平书、顾馨一等集资二十万两白银共同创办力大面粉厂，三年后又参与筹建申大面粉厂。此外，王一亭还投资创办华商电气公司等企业，并任上海义清地产公

---

[1] 王孝芳：《"高风亮节，异代可宗"：纪念王一亭先生》，载陈祖恩、李华兴《白龙山人：王一亭传》序言，上海辞书出版社，2007年，第1页。

司、华通水火保险公司等企业的董事等职。由此，王一亭的商业版图横跨金融、地产、保险、面粉、电气等业，是名副其实的实业大亨。1906年，王一亭被推举为沪南商务公会的首任会长，成为南市地区的商界领袖。[1]

王一亭受母亲影响，他一生笃信佛教，其"慈悲为本""救苦救难"的教义深刻影响了他的人生观与价值观。受此影响，王一亭在成为上海商界领袖，兼具雄厚财力与社会影响力的情况下，积极投身各类公益活动，发起成立多个慈善组织并参与管理。1928年11月28日，《申报》刊载了一篇署名作者为宇宙室主的文章，专题介绍王一亭在上海参与的慈善事业：

> 海上慈善家多于过江之鲫，顾十九有名无实，纯盗虚声。惟王君一亭，独能脚踏实地，孜孜为善，十余年如一日。今海上各大慈善机关，如华洋义赈会、红十字会、济生会、慈善团、尚贤堂、仁济堂、辅元堂、保安堂、习艺所、栖流所、贫儿院、孤儿院等，其董事名单中，无不首列王君台衔。故王君于经商作画之余，更须划出一大部分时间，为各慈善机关筹划一切。[2]

这篇报道表明了王一亭经手的慈善事业范围相当广泛，不但涉及传统善会、善堂的范畴，如辅元堂、仁济堂等，而且同时经手近代慈善机构，如华洋义赈会、红十字会等。可以说，民国初年的上海大部分民间慈善组织均与王一亭有涉，形成了一张以王一亭为中心的慈善机构关系网。[3]

---

[1] 陈祖恩、李华兴：《白龙山人：王一亭传》，上海辞书出版社，2007年，第39—41页。
[2] 《王一亭热心养老院》，《申报》1928年11月28日第22版。
[3] 阮清华：《慈航难普度：慈善与近代上海都市社会》，复旦大学出版社，2020年，第324—325页。

1919年，中国红十字会新任副会长蔡廷干上任后，对常议会进行改组，王一亭开始成为中国红十字会常议员。[1]常议会是中国红十字会的核心机构之一，其职责包括制定会务细则、管理会计账目、掌管存款等重要事项[2]，因此常议员在中国红十字会地位之重要性显而易见。至1929年，王一亭更是担任了中国红十字会常议会议长，成为中国红十字会中最为关键的管理者之一。王一亭对红十字事务的热衷及角色的关键，由此可见一斑。

徐熙春与王一亭产生交集，除了徐熙春本身作为在南市地区经营皮丝烟小有名气的商人，在加入民国路商业联合会等商业社团后，通过其纽带作用与作为本地区商会领袖的王一亭相识以外，另一条可能的路径则是通过徐熙春的亲属与王一亭之间的商业关系。据徐家益先生回忆，其父徐传经（徐熙春长兄徐桂舲之子）曾于1920年代在南市的裕泰豆麦行做文书账房工作[3]，当时裕泰豆麦行的老板为徐咏棠，曾担任1921年在南市成立的上海杂粮油豆饼业交易所的第一号经纪人[4]，同时也是由王一亭等发起成立的上海面粉交易所理事长之一。[5]在民国时期的南市地区，其商业在近代文明影响下各行业团体逐渐由传统的行业公所向同业公会演进。同业公会主要负责市场调查研究、信息沟通与业者关系协调等职能，至1920年代豆米、面粉等行业建立了交易所制度，通过在出入场、价格、成交等方面制

---

[1] 张建俅：《中国红十字会初期发展之研究》，中华书局，2007年，第78页。
[2] 《中国红十字会章程（1912年）》，载中国红十字会总会编《中国红十字会历史资料选编（1904—1949）》，南京出版社，1993年，第225页。
[3] 来源于陆轶隽采访徐家益、徐家良、徐建新的记录，2020年1月1日。
[4] 进步书局编：《上海交易所一览》，进步书局，1922年，第23页。
[5] 同上书，第116页。

定规则并设立经纪人制度，使面粉等商品交易有序化、规范化。①王一亭在交易所制度建立的过程中扮演着关键角色。正是通过交易所这一平台，徐咏棠这样的中小商号负责人得以纳入整个地区的同业商业网中，令徐咏棠、王一亭二人产生人际交集，进而使徐熙春、徐传经等青浦徐氏家族成员取得与王一亭联系的另一渠道。

由此，我们可以推断徐熙春进入1920年代上海慈善界网络的通路，是先通过南市地区的商业网络结识王一亭等在商界的头面人物，由于这些商界领袖往往同时是红十字会内部的重要人士，故徐熙春方有与"中国红十字会诸执事素所熟悉"的可能性。事实上，以上所列举的与红十字会"结缘"的方式并非三条独立无交集的路径：通过红十字会在现代媒体的宣传，了解其社团性质与成绩；通过红十字会现场救护的呈现形式，留给徐熙春对红十字会的直观认知；再通过商业人脉关系，徐熙春得以进入红十字会"朋友圈"，并进一步为日后其自己参与创设、运营红十字分会提供各类资源上的便利。因此，1924年，徐熙春选择以红十字会的形式而非传统善会、善堂式的组织参与慈善和公益，组建"齐卢战争"中青浦县内的救护力量。

青浦红十字会的创建

"齐卢战争"中青浦战况的惨烈，以及各种成立条件的成熟，令成立

---

① 上海市《南市区志》编纂委员会：《南市区志》，上海社会科学院出版社，1997年，第407页。

第三章　发起成立青浦红十字会：从商人到慈善家　〉〉〉

一个能够高效协调战场救护与难民赈济机构的需求箭在弦上。1924年9月3日，部分青浦本地士绅及旅沪青浦商人假座青浦县议会嘉会堂召开红十字会成立大会，到会者共计140余人。经大会表决，选举徐熙春作为会议主席，报告红十字会筹备情形及通过红会简章。在人事任命方面，大会选举方仁杰为会长①，吕钟、徐熙春为副会长，李维屏为理事长，孙召棠等四人为理事，叶袖东、袁蔚文（1889—1960）为正副议长，姚展成等16人为议事员，张保初、熊宗干为资产委员。红十字会办公地选址青浦县旧教谕署。②

大会通过的《中国红十字会青浦分会简章》，表明该会是直属中国红十字会的分会组织。分会正式名称为"中国红十字会青浦分会"，且明确指出"本会依照中国红十字会分会

▲1924年，青浦红十字会办公地

---

①方仁杰的角色更类似于一位代理会长，是徐熙春最初婉拒直接担任会长，且经过会员选举后形成的一个折中方案。因此，在1924年12月青浦红十字会在江浙战争救护工作告一段落后，方仁杰选择辞去会长一职，并离开红十字会。参见徐熙春：《青浦红十字分会征信录》序，载《中国红十字会青浦分会第一次征信录》，1927年，上海市青浦区档案馆藏，档案号：W-93-188，第4页。《方仁杰启事》，《申报》1924年12月31日第1版。

②《中国红十字会青浦分会大事记》，载《中国红十字会青浦分会第一次征信录》，1927年，上海市青浦区档案馆藏，档案号：W-93-188，第48页。

107

通则办理"①，表明该会符合1912年中国红十字会统一大会确立的《分会简章》及1922年6月会员大会所制定的《修正简章》相关规定。②在会员分类、职员职权等方面，青浦红十字会的规定与总会保持一致；在会员大会召开频度上，青浦红十字会较之总会规定每三年一次召开会员大会的规定有所加码③，除规定会员大会每年举行一次外，会长定期召集的议事会每月召开一次，若有临时要事则会另行增加会议。④如此高密度地召集会议商讨救护、赈济等事宜，使青浦红十字会更高效、灵活地开展行动。在之后的战场救护中，正是通过频度更高的会员会、议事会等会议，显著提高了救护工作的效率。

在成立青浦红十字会前，徐熙春等筹建者尽管对红十字运动的起源、性质、任务等基本知识已经有所了解，但对广大青浦民众而言，虽然对红十字会在战争中的各类嘉行善举或许有所耳闻，对其具体业务范围及运行规范却仍然知之甚少，故向他们宣传、普及红十字知识能为招募会员与会务推展打下坚实基础。为此，除了援引前述《红十字会十大利益说》等文章纳入宣传材料外，徐熙春等筹建者更多以身体力行、亲身动员的方式来

---

① 《中国红十字会青浦分会简章》，《中国红十字会青浦分会第一次征信录》，1927年，上海市青浦区档案馆藏，档案号：W-93-188，第20页。

② 《中国红十字会章程（1912年）》，载中国红十字会总会编《中国红十字会历史资料选编（1904—1949）》，南京大学出版社，1993年，第226页。《中国红十字会修正章程（1922年）》，载中国红十字会总会编《中国红十字会历史资料选编（1904—1949）》，南京大学出版社，1993年，第233页。

③ 《中国红十字会修正章程（1922年）》，载中国红十字会总会编《中国红十字会历史资料选编（1904—1949）》，南京大学出版社，1993年，第232页。

④ 《中国红十字会青浦分会简章》，载《中国红十字会青浦分会第一次征信录》，1927年，上海市青浦区档案馆藏，档案号：W-93-188，第20页。

发动县内各界人士积极加入红十字会，或通过募款加以资助。青浦红十字会成立不久便发布了第一则募捐启事，并由徐熙春亲自执笔：

> 窃以地方灾难，兵战尤甚于水火。我青为江浙要冲，自战云突起，城厢虽未遭蹂躏，而接近战线，各地之居民转徙流离，穷困乏食，投止无所，求乞无门。本分会既抱慈善之宗旨，应尽救恤之业务，无如地方公款罗掘已穷。本分会济众有心，点金乏术。不得不为将伯之呼，以解燃眉之急。恳祈诸大善士共发慈悲，慨施救济，推缨冠披发之心，溥义众仁爱之赐，俾邑境灾黎免沟壑，迫切陈词，不胜馨香祷祝之至。①

该则募捐启事表明，青浦红十字会创始时并未获得来自官方的明确支持，而纯粹是由民间力量经办，故以经费筹措而言，民间捐助成为维持青浦红十字会运作为数不多的途径。从捐款名录看，数额最多的也恰是青浦红十字会的建立者们，如徐熙春带头捐款银元25元。②在另一则刊登于《申报》的募捐启事中，青浦红十字会也坦承在创会之后的一个月之内"经济不足"③，从中可见至少在经费上青浦红十字会最初的募款来源较为单一，非常依赖创建群体及其社交圈，且由于无政府方面支援而在经费运作上较为拮据。

尽管如此，青浦红十字会的经费运作依然十分重视规范与信用建设，

---

① 《募捐启 第一届第一次》，《中国红十字会青浦分会第三次征信录》，1934年，上海市青浦区档案馆藏，档案号：W-93-190，第29页。
② 徐福洲：《青浦红十字会的创始人徐熙春先生》，载徐家益、徐建新主编《青浦徐氏族谱考正集暨纪念徐熙春先生130年华诞》，上海，2014年，第113页。
③ 《中国红十字会青浦分会启事》，《申报》1924年10月3日第7版。

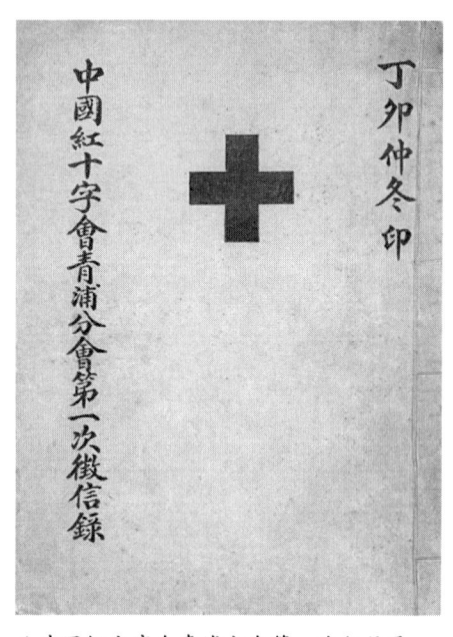

▲ 中国红十字会青浦分会第一次征信录

其最显著的表现就是刊行征信录：由于该会服务区域覆盖县域全境，且经费方面流动规模较大，加上其民间慈善组织的根本属性，其运作资金大多来源于地方绅商与百姓的捐赠，因此出于取信于捐款者、监督者的需要，青浦红十字会选择以征信录这一传统慈善机构通常采用的会计报告书形式，定期向公众介绍该会的施善行动与经费开支状况。"征信"二字源于《中庸》中"上焉者，虽善无征。无征不信，不信民弗从"，强调为人处世必以诚信为重，因而善会、善堂等民间社团及行会、会馆等组织常以"征信"二字命名会计报告书，以作向官府与公众报告事业之用。自1924年成立始，至1951年接受改组止，青浦红十字会共计发行四册征信录，时间段覆盖从"齐卢战争"到抗日战争胜利后，除定期公布特定时间段内红十字会善举外，还公布该时间段内红十字会捐款者的姓名、数额及会务运作过程中的收入、支出项，赓续了江南地区善会、善堂等传统慈善机构定期颁布征信录以保障组织公信力的做法。除刊印单本征信录外，青浦红十字会利用毗邻上海的优势，于"齐卢战争"和北伐战争期间在上海地区的大型报纸《申报》《新闻报》刊登鸣谢启事，感谢向红十字会捐款、捐物的诸位善士与商号，从而运用更大的舆论平台实现了更大地域内公众对团体的监督以及更佳的宣传效果。例如，在1924

年10月3日，徐熙春在《申报》上刊登"募捐启"，明确指出徐氏本人为唯一申募者，并指出一旦有人假冒青浦红十字会进行募捐，将移送官府依法惩办。①公开、透明的精神始终贯穿青浦红十字会运作过程，客观上令更多人参与红十字会活动有更大的信心。

通过徐熙春与其他创会成员的奔走与努力，在成立后的两个月时间内，青浦红十字会共计招募352位会员，其中正会员96人、普通会员114人、学生会员142人。考虑到经费筹措的紧张，青浦红十字会能在较短的时间内发展300名以上会员，相较同样为"齐卢战争"救护而成立的江浙地区其他分会而言，成绩是比较出色的。尽管必须说明的是，根据青浦县在民国十年（1921）及民国十五年（1926）两次人口调查的结果，全县人口均数在27万人左右②，然而直至1951年青浦红十字会改组前，其会员人数始终在300~400人之间浮动，人数在全县人口中所占比例极低。究其原因主要有两个方面：一方面，红十字会会员缴纳会费过高。如前所述，红十字会普通会员入会需一次缴纳10元，正会员更需缴纳25元，如此高的会费门槛，自然使得无论总会还是地方分会，在学生会员制建立前几乎只能吸引地方社会中上阶层人士——从人员组成观之，青浦红十字会正会员主要以积极参与地方自治的士绅，以及旅沪青浦籍商人两大群体为主；另一方面，创会成员及活跃会员也局限于徐熙春个人的人际交往与商业网络，对于网络之外的会员招募力度尚不足够。

从人数上看，青浦红十字会尽管相较于同期上海其他慈善组织如仁济

---

① 《中国红十字会青浦分会启事》，《申报》1924年10月3日第7版。
② 上海市青浦县县志编纂委员会编：《青浦县志》，上海人民出版社，1990年，第146页。

善堂等属于微型机构，但这并不妨碍其在战争中救护、赈济行动的高效。正是通过青浦红十字会工作人员尽心尽责的工作，使得救护伤兵伤民、设立避难场所、安置转移流离灾民、掩埋人畜尸体等工作推进顺利，为青浦地区在战争结束后及早恢复社会秩序奠定了基础。

第四章　江浙战场救护与造福桑梓：身体力行不务虚

1924年10月13日，《申报》刊登了一篇署名作者为颖狂生、题为《红十字会》的文章，文中说："讲起今日的红十字会，就要说到战争。当战争的时候，却可算是红十字会出力的时候。"[①]纵观国际和中国红十字运动的缘起，我们发现战争是重要的催生因素：红十字发端即为救护战争中的伤兵与平民，进而延伸到战争之外的人道救护。源于战争，以战争救护为鲜明特色，成为红十字会区分于善会、善堂等中国传统慈善组织的显著标志之一。

因应"齐卢战争"而成立的青浦红十字会，成立不久后旋即投入紧张的战场救护与灾民赈济工作中。在两个多月的时间里，青浦红十字会工作人员冒着战火的危险，协助救治在战场中受流弹等伤害的兵士、平民，以及收容、疏散县城内外的受灾民众等。"齐卢战争"中的工作模式，日后也被运用于北伐与两次淞沪抗战的救护、赈济中。1930年，作为分会代表，徐熙春出席了中国红十字会第三次全国代表大会，并在之后被推举为中国红十字会"修改会章委员会"成员，参与分会会则等的修订，尽到分会负

[①]《红十字会》，《申报》1924年10月13日第8版。

责人应有之职。

在战时的救护行动之外，青浦红十字会也不忘造福桑梓。1928年，针对青浦县前河多年淤塞却无积极应对的问题，徐熙春等红十字会干部积极与县政府、其他县内自治团体对接，出面主持河道整治工作，终于让沿河居民饮得清流，充分展现出青浦红十字会高度的社会责任感。

"齐卢战争"救护当仁不让

"齐卢战争"给青浦县带来的社会经济破坏是相当严重的，战火不仅造成大量人员伤亡，更使县内数万民众被迫逃离家园、流离失所。青浦红十字会当仁不让地承担起战争中的救护行动，主要涉及难民收容与疏散、战场伤员救护和战争善后工作三个方面。

一、难民收容与疏散

早在"齐卢战争"爆发前的1924年8月，中国红十字会总会及其他地方分会就已开始筹备战时救护工作，总会已对地方分会的工作进行指导。其中，由于战争导致大量平民特别是妇女、儿童等无家可归，因此各地成立收容所，为这些难民提供安全的庇护场所成为当务之急。9月4日，中国红十字会总会在《申报》上刊登《中国红十字会救济妇孺收容所简章》，其中规定中国红十字会无论总会与分会，在地方发生战事或自然灾害时都应救济妇孺，成立收容所；收容所设置需根据地方实际情况考虑，可设立多所，场地原则上由地方士绅辅助租借；收容所应保护妇孺免受炮火伤害，政府与军队应当从优待遇等规定，并同时规范妇孺收容所的一些技术

第四章　江浙战场救护与造福桑梓：身体力行不务虚

要求，如安置人数、定时饮食、配套保障等。①

由于青浦县境东部及北部正处于"齐卢战争"双方交战前线，因而青浦县内大量百姓涌入治安状况尚好的县城。当时，青浦县城人口仅2000～3000人，但是来自青浦东部、北部乡镇和外县逃难而来的居民数量远多于此，如何安置、疏散数量如此庞大的难民，成为刚刚成立的青浦红十字会面对的第一道难题。徐熙春等青浦红十字会创办者对战争中收容、救助妇孺的工作本就十分重视，在制定《中国红十字会青浦分会简章》时，即规定该会设立医院及妇孺收容所，且其组织法则另外规定。②根据《中国红十字会救济妇孺收容所简章》与《中国红十字会青浦分会简章》的要求，青浦红十字会又制定了《中国红十字会青浦分会妇孺收容所章程》，共计14条规定，内容包括收容所地点设置、妇孺饮食起居管理、认领归家等方面。③妇孺收容所管理制度大部分符合中国红十字会总会要求，但就具体项目而言，青浦红十字会则有更细化的规定。例如，在场所方面，青浦红十字会强调收容所地点必须以公共场所为主，地方士绅则可以自愿原则提供私宅作为收容场所，且收容规定比照简章要求。这样，士绅的作用已经不仅仅限于"辅助租借"，因而能避免强征民宅等问题，降低对民众生活的干扰。同时，士绅通过提供私宅的方式，也为收容所地点提供更多样化的选择，以随时满足战时收容妇孺的需要。

---

①《中国红十字会救济妇孺收容所简章》，《申报》1924年9月4日第15版。
②《中国红十字会青浦分会简章》，载《中国红十字会青浦分会第一次征信录》，1927年，上海市青浦区档案馆藏，档案号：W-93-188，第20页。
③《中国红十字会青浦分会妇孺收容所章程》，载《中国红十字会青浦分会第一次征信录》，1927年，上海市青浦区档案馆藏，档案号：W-93-188，第23—25页。

《《《 遇见徐熙春：在江南与上海之间

  9月5日，青浦红十字会召开职员会议，决定先行在县城内的县立第一小学校、县立师中学校设立妇孺收容所，由各校校长任收容所主任，青浦红十字会普通会员徐渭侣为总主任。9月10日，由于担心县城内局势，青浦红十字会决定在县内佘山乡设立收容所，派遣郭祖瑶为主任管理。[①] 在此之后，又在红十字会办公地——青浦县城内明伦堂——设立收容所。据战后统计，以上收容所中，青浦县城内三所收容所共收容妇孺2372人，佘山收容所收容327人。[②] 难民进入收容所后，青浦红十字会的工作人员对他们先进行登记造册，记录他们的姓名、年龄、籍贯等信息，以利后续送返等工作的需要。在具体工作中，青浦红十字会对于这些收容的难民也关怀备至，通过施粥、分发面包等方式，让他们在纷飞的战火之外感受人道关怀的温度。例如，根据《中国红十字会青浦分会大事记》的记录，10月10日，苏军（江苏督军齐燮元一方）进入青浦城内，大肆烧杀劫掠，使"城内居民不论男女贫富，均纷纷来会暂避，共三千七百余人"，如此大的难民数量使城内三所收容所不堪重负，故经协调将青浦县城内孔庙的大成殿、尊经阁等处临时辟为收容场所。11日，这些来会避难的难民由青浦红十字会方面负责发放稀饭，但由于人数众多，使原有存粮不敷使用，至午餐时已有断炊之虞，故青浦红十字会干事孙子扬冒着战火向城内叶姓大户募得米16石、沈姓大户募得米3石5斗。令人唏嘘的是，这些募得的大米，

[①]《中国红十字会青浦分会大事记》，载《中国红十字会青浦分会第一次征信录》，1927年，上海市青浦区档案馆藏，档案号：W-93-188，第48—49页。
[②]《青浦红十字分会之成绩》，《申报》1924年11月15日第10版。

竟是上述大户从苏军士兵的手中夺回的。①青浦红十字会各工作人员行事的细致与规范，以及工作态度的认真与投入，由此可见一斑！

然而，在青浦红十字会开展收容工作的过程中，依旧出现了纰漏：徐熙春等干部原计划在县城外建立另一收容所，但副会长吕钟在佘山附近强占一宋姓民户作为收容所位址，此举违背了地方士绅提供收容所场地必须基于自愿原则的初衷。9月17日，中国红十字会总办事处收到来函，请求青浦红十字会调查吕钟强占民宅一事。四天后，经青浦方面调查反馈后，总办事处要求免除吕钟副会长一职，后青浦红十字会照函办理。②吕钟事件为日后的青浦红十字会工作敲响了警钟。在此之后，青浦红十字会在涉及协调民众利益的工作时，更注重站在民众立场上换位思考。例如，1937年8月，青浦红十字会在为无法及时疏散的难民筹备缝纫支前等工作"以工代赈"时，曾向县城内富户王锦诚商议借缝纫机一架，但在11月青浦县城被日军轰炸时这台缝纫机在战火中被焚毁。抗战结束后的1946年，青浦红十字会在复员后与王锦诚商议赔偿共计7万元，经费由会长徐熙春捐助。③由此可见，规范红十字会工作人员的纪律，有助于帮助红十字会建立良好的社会形象，从而更有利于推展红十字事业。为此，青浦红十字会甚至以"壮士断腕"式的勇气维持内部纪律，而这与徐熙春等建会干部起到的表率作用是分不开的。

---

① 《中国红十字会青浦分会大事记》，载《中国红十字会青浦分会第一次征信录》，1927年，上海市青浦区档案馆藏，档案号：W-93-188，第51页。

② 同上书，第50页。

③ 《附述》，载《中国红十字会青浦分会第四次征信录》，1946年，上海市青浦区档案馆藏，档案号：W-93-191，第27页。

随着"齐卢战争"战局的不断变化，青浦的收容所数量终究不能满足整个县境内难民收容疏散工作的需要，同时刚刚成立的青浦红十字会由于经济上的困难，也无法在上海独立租借场地供青浦籍难民收容。因此，徐熙春利用他在上海的商业与慈善"朋友圈"，选择与上海联义善会合作，共同完成难民收容工作。联义善会成立于1907年，由王一亭、翁寅初、王骏生等上海地方士绅联合创办。善会之所以命名"联义"，是取"联合上海慈善同志，纯粹义务"之意，是近代上海重要的综合性民间慈善社团，其主要业务涵盖施给医药、义务教育、收养婴儿、施送棺木、施送衣米、赈济灾荒等。[1] 由于徐熙春与王一亭、翁寅初等联义善会组织成员素有相识，且考虑到其影响力，故在1924年9月18日由徐熙春前往上海与翁寅初取得联系，希望联义善会提供场地供青浦籍难民前往避难。翁寅初随即同意徐熙春的请求，并提供上海虹口兆丰路的至圣善院（翁寅初参与设立的另一民间慈善机构）作为收容场地。后至圣善院向青浦红十字会来函，告知可收容青浦籍难民。9月22日，青浦红十字会通过水路的方式，开始运送第一批难民前往上海联义善会与至圣善院；25日则运送第二批难民。[2] 在运送难民前，青浦红十字会对送往上海的难民进行基本信息（姓名和年龄）登记[3]，联义善会与至圣善院为青浦难民提供高层洋房作为收容场地。据统计，由青浦方面送往至圣善院的难民人数共计389名，收容天数将近

---

[1]《上海联义善会章程草案》，载《善堂、善会全宗汇集》，上海市档案馆藏，档案号：Q115-13-1。

[2]《中国红十字会青浦分会大事记》，载《中国红十字会青浦分会第一次征信录》，1927年，上海市青浦区档案馆藏，档案号：W-93-188，第50页。

[3]《慈善家救济兵民之昨讯》，《申报》1924年9月27日第10版。

五十天。在此期间，难民的一日三餐均由至圣善院方面提供，并提供伤员医疗与施衣服务。战事结束后的11月2日，收容在上海的300余名难民由青浦红十字会雇船载回青浦，同时至圣善院方面给予这些难民每人两枚银元，"俾免回家后之无米为炊，再填沟壑"。[①]至圣善院的义举，有效缓解了青浦红十字会安置战争难民的负担，也成为不同慈善组织之间在难民救助方面通力合作的成功典范。

二、战场伤员救护

"齐卢战争"期间，青浦县是两军直接交战的战场，因而其境内流弹横飞，加之兵士在境内的烧杀抢掠，造成大量人员伤亡。青浦红十字会以战时救护为成立目的，在战场上及时医治受伤的士兵与民众就理所应当地成了青浦红十字会的核心工作之一。1924年9月6日，成立仅三天的青浦红十字会便已开展伤员救护行动：青浦县城南门外，农民徐明山腰部遭流弹所击，情势危急，被紧急转送至青浦红十字会。由于当时青浦红十字会内并未配置专职医务人员，且徐明山伤势严重，故红十字会派遣时任资产委员的熊宗干携带公函，连夜将徐明山送至邻近的松江红十字分会医院救治。有鉴于这次救护行动中缺乏救护人手的教训，9月9日，青浦红十字会正式组建了救护队，杨世贞等18人成为首批救护队员[②]，同时颁布《中国红十字会青浦分会救护队要则》十条：

---

① 《鸣谢翁寅初先生设立青浦难民收容所救护难民启》，载《中国红十字会青浦分会第一次征信录》，1927年，上海市青浦区档案馆藏，档案号：W-93-188，第10页。

② 《中国红十字会青浦分会大事记》，载《中国红十字会青浦分会第一次征信录》，1927年，上海市青浦区档案馆藏，档案号：W-93-188，第48—49页。

一、本会以拯难救伤为宗旨，队员皆应守此宗旨，待人接物宜以仁爱为心。

二、救护队员应遵守本会章程及上级队员之指挥为主。

三、红十字会为世界最高之慈善事业，救护队员之地位清高，名誉隆重，久为世人钦佩，故队员皆自爱，凡贪鄙淫暴之事亟应痛切戒之。

四、凡遇战事，本会对于双方，不容有所左右，救护队在战地上，除救护病伤之外，概不准干预他事。

五、交战团受伤兵民，不论何方，皆应一律待遇，不得歧视。

六、凡受伤兵民如有要求购物、传递等事，须禀明队长，指令一人办理，若未经队长许可，无论事之巨细，均不得擅专。

七、队员于服务期间，不得兼营别业及一切贸易之事。

八、本会因经费支绌，队长、队员概不给薪，所有膳食、川资则由会供给之。

九、队员如有行为暴戾、操守难信及一切不端之事者，一经查出立即斥走。

十、凡志愿加入本会救护队员者，需开具姓名、籍贯、职业、住址，并觅妥实，使人到会、报名、考照后录用。[①]

从此十条观之，青浦红十字会的创建者们对红十字运动性质的把握是准确的。首先，他们能精准体认红十字运动"人道、博爱、奉献"的核心价值

---

① 《中国红十字会青浦分会救护队要则》，载《中国红十字会青浦分会第一次征信录》，1927年，上海市青浦区档案馆藏，档案号：W-93-188，第22页。

第四章 江浙战场救护与造福桑梓：身体力行不务虚

观，并在此基础上规范救护队员的一言一行；其次，规定队员除救护之外不得干预他事，不因立场歧视伤员等则是对红十字会"中立性"特征的正确理解。难能可贵的是，青浦红十字会在此基础上仍有"加码"：规定队员开展救护活动时不经营其他事业，以让他们专心投入救护工作中；救护队对于队员的专业性也持足够尊重的态度：所有队员均须实名登记、考取证照之后才能投入救护工作，由此保证队员的医疗专业素质。此外，对于队员的道德要求及日常行为的严格规范，恰与战争期间齐燮元、卢永祥两阵营兵士践踏军纪，烧杀抢掠的表现形成极为鲜明的对比。因此，救护队员的行为规范在保障救护队员工作态度与效率的同时，也能带给民众极佳的观感，为红十字会树立良好形象，使其成为在"齐卢战争"中救护伤兵难民的中坚力量。

9月21日，徐熙春与青浦红十字会会员、朱家角许氏医务室创办人许蓉村[①]，带着救护队员前往县境内受灾情况较重的李墟村一带救护受灾民众。24日、27日，又前往宋家浜、西乡等村协助其他红十字会救助外地难民。为了使救护工作更高效推展，青浦红十字会另辟疗养院，以收治患病之难民、受伤士兵及城内染病的居民。在人事安排方面，青浦红十字会延请了两位最早入会的会员——县公立医院院长吕允兼任医务长，许蓉村任医务室主任，并配备七名医护人员。[②]据战后统计，青浦红十字会疗养院

[①] 许蓉村（1868—1939），原籍江苏苏州，1914 年来青浦城厢镇与戴克宽（1879—1964）共同开设同寿医室。1916 年，许蓉村将诊所迁至朱家角镇永丰桥堍自设诊所，为青浦县最早的西医师。参见青浦县卫生志编纂委员会编：《青浦卫生志》，上海科学技术出版社，1989 年，第 210 页。

[②] 徐福洲：《青浦红十字会的创始人徐熙春先生》，载徐家益、徐建新主编《青浦徐氏族谱考正集暨纪念徐熙春先生 130 年华诞》，上海，2014 年，第 122 页。

治愈伤兵及遭受流弹而受伤的平民共计134人，因伤死亡者4人，其附设内外科诊所每日收治病例多以痢疾、疟疾为主，有80~90名患者之多。[1] 考虑到当时青浦县内西医数量的匮缺，以如此之少的医护人员收治如此之多的伤员病患，且死亡率如此之低，青浦红十字会在战争救护工作中的高效率由此可见一斑。更为难能可贵的是，根据疗养院职员一览表提供的信息，吕允、许蓉村等工作人员是义务进行医疗工作的，并未索要薪资，而其他受薪工作人员中医护人员的薪资为每月30元至50元不等，看护等也多为义务工作。[2] 由此可见，一方面，青浦红十字会早期运营经费的紧张，导致无法向工作人员提供正常的报酬薪资；另一方面，吕允、许蓉村等工作人员在薪资不足的情况下，仍然能全身心地投入到受伤兵民的医疗工作中，足见早期红十字会会员的高尚人格，其义举无疑是对红十字运动价值的生动践行。

三、战争善后工作

青浦红十字会自创立伊始便确立其"护佑桑梓"的宗旨，即除了常规的救护工作之外，亦致力于帮助维持地方秩序。"齐卢战争"带给青浦县的破坏，最直接的表现便是军阀士兵在城内大肆劫掠造成的治安失序与财产损失，以及野外大量人畜尸骸无人收葬。因此，在战争结束后不久，青浦红十字会便派出工作人员深入县内各乡镇，进行战争损失调查工作，并协助其他机构掩埋人畜尸骸，以利战后社会秩序的重建。

---

[1]《青浦红十字分会之成绩》，《申报》1924年11月15日第10版。
[2]《中国红十字会青浦分会疗养院历任职员一览表》，载《中国红十字会青浦分会第一次征信录》，1927年，上海市青浦区档案馆藏，档案号：W-93-188，第37页。

第四章　江浙战场救护与造福桑梓：身体力行不务虚 >>>

1924年10月7日起，齐燮元的苏军进入青浦县城。在城内，这些士兵肆意进入民众家中搜刮财物，共计30余次。[1]同时，这些士兵与本地土匪勾结，不仅掠夺居民财物，还进行纵火，使当时的县城"满城一片荒凉，不堪入目"。[2]10月11日凌晨2时许，青浦县城内祥发酱香园及庙前街一杨姓民宅同时触发了火警，且经事后调查证实火警是苏军士兵纵火所导致。当时，由于青浦县城内局势紊乱，救火队队员大半已前往上海避难。因此，青浦红十字会干事孙子扬、资产委员熊宗干及交际员吴颂我率领会中精壮队员，以及在红十字会避难的部分救火队员前往救火。12日，为避免苏军士兵再次在城内纵火，青浦红十字会自行组织了消防队，共计49人，分为四支队伍，推举孙子扬作为总队长，至青浦县城内巡逻街巷，在防范兵士纵火的同时兼顾维持治安。[3]

齐卢双方士兵军纪的废弛，除表现在城内掠夺居民财物、四处纵火外，这些士兵还在农村肆意杀害平民、宰杀牲畜，使青浦县境内曝尸现象较为严重。据青浦红十字会战后对县辖乡镇的统计，在苏、浙两军驻军或交火的乡镇中曝尸较多。例如，赵屯桥为青浦县内赵金孔柏（赵屯、金家桥、孔宅、柏树桥四乡的合称，下同）乡的首镇，也是苏军驻地，该镇在战争期间"牛羊豕首浮沉于河内，残饭禽毛充满乎街中，秽气逼人"；再如，艾祁村为两军接触之处，在此处战死的双方士兵不下千余人，尸骸

---

[1]《卢永祥抵沪后之战事消息》，《申报》1924年10月13日第9版。
[2]《军事渐次结束之上海》，《申报》1924年10月17日第9版。
[3]《中国红十字会青浦分会大事记》，载《中国红十字会青浦分会第一次征信录》，1927年，上海市青浦区档案馆藏，档案号：W-93-188，第51—52页。

无人整理掩埋。①大量人畜尸骸的堆积，不仅有碍观瞻、有违风俗人伦，更为各类致病菌的滋生提供温床，为战后防疫工作带来极为不利的影响。因此，及时掩埋大量尸骸成为战争善后处理的重要工作。然而，仅仅依赖青浦红十字会一会之力，掩埋数量如此之多的尸骸难免力不从心。10月24日，上海普善山庄了解到青浦县内尸体处理数量甚大的情况后，主动与青浦红十字会取得联系，并派员到青浦红十字会接洽掩埋事宜。②普善山庄成立于

▲青浦红十字会在"齐卢战争"中救护与掩埋实况

1913年，创始人为联义善会董事之一的王骏生，成立宗旨是"掩埋暴露大小尸体，给送棺木，并施诊给药，给贫苦大众服务"，是上海地区以收瘗、助葬见长，兼顾施医送药的综合性慈善团体。③10月25日，青浦红十字会

---

① 《青浦县西北乡兵灾调查报告》，载《中国红十字会青浦分会第一次征信录》，1927年，上海市青浦区档案馆藏，档案号：W-93-188，第41、44页。

② 《中国红十字会青浦分会大事记》，载《中国红十字会青浦分会第一次征信录》，1927年，上海市青浦区档案馆藏，档案号 W-93-188，第52页。

③ 《国内公私立救济福利团体调查表：普善山庄》，载《上海市民政局档案》，上海市档案馆藏，档案号：B168-1-798-33。

第四章 江浙战场救护与造福桑梓：身体力行不务虚 ⟫⟫⟫

派遣庶务乌炎生，随同普善山庄工作人员前往青浦各乡镇掩埋曝尸。① 根据战后统计，由青浦红十字会在西北乡掩埋的尸体共计14具。② 相较同期其他地方红十字分会而言，青浦红十字会在尸体掩埋的数量上并不多，这是由于青浦地区的埋尸工作已由普善山庄主要负责，而青浦红十字会更多采取配合方式，如在县境多处张贴布告，带领普善山庄工作人员深入偏僻乡村掩埋尸体等。③ 与此同时，中国红十字会总办事处也在青浦县赵屯桥、旧青浦等乡掩埋曝尸。④

对于战争结束后对各项损失的调查，是进行战后重建工作的首要步骤。1924年10月17日，在"齐卢战争"战火渐息之时，青浦红十字会派出孙子扬、孔如霖等工作人员，前往县内受灾较为严重的赵金孔柏及杜村等西北乡村，进行兵灾调查工作。当年11月，经细致调查走访，孙子扬提交了《青浦县西北乡兵灾调查报告》，他在序言中如是介绍该调查的开展初衷与执行细节：

> 此次本分会以东南战争虽告终止，而吾青西北境为战线重要区域，故受灾奇重。爰派望⑤等携带棉絮、衣被、铜元至被灾各乡，先就极贫灾民择要发给赀费救济。虽杯水车薪、无济于事，然劫后余生，得此补助，亦可稍延残喘，并于各乡村镇切实调查，计自十月廿

---

① 《中国红十字会青浦分会大事记》，载《中国红十字会青浦分会第一次征信录》，1927年，上海市青浦区档案馆藏，档案号：W-93-188，第52页。
② 《青浦红十字分会之成绩》，《申报》1924年11月15日第10版。
③ 《收束声中之沪埠时局》，《新闻报》1924年11月1日第9版。
④ 《红会散赈之报告》，《申报》1924年12月5日第15版。
⑤ 孙子扬，名祖望，故此处"望"指孙子扬。

六日至十一月四日止，沿途所经不下四十余处，各地所受灾况轻重不一，兹视距离战线之远近及驻兵之久暂，并调查所得兵灾状况，略为报告。①

从上述序言看，在深入青浦各地乡镇进行损失调查的同时，这些调查队员同时也进行物资赈济工作。从覆盖区域看，这次调查的地点实际上不仅局限于受灾最重的西北部村镇，而是同时包括如黄渡、重固、北竿山等位于县境东部的乡镇，因而使得调查结果更具全面性。从项目看，这次调查除了记录村镇居民的财产损失，包括居民被士兵掠夺的财物及被破坏的农田状况，对于苏浙两军特别是苏军的暴行也多有记录。孙子扬在白鹤江镇经过两次调查走访后，不无愤怒地揭露苏军在该镇为非作歹之事：

> 曾经望等两度之调查，第一次在十月十七日，居民在镇者不过百人，所有门窗等均被捣毁抛弃，街心应用物件搬运殆尽。有某南货号之油柜倒置门口，致满街油迹。又以天雨之故，更有行路难之慨。现在为第二次，回里者渐多，商店开市者约已十分之三，各殷户因未及搬迁，损失不赀。甚至停在家内之尸棺，被其用械撬开者有四五具之多，真惨不忍睹。烧去房屋二所，烧毙一人一牛；妇女之被非礼者四十余人，均系苏军驻守之"成绩"云。②

这段文字不仅是对战后受灾地区进行损失登记的凭证，更是军阀士兵无视

---

① 《青浦县西北乡兵灾调查报告》，载《中国红十字会青浦分会第一次征信录》，1927年，上海市青浦区档案馆藏，档案号：W-93-188，第41页。
② 同上书，第42—43页。

军纪、作奸犯科的罪证记录。通过兵灾调查中这些带着民众血泪的文字，青浦红十字会的调查报告既让更多的人了解到军阀混战的残酷，也从另一角度凸显出红十字会工作的重要性、急迫性与困难性，进而让公众对红十字会的性质、职能等有更清晰、准确的认知。

与此同时，兵灾调查的结果向全社会公布后，引发了民众对灾民广泛的同情与对军阀残暴行径的强烈愤慨。当时，徐熙春等青浦红十字会的干部在开展调查的同时，向受灾地区的民众分发由社会各界捐赠的棉被、衣服、现金等以解燃眉之急，灾民们由衷地感激青浦红十字会雪中送炭的义举，亦让红十字会的善名得以更广泛地传扬。青浦红十字会也因其在"齐卢战争"中高效的救护效率与出色的工作成绩，于1925年2月受到中国红十字会总会表彰：正会员潘伯良、理事孙守梅二人获得特别会员荣誉，西医许蓉村与县公立医院院长吕允共获匾额一方，四名干事员徐渭侣、吴颂裘、熊宗干、孙子扬皆各自获奖励匾额。[1]他们在这场战事中或组织战场救护，或协助收容难民，或冒险调查灾区，获得中国红十字总会的褒奖可谓实至名归。

不过，由于青浦红十字会的运作经费主要依靠社会各界的捐款，且来源高度依赖领导者徐熙春个人的商业与地方社会的人际网络，而不似传统民间慈善机构运用田产等资产获得长时、稳定的运作机制，导致其运营经费在"齐卢战争"后持续亏损。同时，青浦红十字会自身因应战时救护而临时发起的组织性质，故徐熙春在1925年9月19日以战事已息、经费短缺

---

[1]《中国红十字会青浦分会大事记》，载《中国红十字会青浦分会第一次征信录》，1927年，上海市青浦区档案馆藏，档案号：W-93-188，第53页。

为由，不得不忍痛遣散救护队与掩埋队，并在1926年宣告停止一切会务，而经费运作出现的939.905元亏损由徐熙春委托理事长李维屏与救护队长孙子扬帮其垫付。①其时，在维持"齐卢战争"后青浦红十字会运作的过程中，徐熙春不断奔走募款，甚至到典当行抵押自己心爱的手表以贴补"齐卢战争"结束后青浦红十字会的经费亏空。②

北伐战争救护游刃有余

在1912—1928年的北洋政府时期，北京政府前后更换了十三任总统（包括临时总统、临时执政、摄政内阁大元帅等不同称谓）、四十六届内阁，有如走马灯般换将走马，中央政局之紊乱堪称"城头变幻大王旗"；地方上则出现军阀为争夺地盘、资源等肆意混战之局，带给民众巨大的灾难。无怪乎，时人如此评论道："慨自军阀得势以来，拥兵纵乱，海内骚然，罄国库之收入，不足以养兵，遍中国之版图，几无一宁宇。公私破产，百业凋零，国人身受痛苦，已达极点。"③特别是"齐卢战争"爆发后，江浙军阀在江南地区的残忍暴行更激起了民众希望早日结束军阀统治的强烈愿望。如何终结多年来国家的四分五裂，实现政局统一，还民众自由、安全的家园，成为重要的时代之问。

---

①《中国红十字会青浦分会大事记》，载《中国红十字会青浦分会第一次征信录》，1927年，上海市青浦区档案馆藏，档案号：W-93-188，第54页。

②《中国红十字会青浦分会第一届收支报告》，载《中国红十字会青浦分会第一次征信录》，1927年，上海市青浦区档案馆藏，档案号：W-93-188，第94页。

③《北大全体学生通电》，载陈素秀主编《京汉铁路大罢工史料汇编》，河南人民出版社，1999年，第340页。

第四章 江浙战场救护与造福桑梓：身体力行不务虚

最终，解答该问题的契机始于国共第一次合作。1924年1月，中国国民党在广州召开了第一次全国代表大会，该会通过的宣言直指军阀专横、列强侵蚀之下的中国渐入半殖民地半封建的"泥犁地狱"，要挽救处于水深火热的中国人民，开展国民革命、践行三民主义成为不二之选。[1]为此，国民党正式确立了国共合作的政策，两党开展了卓有成效的携手合作。其中，最亮眼的成果当数中国国民党陆军军官学校，即著名的黄埔军校。该校于1924年6月16日正式成立，由孙中山出任总理，蒋介石出任校长。学校建制仿效苏俄做法设立政治部，中共党员周恩来任政治部主任，此后又在蒋介石提议下在校内设立"党代表"。尽管从学制上看，该校因革命形势需要，培训学员的时间仅有半年，就军事训练成果而言未必强于其他军校，但其鲜明的政治工作特征使其拥有强大的组织能力以及完善的治军纪律，为日后学员在军事作战上的胜利提供了有力保障。在建立黄埔军校的基础上，国民革命军随之建立：1925年4月6日，国民党中央执行委员会通过建立党军[2]案，并在不久后由蒋介石出任中央党军司令。同年7月3日，国民政府军事委员会成立，成为最高军务统辖机关，同时取消以省为别的军队名称，统一改称国民革命军，沿用黄埔军校治军原则。[3]

---

[1]《中国国民党第一次全国代表大会宣言》，载魏宏运主编《中国现代史资料选编2：第一次国内革命战争时期》，黑龙江人民出版社，1981年，第5—8页。

[2] 党军，是国民革命时期出现的一个名词，用以代表国民党领导、控制的军队。关于党军的提法，最早出自1924年11月14日广州《民国日报》的《令廖仲恺为各军校党代表》一文。参见徐有礼、巴杰：《论党军的成立及其性质的演变》，《湛江师范学院学报》2007年4月第2期，第62页。

[3] 罗志田、杨天宏、冯筱才等：《中华民国史：1924—1926》，载李新总主编、中国社科院近代史研究所中华民国史研究室编《中华民国史》（第五卷），中华书局，2011年，第148—151页。

⟪⟪⟪ 遇见徐熙春：在江南与上海之间

在政治方面，1925年7月1日，中华民国国民政府在广州宣告成立，受国民党的指导与监督，组成、人事、施政等方面均由国民党决定，"党治"精神由军及政。国民政府成立后，于1925—1926年先后开展了第二次东征与南征，先后实现广东、广西两省统一，由此两广成为国民革命的重要基地。①1926年6月5日，国民党中央通过出师北伐案，并于当年7月1日由国民政府发表《北伐宣言》。7月9日，蒋介石出任国民革命军总司令、李济深任总参谋长、邓演达任总政治部主任，在苏联顾问协助下兵分三路从广州誓师出发，对当时主要的军阀势力直系、皖系、奉系开展北伐。中国共产党方面则积极响应了这次军事行动，于7月12日发表《中国共产党对于时局的主张》，号召全国人民支持国民革命军北伐。

根据双方的兵力分布情况，国民革命军方面集中优势兵力，采用"各个击破"的作战方针，先将主力投入湖南、湖北战区，与直系军阀吴佩孚的主力交战，同时派遣两路兵力警戒江西、福建军阀势力，计划在两湖战区歼灭吴佩孚势力后转向东南，进一步消灭直系孙传芳势力，并最终进入长江以北地区消灭奉系张作霖势力。这一想法最终逐渐落实：国民革命军第四、七、八军进入两湖后于7月进入长沙，8月便在湖北咸宁汀泗桥、贺胜桥两场战役中重挫吴佩孚主力，并在10月10日攻下武昌，吴佩孚部基本被歼；第二、三、六军同样在江西战场上有所斩获，于11月攻占九江、南昌，孙传芳主力10余万人大部被歼；第一军则向福建进军，并于12月攻占福州。②短短数月间，北伐军势如破竹，摧枯拉朽，沉重打击了长期

---

① 罗志田、杨天宏、冯筱才等：《中华民国史：1924—1926》，载李新总主编、中国社科院近代史研究所中华民国史研究室编《中华民国史》（第五卷），中华书局，2011年，第152页。
② 陈旭麓、李华兴主编：《中华民国史辞典》，上海人民出版社，1991年，第132页。

第四章　江浙战场救护与造福桑梓：身体力行不务虚

盘踞各地的军阀势力。

1927年初，北伐军继续分三路进军，其中东路军以何应钦为总指挥，目标为杭州、上海。[①] 2月，东路军以短短二十天左右的时间击败孙传芳部署在浙江的孟昭月等部主力，于2月21日占领整个浙江。之后，孙传芳以其残部2万余人部署于松江、青浦及吴兴、宜兴一带，试图阻止北伐军进攻南京、上海以守住江苏，不久奉军、直鲁联军亦南下增援。[②]

在此前后，已于1925年担任青浦红十字会正会长的徐熙春和其他工作人员意识到地处江浙要冲的青浦县有再度沦为战场的可能，故在1927年2月19日由徐熙春牵头，青浦红十字会主要干部召集会议，商讨恢复举办红十字会事宜。然而，摆在他们面前的第一个难题仍旧是运作经费的严重短缺，故当日会议的首要议程便是参会干部募款，共计筹得银元200余元。同时，徐熙春派遣代表向青浦县地方治安会请求拨款银元500元，以作为成立收容所的费用。筹得资金后，当日会议还决定青浦红十字会将重新成立妇孺收容所与救护队。[③]

2月22日，青浦红十字会再次召开联席会议，根据《中国红十字会青浦分会妇孺收容所章程》，先行确定县第一学校、县女校等七所学校作为收容所场地。当日，职员会议还依照《中国红十字会青浦分会救护队要则》，重新组织救护队。由于1924年"齐卢战争"期间成立的救护队队员

[①] 陈旭麓、李华兴主编：《中华民国史辞典》，上海人民出版社，1991年，第132页。
[②] 杨天石、牛大勇、习五一等：《中华民国史：1926—1928》，载李新总主编、中国社科院近代史研究所中华民国史研究室编《中华民国史》（第六卷），中华书局，2011年，第174—175页。
[③]《丁卯春季本分会救护队办事经过情形》，载《中国红十字会青浦分会第一次征信录》，1927年，上海市青浦区档案馆藏，档案号：W-93-188，第45页。

中至1927年仅剩3人继续参加,因而青浦红十字会又额外招募11人,与老队员共同组建新的救护队,共2队,每队共7人。14名队员平均年龄都较轻,最大的39岁,最小的仅18岁,其中学生7人,商业工作者7人,均为义务志愿者。此次,"齐卢战争"时成立的救护队队长孙子扬继续担任第一救护队队长,第二救护队队长由孙志俊担任。[①]26日,青浦红十字会向本地士绅求助,借得县城南门沈宅、县前街邱宅及县桥南首孙宅作为三处新的收容所场地。至1927年3月底救护工作结束时,青浦红十字会成立了18处妇孺收容所,其中最大的县立女校收容所可收容妇女186人、儿童193人。

相较于1924年"齐卢战争"的收容所设置,北伐战争期间的收容所从位置分布看,其覆盖区域大致已接近县境全域,包括青浦县城之外的泰来桥、陈坊桥、章堰也设立了收容所,使得服务区域进一步扩大;另外,除学校与本地士绅出借的私宅外,圣公会、慧日寺等宗教场所也成为收容所场地。值得注意的是,县内绅商除借出私宅外,还提供了厂房成为收容场地以作为有效的补充。从收容所设置的数量来看,此次的收容所数量也大大超过了"齐卢战争"时期,同时扩大的还有单所的收容量。从收容所的最大收容量来看,县立女校、圣公会等场地可达200~300人。[②]之所以出现明显的扩容,主要是因为经费保障的扩展。如前文所述,青浦红十字会成立时,由于其民间组织的性质,并无政府方面的补助,但至北伐战争期间青浦红十字会已获得具有一定官方背景的治安维持会的资金援助,同时

---

① 《丁卯春季本分会救护队办事经过情形》,载《中国红十字会青浦分会第一次征信录》,1927年,上海市青浦区档案馆藏,档案号:W-93-188,第45页。
② 《中国红十字会青浦分会十六年二月妇孺收容所一览表》,载《中国红十字会青浦分会第一次征信录》,1927年,上海市青浦区档案馆藏,档案号:W-93-188,第39页。

青浦红十字会在"齐卢战争"期间出色的工作也赢得了城内士绅对红会的充分信任,使他们此次在捐献资金、提供场地等方面有了更大积极性,从而更有利于红十字会开展救护、收容等工作。

青浦红十字会解决资金短缺的又一关键方式是设立基金银,而该基金的设立与徐熙春的个人商业网络之间有着密不可分的关系。为了筹备款项,徐熙春曾向曾经做学徒的德隆彰烟行的诸位同仁募捐,通过该笔募款作为固定储备金,以之为红十字会运作的保障经费,待其运作紧张之时便可调拨基金银援助。

1927年4月,徐熙春曾在一则募捐鸣谢启事中特意交代了设立基金银的原因:

> 本分会自甲子年江浙战事,迄今业已三载。虽无成绩可言,尚属差强人意。前当时局紧张,组织救护队、收容所、疗养所,事事需人,在在需款。本分会苦无的款,临时筹募,总不免杯水车薪。爰思筹募基金,以垂永久,商之潘君伯良,首蒙承允,并承德隆彰西烟号汤圣才、汤椿年、徐荣棠、孙守梅贤昆仲诸先生合助本分会基金银一千元,为本分会立永久之基础。①

为保障基金使用的正当性,徐熙春强调该基金"将来只用利息,不动基金"。②在此后的运作中,由于该基金的支撑,以及中国红十字会总办事处、

---

① 《中国红十字会青浦分会敬谢捐助本会基金诸大善士台衔列后》,《申报》1927年4月5日第5版。

② 《中国红十字会青浦分会敬谢捐助本会基金诸大善士台衔列后》,《申报》1927年4月5日第5版。

133

地方保安团、兵灾善后会等拨款，北伐战争期间青浦红十字会的经费运作状况较之"齐卢战争"期间更为合理，并未再出现赤字状况。

此外，由于"齐卢战争"时已经积累较为丰富的工作经验，故北伐战争期间青浦红十字会收容所的规章更为完善。徐熙春及其他工作人员在借得场地后，又为每一收容所配备一名管理主任与若干办事员、女监察，并另外组织采办运输队，专门负责在各收容所间运送大米、柴火、油盐、蔬菜等关键物资。为了充分保障妇孺的安全，徐熙春等干部特意张贴公告、拜访各级官员，呼吁地方政府、各界人士与各路士兵支持与不干扰收容所正常运作。

为顺利开展工作，各收容所还制定了《简约》：

> 本所以救济战事及地方灾害时避难妇孺为限；
>
> 避难妇孺到所应登记姓名、住址及家属，留册备查；
>
> 入所者不得携带贵重物件及危险物品；
>
> 成年男子概不收容；
>
> 妇孺到所后应听主任指挥；
>
> 到所后不得任意出入；
>
> 亲友探问应得主任许可；
>
> 饮食由会供给，如有疾病由所送医院治疗；
>
> 饮食及住所由主任指定，不得随时变更；
>
> 战事后由所送回，如由家属领回者，必须有确实的保证人盖章证明，方可出所；
>
> 入所妇孺只准带一铺盖及不超过二十斤的包；

第四章　江浙战场救护与造福桑梓：身体力行不务虚　>>>

所内不准吸烟以免危险。①

由此可见，徐熙春及青浦红十字会同仁对收容妇孺饱含深切的关怀，以及表明了红十字会工作人员细致入微的工作态度。

由于被收容的妇孺遭受惊吓、饥饿、过度疲劳后更易染病，故青浦红十字会工作人员将患病妇孺转送至附设疗养院及时医治。在当时医护人员数量有限的状况下，疗养院依然能够为千余名被收容妇孺提供高效的医疗服务，且其中无一人因病死亡。这是多么令人赞叹的成绩啊！因此，在北伐战争结束后，被收容妇孺回到各自家中后，个个都感动得热泪盈眶，乃至一些懂事的孩子表示长大之后一定要多做好事，以报答徐熙春等红十字会工作人员的大恩。②

充足的经费以及丰富的经验使得青浦红十字会在北伐战争期间的救护工作同样卓有成效，并特别表现在难民的收容与疏散工作上。1927年2月23日凌晨3时，军阀联军部队2000余人分驻青浦县城内公共场所，由于他们需要物资供应，故要求地方维持会强制摊派，进而令县城居民人心惶惶。当时，青浦县城与上海之间的交通因战事中断，惊慌失措的城内居民再次涌入青浦红十字会请求帮助。青浦红十字会决议采用水路方式，先安排船只运送难民中受惊更大、较为胆怯的妇孺至县内朱家角和东北乡村安顿，其余难民则就近安置于先行开办的诸收容所中。联军驻军撤离县城后，青浦红十字会将收容所的难民送回各自家庭。当青浦红十字会正计划将安

---

① 《中国红十字会青浦分会妇孺收容所章程》，载《中国红十字会青浦分会第一次征信录》，1927年，上海市青浦区档案馆藏，档案号：W-93-188，第24—25页。

② 徐福洲：《青浦红十字会的创始人徐熙春先生》，载徐家益、徐建新主编《青浦徐氏族谱考正集暨纪念徐熙春先生130年华诞》，上海，2014年，第122页。

《《《 遇见徐熙春：在江南与上海之间

置于朱家角等地的难民接回县城时，徐熙春等干部在3月5日得知军阀部队将进入朱家角驻防，为预防万一青浦红十字会从7日上午开始每日安排三艘民船，将滞留朱家角镇的难民载回青浦县城内各收容所继续安置。此外，两支救护队前往县境西部的金家庄、商塔，以及南部靠近松江县的沈巷、安庄等村镇，营救无法出逃的妇女儿童。从3月7日至12日，共计营救1600余名妇孺。12日，又将在朱家角营救的难民（多为被强制拉入军队的拉夫，以及来自苏北、福建等地的外地难民），由孙志俊等四位工作人员分四艘船只载往上海红卍字会总会请求收留，而红卍字会方面当即允诺，并在事后将原籍外地的难民送回原籍，而原籍上海的难民则送回家中。①3月21日至22日，部分军阀部队残兵行经青浦县城外，城内居民担心"齐卢战争"中苏军入城一幕重演，再度大规模地来到青浦红十字会避难。在此情势下，青浦红十字会一方面派出人员协同地方的警察进行维护治安的工作，另一方面则将已经关闭的县城内收容所再度开放收容妇孺。至3月底，伴随战事结束，青浦红十字会在北伐战争中的救护行动告一段落。②

如前章所述，青浦红十字会的会员规模并不大，核心干部仅10余人，会员不过300多名而已。然而，就是这样一个小型的救护机构，却在"齐卢战争"、北伐战争两场战事的救护行动中取得高效且出色的成绩。从青浦红十字会内而言，会长徐熙春及核心成员制定的各项纪律成为可靠的制度保障，不仅严格遵守中国红十字会总会制定的地方分会规则，而且结合

---

① 《各界救护消息·青浦红分会》，《申报》1927年3月16日第10版。
② 《丁卯春季本分会救护队办事经过情形》，载《中国红十字会青浦分会第一次征信录》，1927年，上海市青浦区档案馆藏，档案号：W-93-188，第46页。

第四章　江浙战场救护与造福桑梓：身体力行不务虚　>>>

实际救护状况灵活"加码",最大限度地保障受灾民众人身与财产安全,并在地方社会失序的状况下成为维持治安的重要力量。此外,细致入微的工作安排也让救护、疏散等各环节更贴近实际需要,从而尽可能地减少战争带给地方社会的生命与财产损失。从青浦红十字会外的角度看,徐熙春动用自己在沪经商与慈善的关系网,以及本地的社交网,联合上海地区其他慈善组织以及青浦本地士绅的力量,在疏散、埋尸等原本单一机构有心无力的工作中与其他机构通力合作,拥有了继续开展的可能性,为早日恢复地方社会的正常秩序作出重要贡献。因此,1925年,时任江苏省省长韩国钧(1857—1942)向青浦红十字会授予"博施济众"匾,无疑是对其在战争中拯民于水火的高度肯定。[①]

▶时任江苏省省长韩国钧向青浦红十字会授予"博施济众"匾

---

① 徐熙春:《青浦红十字分会征信录》序,载《中国红十字会青浦分会第一次征信录》,1927年,上海市青浦区档案馆藏,档案号:W-93-188,第4页。

<<< 遇见徐熙春：在江南与上海之间

青浦县前河淤塞与整治契机

  青浦地处江南水乡，拥有规模庞大的河道网络，小桥、流水、人家构成的惬意画面在县境内随处可见。但是，一旦河道出现淤塞现象，发臭的水体将会是沿岸居民的噩梦。晚清民国时期，青浦县城内居民长期受困于县前河的糟糕水环境，且由于政府方面资金短缺，治理河道一事始终犹如空中楼阁般难以落实。正在沿岸居民对此怨声载道之际，热心肠的徐熙春再次站了出来。严格来说，青浦红十字会的基本业务是战场救护，地方公建并不属于其业务范围，但由于不少红十字会干部和会员同时也是热心公益、有良好口碑的乡绅，因此徐熙春仍决定用红十字会名义主持河道整治工程，积极协调县内各种社会资源以解决顽疾，并最终让沿岸居民拥有一方清流，进一步为青浦红十字会赢得了良好声誉，以实际行动践行了"造福桑梓"的宗旨。

  县前河位于青浦县城近县衙处，为周边居民重要的取水河道，然而由于常年淤塞，水质渐趋恶化，多年来沿岸居民只得汲取发臭的河水，并带来了很大的卫生隐患。据青浦红十字会理事吴颂莪的说法：

> 县前河东段淤塞，为南北两岸坍驳凸出，河身变成沟渠，源流不畅，水色黯绿，蛆蛀丛生，滨河居民不下三四百家，全赖此河为饮料，日受其厄，苦不胜言，恨无机会，惟有略事疏浚，暂为目前苟安之计。[①]

[①] 吴颂莪：《整理县前河启》，载《中国红十字会青浦分会整理县前河征信录》，1929年，上海市青浦区档案馆藏，档案号：W-93-189，第3页。

第四章 江浙战场救护与造福桑梓：身体力行不务虚

由此可见，造成河道淤塞的原因是河道驳岸的不断凸出。在青浦地区，河道沿岸常有石质驳岸，居民常在驳岸旁洗衣、淘米等。但是多年来，一些沿河住户出于私利，会擅自扩大驳岸面积建屋。随着时间的推移，河流的截断面越来越小，从而造成淤塞。长期以来，该问题并没有获得根本性的解决，政府方面由于经费短缺等原因仅仅采用一些临时性措施，如简单疏通等加以缓解，但始终"治标不治本"，成为经年积弊。

青浦红十字会的主要干部如吴颂莪等，事实上也是在地方上颇有话语权的士绅，巧合的是他们的住家也在县前河附近。因此，他们常受沿岸居民之托，自然地将整治河道作为监督市政建设的重要环节。与此同时，作为红十字会工作者，对河道开展清淤、除虫等工作，也是改善地区卫生环境的措施，与中国红十字会于1913年确立的"治疫"宗旨相契合。①

时间来到了1928年，困扰沿岸居民多年的县前河整治问题终于有了解决的契机：国民政府在这一年颁布了《县组织法》，通令全国各县将民国成立以来在县内设立的劝业所、实业局等负责农田水利、修桥铺路等地方实业的机构改为建设局。②1927年底，青浦县建设局早于该通令成立。③从性质上看，由于清末民初的县公署中实际承担地方公共事务的是教育、警务、实业、财务四局，这些局办的首长皆为本地绅董而非政府任命的官员，即便是1928年《县组织法》颁布后强化了对他们的控制，建设局局长仍非县政府任命，而是依靠商会等地方自治团体选举后由省级实业厅报

---

① 《中国红十字会宗旨》，载中国红十字会总会编《中国红十字会历史资料选编（1904—1949）》，南京出版社，1993年，第220页。
② 魏光奇：《地方自治与直隶"四局"》，《历史研究》1998年第2期，第91页。
③ 《地方通信·青浦》，《申报》1928年3月4日第4版。

备、任命，国家行政力不介入，且建设局运作经费由地方自筹而非国家财政负担。因此，1928年后，由实业局脱胎而来的建设局并非县政府下属的分支机构，而是基于近代中国地方自治中议决与执行两个机制分离，在地方上实际履行公共建设方面责任的执行机构。[①]

尽管建设局带有浓厚的地方自治色彩，但与"自治"相对的"官治"，即州县政府通过在公署内设立正式局办，将原本属于自治范畴的地方经济文化事业纳入官方管理之下，而由国家权力控制、包办的机制，对于地方自治事业仍会有破坏。据学者魏光奇指出，1928年国民政府对县教育、警务等局的改制，名义上虽然保持地方自治，实际上仍有"官治"蚕食"自治"的色彩[②]，这也意味着县政府对公共事务的实际控制力有所强化。

1928年3月，由江苏省高淳县调任而来的新县长许彦飞到任。[③]许彦飞生于1898年，湖南长沙人，早年毕业于长沙的基督教会学校雅礼书院，因中途经济困难而退学，后入长沙《湖南日报》工作。[④]在长沙担任报馆记者时，许彦飞便以其出色的文笔与犀利的观点在新闻界崭露头角，与著名报人、出生于青浦的张继斋（1869—1938）并称"二绝"。很快，许彦飞获得时任湖南省省长谭延闿的赏识，并在谭延闿推荐下先担任高淳县县长，不久即调任青浦县。许彦飞由此步邵力子、叶楚伧、陈布雷等前辈后尘，由新闻界转战政界。[⑤]

[①] 魏光奇：《地方自治与直隶"四局"》，《历史研究》1998年第2期，第92—95页。
[②] 同上书，第97页。
[③]《苏政府政讯》，《申报》1928年3月4日第4版。
[④] 上海市徐汇区志编纂委员会：《徐汇区志》，上海社会科学院出版社，1997年，第996页。
[⑤] 金钏：《县宰中一新闻记者：青浦县长许彦飞》，《大晶报》1929年8月12日第2版。

第四章　江浙战场救护与造福桑梓：身体力行不务虚

　　许彦飞履新青浦县长时年仅30岁，因而这位年轻的县长自然有着"新官上任三把火"的工作热情，希望在此地有所作为。从1928年3月赴任到1929年10月辞职的一年七个月之内，许彦飞对县政颇多兴革。[1]有鉴于对旧有县制的不满，且县内建设、教育、财务等局主管权力过大，导致县政府的想法无法真正推展，同时上述局办也无向县政府报告工作的惯例，因而许彦飞曾向江苏省民政厅建议省政府应制定规则，要求县政府须对下属各局有绝对指挥权。[2]在实践层面，许彦飞对县政改革可谓亲力亲为：1929年，他曾在《江苏》杂志第27期撰《青浦县县政工作的一个片段》一文，就1928年在青浦开展的各项工作进行总结。在教育上，大力推动青浦县设立民众学校，注重常识与意识形态的教育；在社会风气上，委托款产委员会筹款设立戒烟医院，并革除先前县政府管理借戒烟之名、行勒索之实的弊端，由县国民党党部民众团体领导工作，厉行戒烟；在基础建设上，参与青浦至上海公路的筹资与勘察工作；在基层政治方面，力主改革村制、精简分区。除此之外，许彦飞还在任内完成四期巡查，并召集乡镇耆老解决乡镇治安、教育等方面存在的问题。特别是县域内的清洁运动，许彦飞极为重视，认为青浦虽地处"东南文物之邦"，但市政不洁，因此屡次责成县建设局进行市政清洁工作，并多次召集会议商讨改善计划。[3]到任后不久，许彦飞曾亲自实地勘察县前河，并根据调查结果指出导致县前河淤塞的一些原因：

---

[1] 上海市青浦县志编纂委员会：《青浦县志》，上海人民出版社，1990年，第793页。
[2] 许彦飞：《县政府对于县以下各局应有绝对的指挥监督议案》，《明日之江苏》（1929年汇刊），第12页。
[3] 许彦飞：《青浦县县政工作的一个片段》，《江苏》1929年第27期，第33页。

> 县前河淤塞十余年，邑人士提倡修浚者亦十余年，卒以两岸被人民侵占建屋之地，积久愈广，势非勒迁毁屋，不足改观。绅董同居闾里，声息相通，雅不欲贾怨于人，是以但言修浚，而于修浚之道，噤不忍言。长此以往，行见蚊蚋蛆蝇，据为殖民地，而繁衍其族类，疫痫所中，其不与人争地者几希。①

许彦飞发现，除了沿河居民侵占驳岸擅自建屋这一直接原因外，居住于此的士绅碍于情面不愿和侵占河岸的人家协商请求其拆除或搬迁则是另一个原因，因此县前河整治需要政府这一更高平台加以协调。作为有强化县政府控制力想法的年轻县长，许彦飞亦希望通过政府力量探索解决之道，由此恰好呼应国民政府强化对地方自治事务控制的"官治"色彩，因而许彦飞到任不啻为解决县前河积弊的一道曙光。

不过，颇让人唏嘘的是，这位在任内"政声至佳"的"娃娃县长"许彦飞②，终究没能完全施展胸中抱负：因主张民主、尊重民意，故与江苏省政府的政令多有抵触，遂被记过。至1929年10月，许彦飞愤而辞去青浦县长一职，之后重新投身新闻界，在1930年代先后在湖南的《长沙日报》、南京的《华报》、上海的《新闻报》等新闻机构担任记者、编辑、经理等职，并多以己之笔抨击时弊。③

由于许彦飞在1920年代任《湖南日报》编辑时结识了中共早期党员龚饮冰，故许彦飞早已受共产主义思想影响。至1939年，龚饮冰在上海负责

---

① 许彦飞：《青浦县县政工作的一个片段》，《江苏》1929年第27期，第33页。
② 金钊：《县宰中一新闻记者：青浦县长许彦飞》，《大晶报》1929年8月12日第2版。
③ 上海市青浦县志编纂委员会：《青浦县志》，上海人民出版社，1990年，第793页。

与延安的秘密通信任务，为避免通信器材受高温影响而损坏，遂于1942年将上海秘密电台搬至许彦飞位于上海法租界福履里路福禄村（今徐汇区建国西路）的家中，报务员为李白夫妇。当年9月，日军突击搜查侦破电台，李白夫妇被捕，后经中共党组织多方营救与许彦飞担保得以获释。此后，许彦飞在慕尔鸣路（今茂名北路）141号开良友糖果商店以掩护李白夫妇，从而保障上海与延安之间的信息通路。抗战胜利后，许彦飞至南京担任国民政府国防部新闻局少将主任秘书。1948年，中共上海局再次以许彦飞福禄村住宅为掩护将其作为机要译电重地，译电员朱志良夫妇与中共上海市委书记刘长胜（1903—1967）先后搬入，许宅由此成为中共地下组织联络点与指挥所。同年秋，国民党当局试图破坏中共地下组织，许彦飞夫妇闻讯后迅速返沪保护。为配合渡江战役，许彦飞受刘长胜之托，利用国民党国防部工作之便，在短时间内搜集大量国民党军队调动、沿江驻防等机要情报，为战役的最终胜利作出重要贡献。[1]许彦飞由此从一位愤懑失意的前县长，一跃成为1949年前中共秘密战线的关键人物，此为后话。

红十字会介入河道整治

1927年底，青浦县建设局成立后，在整治城厢市河的计划中，先行列入县前河。[2]在县建设局制定的工程规划中，由于县前河东段人家的房屋已侵占河道驳岸，需要将住宅侵占河岸部分退回其内，因此青浦县建设、

---

[1] 上海市徐汇区志编纂委员会：《徐汇区志》，上海社会科学院出版社，1997年，第996—997页。
[2]《地方通信·青浦》，《申报》1928年2月8日第10版。

市政两局先行邀请地方公团和侵占河岸的四户人家到局开会①，商讨工程的建设方案、支出等事宜。

在这次会议上，建设局提出工程内容包括河道疏浚、整治岸线和配套重建桥梁等项目。经费上，县建设局负责出资河道疏浚部分，整治岸线与建设桥梁费用需要银元3200元，以当时县政府财政收入而言无疑是难以承受的。因此，建设局原本计划由徐熙春、吴颂莪两位青浦红十字会主要干部通过募款筹措，待二人募得足够经费后两项工程便可开工。

但建设局提出的方案被徐熙春与沿岸民众当场否决，理由是以银元3200元整治岸线与修建桥梁估价过高。于是，在县建设局召开碰头会后，县前河沿河居民另自行召开会议，他们认为青浦红十字会是地方上有良好信誉的慈善机构，对本地公共卫生事务也有热心参与之意，因此决定由红十字会出面协调资金来源、草拟工程预算等事项，并拟筹备事务处以推进该工程。

1928年3月，徐熙春等红十字会干部开始为河道整治工程募款，他们主要将募款对象聚焦于县前河沿河居民。在为募款所书的募捐启中，徐熙春写道：

> 县前河河身本来狭窄，且因东首陆家桥淤塞经年，凡在两岸住户饮此水者，每当水涸，绿臭不堪，向外河汲水殊多困难。前经建设局、市行政局一再集议，将该河放阔开深。因种种障碍，议不果、行不令。为两岸住户卫生上清洁起见，先向徐、卫两姓商定补助经费办法，其

---

① 当时，青浦县已建立地方自治相关团体，有1909年成立的青浦县商会、1913年成立的城厢保安团等，城厢保安团团长徐达璋兼青浦县城厢市行政局局长。这些地方自治团体的活跃成员如俞祖望（1893—1951）等，也是青浦红十字会的正会员。

两岸石驳之收进房屋之拆卸,河面之深阔、度数,仍遵照县政府规定尺寸限度办理。本会应代筹募补助上之经费,并陆家桥翻造水泥铁骨洋式桥,统计两项工程需洋二千余元。本会心余力绌,何能负此巨款?欲求心之所安,不得不为将伯之呼。务乞诸大善士慨解仁囊,集腋成裘,共襄盛举,河清有待,饮水思源,皆诸大善士之赐也。①

在徐熙春等红十字会干部和会员的努力募款下,各界共筹得银元2883元及必需的建筑材料。在捐款人数与总额上,青浦红十字会会员所占比例较高。②从这份募捐启来看,青浦红十字会不仅是河道整治工程的经费劝募者,同时也是工程推进的关系协调者:由于工程需要四户人家拆除自行建造的石驳与房屋一部分,会面临一定的经济损失,从而导致此四户不配合工程的推进,因而县建设局、市政局需要协调者与这些住户协商补助事宜。由于吴颂莪等青浦红十字会的主要干部也是居住在县前河周边的绅商,在该地区长时间热心于地方公益事业,故当地居民对他们有较大信任,同时再加上青浦红十字会在"齐卢战争"、北伐战争两次战事中有着出色的救护成绩,且运作过程中注重信用建设,对民众捐款皆以征信录等形式定期公布,具备良好的公信力,因此这些青浦红十字会的主要干部顺理成章地成为介于政府与民众之间的中间协调者。

1928年4月20日,青浦县建设局、城厢市行政局共同召开职员会议,商讨筑坝等整治工程中的先行工序,并着手开展上述工程的招标、募工事

---

① 《本会募捐启》,载《中国红十字会青浦分会整理县前河征信录》,1929年,上海市青浦区档案馆藏,档案号:W-93-189,第5页。

② 徐福洲:《青浦红十字会的创始人徐熙春先生》,载徐家益、徐建新主编《青浦徐氏族谱考正集暨纪念徐熙春先生130年华诞》,上海,2014年,第127页。

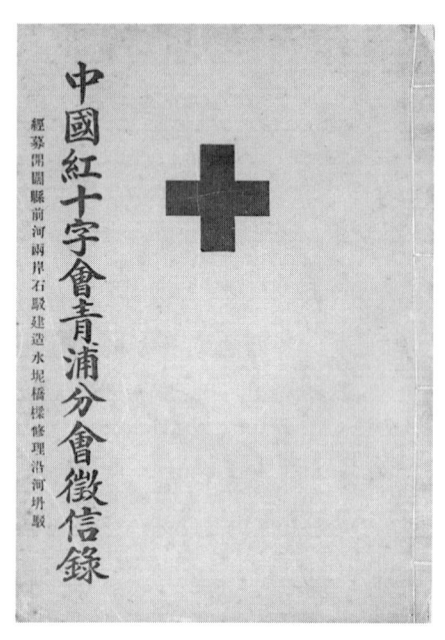

▲ 中国红十字会青浦分会整理县前河征信录

宜。5月3日，青浦红十字会会长徐熙春、理事孙守梅及会员吴颂莪、乡绅陆福生等17人，假座红十字会集议疏浚工程事宜。经表决，推选徐熙春为工程筹备处主任，孙守梅、吴颂莪为副主任，费秉心、陆良甫为监工员。[①]由于河岸整治工程涉及向侵占河岸的住户进行补偿，且是青浦红十字会出面协调办理与补助事宜，再加之工程经费是源于地方民众的捐赠，为慎重起见同日徐熙春向青浦县政府致函，请求将先前政府现场调查后计算的应当拓宽的尺寸以布告形式让两岸民众遵照办理，以利准时开工。[②]在5月5日的回函中，时任县长许彦飞肯定了青浦红十字会热心地方公益事业的精神，并同意红十字会设立工程筹备处或事务所筹办工程事宜。

5月7日，徐熙春在向青浦县政府商讨开工日期的公函中，曾明确指出在经过与县前河两岸住户协商桥工、石驳施工事宜后，这些住户都同意整治县前河事务所附设于红十字会内而不需另行组织，同时事务所对外文件

---

① 《整理县前河推举职表员》，载《中国红十字会青浦分会整理县前河征信录》，1929年，上海市青浦区档案馆藏，档案号：W-93-189，第9页。
② 《函请许县长出示布告》，载《中国红十字会青浦分会整理县前河征信录》，1929年，上海市青浦区档案馆藏，档案号：W-93-189，第9页。

第四章 江浙战场救护与造福桑梓：身体力行不务虚

仍以红十字会为抬头。①关于桥工、石驳等事宜，青浦县建设局局长徐清在此前致徐熙春的函件中提及：

> 桥工、石驳等事，另由贵会招工兴办，免致进行为难。顷与达璋先生②言及，渠亦极端赞成。惟事经转移，所有敝局等前出投标，布告应即中止进行。务祈惠赐一函，以便根据宣布转办河工诸希。③

从以上信息可以推知，在桥工、石驳等工程中，由青浦红十字会发起的整治县前河事务所取代了青浦县建设局的地位，由原先配合县建设局整治河道计划的参与者转变为事实上的工程主办者。换言之，在经费筹措已经就位的情况下，青浦县建设局适时地将这一工程的主办权移交给青浦红十字会全权负责，且是出于以下考量：首先，红十字会干部在地方上多为有话语权的士绅，出于"造福桑梓"的社会责任，对地方公共事务多有关注、监督与投入，使得他们在地方民众的心目中拥有较高公信力与名望，因而将工程主导权交予他们，民众并不会感到过于唐突。其次，工程筹款经红十字会干部的劝募业已就位，且红十字会就工程推进方案等事宜已与建设

---

① 《推定整理县前河职员及报告开工日期至县公署函》，载《中国红十字会青浦分会整理县前河征信录》，1929年，上海市青浦区档案馆藏，档案号：W-93-189，第12页。

② 达璋先生，即徐达璋，为青浦县一名热心公益的地方士绅，曾担任1913年8月成立之青浦城厢保安团负责管理枪械的工作人员，也是青浦旅沪同乡会创会之时的评议员。徐达璋对青浦教育、地方公共建设等多有投入，1928年中县前河整治工程推进时其担任青浦城厢市行政局局长，故建设局长徐清对他的意见较为重视。参见《青浦城厢保安团职员名单》，《申报》1913年8月5日第8版。《青浦旅沪同乡会成立》，《申报》1916年10月11日第11版。《青浦县教育会职员之改选》，《申报》1926年8月31日第7版。《地方通信·青浦》，《申报》1928年2月8日第10版。

③ 《青浦县建设局来文函》，载《中国红十字会青浦分会整理县前河征信录》，1929年，上海市青浦区档案馆藏，档案号：W-93-189，第11页。

局方面多次交换意见，证明该会对于此项工程的实施是认真参与的。因此，在地方县政欲有所作为却苦于经费缺乏且受制于居民利益掣肘时，青浦红十字会适时介入，使其成为建设局推进工程的又一融资手段与矛盾协调者。这也表明，以河岸桥梁整治工程的施行而言，在县前河周边的居民心中，青浦红十字会担当的角色超过了同样由地方士绅掌控的县建设局。

5月9日，由青浦红十字会主持的河岸改建与桥梁翻修工程正式开工，并由县内的陆顺记水木行作为承办施工作业的单位。工程首先进行的部分是县前河南岸徐姓住户自修房屋和石驳的收进工程，经徐熙春等协商后徐姓住户同意自行雇用工程人员改造其住家周围的石驳及部分房屋结构。青浦红十字会根据陆顺记的工程报价，兴修沿河石驳22丈6尺（约75.33米）及平楼房14丈（约46.67米），补贴银元790余元。①在建设局负责的河道疏浚工程方面，根据其4月20日的会议议决案，建设局在6月中旬完成了县前河东口的筑坝工程。在此工程的基础上，青浦红十字会完成了位于

▲青浦红十字会建造的水泥钢骨结构的陆家桥

---

① 《整理县前河推举职表员》，载《中国红十字会青浦分会整理县前河征信录》，1929年，上海市青浦区档案馆藏，档案号：W-93-189，第9页。

第四章　江浙战场救护与造福桑梓：身体力行不务虚　>>>

县前河东口陆家桥的翻修工程，将原先的木桥翻建为钢筋水泥桥。①

然而，在之后的工程推进中，出现两次波折。首先是县前河北岸卫、胡两姓人家的额外要价。两户人家的主人卫组震、胡超伦都是县政府机关中的重要职员，他们除了比照南岸徐姓住户的补助比例外，还额外要求增加银元70余元，导致最终的工程预算始终无法敲定。为此，青浦红十字会曾开会协商此问题，但最终因捐款者本已勉为其难，再难捐出更多资金满足额外补贴款，导致北岸整治工程始终无法推进，河道依旧阻塞。②

其次是对建设局、市政局（城厢市行政局）在建设流程以及工作态度上的质疑。7月4日，青浦红十字会向建设局、市政局发函询问两局筑坝已久，但为何迟迟不对河道进行疏浚。③针对这一质疑，建设局、市政局回应：

> 接准大函询及所说不符之点：查筑坝之事，敝局等根据于四月二十日之议决案，办理已如前述。同时会衔布告招工投标，并限五月十五日开标，及见县政府五月九日之布告案，敝局等已知经办。有人所谓后令取消前令，事实上已经变更，与前焉得再符。即沿河居民亦必能了解此次之办事，实际确有变更，知筑坝已成代劳，而无

---

① 《建市两局复函》，载《中国红十字会青浦分会整理县前河征信录》，1929年，上海市青浦区档案馆藏，档案号：W-93-189，第16页。
② 《致县政府为浚河事函》，载《中国红十字会青浦分会整理县前河征信录》，1929年，上海市青浦区档案馆藏，档案号：W-93-189，第19页。
③ 《本会又致函建市两局请问浚河工程事》，载《中国红十字会青浦分会整理县前河征信录》，1929年，上海市青浦区档案馆藏，档案号：W-93-189，第16页。

可拟议也。①

由此可见，两局的回复无疑是将未进行河道疏浚一事的责任推回给青浦红十字会。对此，徐熙春等青浦红十字会干部自然表示不满，并回复建设、市政两局道：

> 贵局等当时会衔布告，招匠投标者对于县前河东口两岸石驳及陆家桥之建筑工程而言。至于该河河身疏浚，并不见有投标，何能以后令取消前令涉及开河事耶？即四月十二日，贵局方面曾有以六百元为疏浚该河经费之议，对于东口建筑两岸石驳及木桥一座之经费，责成沿河居民吴颂裁等筹募，交与贵局经手建筑。②

同时，徐熙春对原有工程预算和规划也有相当不满，指出两局用银元2400余元修理私人建筑（指两岸人家的石驳与房屋改造），却仅以银元300元预算将公众出行的要道陆家桥设计为木桥。因此，加上前述建设局、市政局推诿疏浚河道责任的说法，徐熙春直斥建设局的言行"颠倒事实，借卸责任"。③故而徐熙春在7月30日致函县政府，首先痛陈青浦红十字会面临的困境：

> 自被市政局在东口筑坝以来八十余天，以致水流停滞，绿臭不堪，妨碍卫生，莫此为甚。当时敝会经募捐款办理，此项桥工、石驳，

---

① 《建市两局复函》，载《中国红十字会青浦分会整理县前河征信录》，1929年，上海市青浦区档案馆藏，档案号：W-93-189，第16页。
② 《本会驳复建市两局函》，载《中国红十字会青浦分会整理县前河征信录》，1929年，上海市青浦区档案馆藏，档案号：W-93-189，第17页。
③ 同上书，第18页。

原为调解建市两局与地方人士意见，出而经办其浚河事宜，早经有主管机关来函，认定专办，至今未见，殊属不解。但敝会系慈善机关，所有经费均由劝募而来，难应过分之要求，于事实上亦无权处置破屋坍驳之能力，至此山穷水尽之时，实无办法。①

在此基础上，徐熙春指出县政府既有"地方督促之责"，故希望其一方面需要督促县前河北岸的卫、胡两姓住户能顾全大局，配合做好旧屋坍驳的拆除工作，而另一方面需要责成建设局、市政局尽快开展疏浚河道的工作。②许彦飞在获函后当即批复同意徐熙春的请求③，并责成卫、胡两姓住户尽快拆屋拆驳以及继续推展河道疏浚工程。由于卫、胡两姓住户需雇用工作人员整修石驳20丈（约66.67米）、房屋3丈3尺（约11米），青浦红十字会以南岸住户补贴比例为参照，共计补贴银元580元④；加上翻修陆家桥木桥为钢筋水泥桥的费用，共需银元638.05元⑤，因而红十字会在桥工、石驳工程的实际支出为银元1900余元，远低于县建设局最初给出的银元3200元的工程预算，仅不到其的八分之五。

由于青浦红十字会的募款数额较之实际工程支出有大量结余，因而青

---

① 《致县政府为浚河事函》，载《中国红十字会青浦分会整理县前河征信录》，1929年，上海市青浦区档案馆藏，档案号：W-93-189，第20页。
② 同上。
③ 《县公署复函》，载《中国红十字会青浦分会整理县前河征信录》，1929年，上海市青浦区档案馆藏，档案号：W-93-189，第21页。
④ 《序文》，载《中国红十字会青浦分会整理县前河征信录》，1929年，上海市青浦区档案馆藏，档案号：W-93-189，第2页。
⑤ 《青浦红十字会与陆顺记原订承揽南岸徐姓石驳房屋及翻陆家桥工程》，载《中国红十字会青浦分会整理县前河征信录》，1929年，上海市青浦区档案馆藏，档案号：W-93-189，第22页。

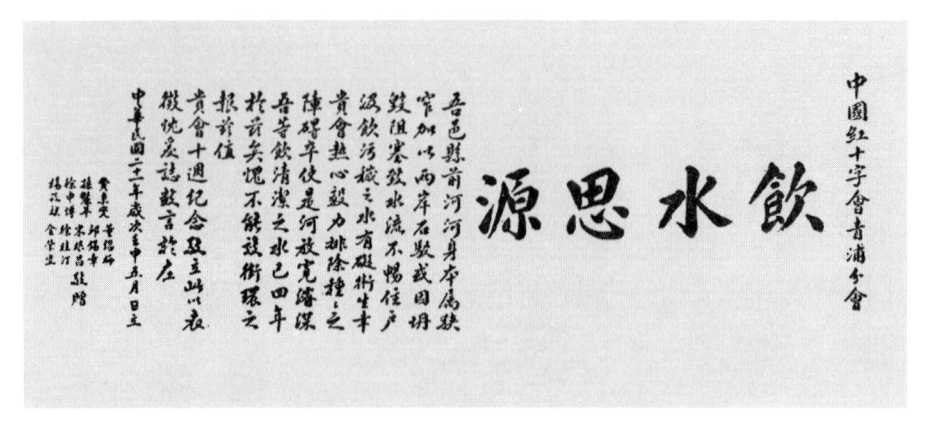

▲青浦县前河沿河居民在河道疏浚后赠送给青浦红十字会"饮水思源"匾

浦红十字会在桥工、石驳工程外另行聘请城内另一水木行范云记,又额外建设了六个沿河公共石驳及春园路沿县前河的石驳共计20丈(约66.67米),以及垃圾桶等零星工程,以上工程共计耗银元133.05元。[1]至1929年初,县前河整治工程基本竣工,从此"舟楫可通,清流可饮",终于结束了数十年来河道脏乱、居民汲臭水为生的历史。为了表达对青浦红十字会出面主持县前河整治工程的感激之情,沿河200余户居民特意制作了"饮水思源"匾送至红十字会以志纪念。[2]

回顾县前河整治工程从多年积弊到最终解决的历程,可以发现青浦红十字会在其中扮演的关键角色。青浦红十字会干部、理事等具备双重身份,一方面他们是本地区有影响力的绅商,拥有广泛的政治、经济、社交人

---

[1]《青浦红十字会与陆顺记原订承揽南岸徐姓石驳房屋及翻陆家桥工程》,载《中国红十字会青浦分会整理县前河征信录》,1929年,上海市青浦区档案馆藏,档案号:W-93-189,第23页。

[2] 徐福洲:《青浦红十字会的创始人徐熙春先生》,载徐家益、徐建新主编《青浦徐氏族谱考正集暨纪念徐熙春先生130年华诞》,上海,2014年,第128页。

第四章　江浙战场救护与造福桑梓：身体力行不务虚

脉，能够以上述关系协调各类矛盾，并能以自身影响力推动工程开展；另一方面他们同时接受红十字运动的相关知识，对该工程的卫生防疫目的已有清楚认知，故以"防疫"为号召承揽该工程。在县前河整治开展过程中，他们始终以"让利于民"作为指导精神。在工程启动方面，他们倾听民意并动员民众进行捐款，强调参与工程是"为公众卫生，吸收清流"[1]，突出自身行动的公益性。此外，青浦红十字会据理力争，拒绝建设局有吃回扣之嫌的超高报价，运用徐熙春、吴颂莪等红十字会干部在青浦县城的商业关系自行雇用工匠推进工程，并在补偿事宜中充分考量住户权益，甚至在工程结束后运用余款进行额外附加工程，这显然也是出于公益的考量。故青浦红十字会参与县前河整治一事，与"以社会一元化的共同意识、一体感为前提，谋求社会全体的利益的理念"的"公共性"概念甚为契合。[2]

与此同时，青浦红十字会深度介入地方公共事业一事，本身也折射出红十字运动进入中国社会二十余年后与地方社会的深度融合。如前文所叙，红十字会起源于战场救护，就其组织性质而言本应属于人道救护组织，参与地方公共设施建设不属于原有的业务范围，但是徐熙春等人拥有红十字会会员与地方绅商的双重身份，使得他们既可承续江南地区长期以来士绅热心地方公共事务的传统，又可运用红十字会在地方通过高效救护与征信机制建设而获得的强号召力，令其成为地方公共建设的主导力量。另外，

---

[1] 吴颂莪:《整理县前河启》，载《中国红十字会青浦分会整理县前河征信录》，1929年，上海市青浦区档案馆藏，档案号：W-93-189，第3页。
[2] ［日］小浜正子：《近代上海的公共性与国家》前言，葛涛译，上海古籍出版社，2004年，第2页。

153

红十字运动又是以"超地域性"为显著特征,强调救护对象不分畛域、种族等,但就县前河整治一事来看,青浦红十字会的角色又呈现出鲜明的"小社区"善会的特征,即纯粹以当地居民利益为中心,将救济对象以社区内外等标准区分[①],而"小社区"正是清代中期至民国初年江南地区善会、善堂运作机制的典型特征。因此,青浦红十字会就性质而言,更类似于日本学者酒井忠夫(1912—2010)在《中国善书研究》一书中针对"上海万国红十字会"(书中称"沪红十字会")的描述:"'沪红十字会'虽然是受'万国红十字会'的影响而组织的,但其实际情况却好像是由上海的富商及街巷中有实力的人所组织的传统的善会系列。"[②]诚然,从广义角度而言,赈济、公共建设等事宜依然属于人道范畴内的工作,但无论是青浦红十字会干部和会员的构成,抑或是以青浦地方为主的救济区域而言,其工作似乎未大幅跳离"小社区"的范围,"超地域"的特征反而并未过于强调。因此,在县前河整治一事中,青浦红十字会的性质更类似于一个赓续江南施善传统、重心置于本地慈善公益事业、由地方绅商主导的自治性慈善团体,而距离严格意义上的以人道为旗帜、以救护工作为主轴的红十字会尚有距离。

参加红十字会全国代表大会

1927年,南京国民政府成立,意味着军阀割据时代势将结束。为巩固

---

① 梁其姿:《施善与教化》,河北教育出版社,2001年,第260页。
② [日]酒井忠夫:《中国善书研究(增补版)》下卷,孙雪梅译,江苏人民出版社,2010年,第553页。

第四章 江浙战场救护与造福桑梓：身体力行不务虚

政权，强化自身的政治与军事权威，国民政府对社会的全方位控制有所强化。作为有全国影响力的民间性社团，中国红十字会自然也在国民政府计划重点控制的团体之列。由于在北伐战争中救护表现不力，国民革命军总司令部于1927年8月对中国红十字会总办事处开展"彻查"，指责中国红十字会"历年积弊太深"，对北伐战场救护"不但不予协助，竟敢置若罔闻"，乃至"殊失创办红会宗旨"。①

表面上看，国民政府对中国红十字会总办事处在北伐战争中的救护表现甚为失望，是这次"彻查"行动的起因。但若进一步细究，国民政府借以强化对中国红十字会的控制色彩亦较明显，正如当时报道所言："现在非由国民政府从新改革，决无良好组织。"②迨北伐完成后，国民政府进一步要求中国红十字会修改现有章程，以强化"官办"色彩。在此背景下，1930年4月20日，中国红十字会假座上海天后宫桥后的商人团体整理委员会召开了第三次全国代表大会，徐熙春与其他127位地方分会代表出席大会。会上公布了由中国红十字会常议员林康侯（1875—1965）、王晓籁（1887—1967）和王一亭起草，外交部长王正廷（1882—1961）与内政、卫生二部共同修正，并经审查章程委员会审查的新章程。此版章程共分总则、会务、会员、组织、财产、战时及灾患时的特例、分会、保护、奖励及惩罚和附则共10章61条。此外，此次大会还计划将中国红十字会原推行的会长制改为委员制，并配套选举常议会议员（49人）、执行委员（11人）、理事长（1人）等。③值得注意的是，此次大会提出的讨论议案甚多，

---

① 《彻查红十字会昨日集会》，《申报》1927年8月14日第4版。
② 同上。
③ 《红会前日开代表大会》，《申报》1930年4月22日第14版。

但基本都是分会代表提出再进而讨论、表决，正如学者张建俅指出的那样——实际上，这次大会"全由各出席分会代表所主导"。①

不过，在24日的常议员选举中，"开票、监票员检阅选举票，发生疑义，宣布无效"。②这次选举的流产缘由主要有二：其一是投票箱内的有效票数（87票）多于签到会员数（72人），显而易见是投票时发生舞弊。其二是投票时现场并未提供笔、砚，但在验票时用毛笔填写的选票达三分之二，显然为"场外所书"。③更蹊跷的是，唱票时"突来数十人，手持武器，声称非取消选票，另行改选不可"，直到参会的王培元医师以"此乃大会问题，此刻不能答复"为由将这些人驱离。④可以说，整个投票过程乌烟瘴气。

28日，常议会再度举行选举，当日上午中国红十字会总办事处即被不明人士冲击。至下午投票时，鉴于24日已选出数10人，在王一亭、关炯之（1879—1942）等干部提议下24人得以补选，并将名单交与国民政府。选举名单本应当场通过，但投票过程又发生了变化，实际选举人数仍为最初计划的49人，且投票上标记为"改选"。在国民政府代表、国民党上海市党部工作人员王延松监督开票时，常议员闻兰亭（1870—1948）力辟此次投票并不合乎规范，并提出相关证据。另一位常议员嵇鹤琴则提出身为改选委员的董霖、吴甲三"亲笔威吓"投票者。因此，上海特别市卫生局

---

① 张建俅:《中国红十字会初期发展之研究》，中华书局，2007年，第120页。
②《中国红十字会第三届会员大会通告》，《新闻报》1930年4月28日第7版。
③《中国红十字会第三届会员大会筹备改选委员会宣言》，《申报》1930年5月1日第6版。
④《严查扰乱红会大会者》，《申报》1930年6月27日第14版。

第四章 江浙战场救护与造福桑梓：身体力行不务虚 >>>

局长胡鸿基遂不允许投票继续进行，本次常议员选举最终流产。①后经查明，吴霖、吴甲三、叶植生、顾克用四位改选委员不但"均分总会公款五百余元"，还企图以此笔款项贿赂少数分会代表，意图推翻选举结果。②中国红十字会总办事处当时的内部管理之混乱，由此可见一斑。

中国红十字会的贿选丑闻令社会舆论大为哗然，也重挫了其长期以来"拯民倒悬"的良好形象。因此，国民政府饬令上海特别市卫生局"彻查"中国红十字会选举之弊，卫生局也相应表示一查到底，并揪出、查办4月底破坏常议会选举的暴徒。③然而，最终调查却石沉大海，究竟当时谁人指使人员破坏中国红十字会选举，如今已成历史之谜。不过，国民政府借"彻查"以实际介入倒是昭然若揭：不仅要求资产委员会详细调查中国红十字会总会的财产与经费收支等，还提出红十字会总会必须尽速组织临时会员大会，且必须保证会议的召开秩序，"以免再酿事端"等措辞严厉的要求。④据此，池子华等学者推测，中国红十字会第三次全国代表大会未能顺利举办，国民政府或许正是背后的推动力量。⑤

8月11日，依国民政府要求，中国红十字会临时会员代表大会在上海宁波会馆二楼召开。其时，国民政府派胡鸿基、上海特别市政府派阎森到场监督。然而，议长王一亭却缺席了这次会议，常议员出席者也仅为3人，引发了不少与会人员的不满，最终令当日的会议沦为一次"谈话会""牢

---

① 《红会定期开大会》，《申报》1930年7月24日第14版。
② 《红会昨开常议会》，《申报》1930年7月25日第10版。
③ 《红十字会选举纠纷查办情形》，《申报》1930年6月19日第13版。
④ 《国府严查红会案》，《申报》1930年7月27日第14版。
⑤ 池子华：《红十字与近代中国》，安徽人民出版社，2004年，第254页。

骚会"。其中，辽宁台安分会会长李振邦的怨言便颇有代表性：

> 现在天灾人祸，遍野尸横。掩埋救护，是我红会之责任，为何常议会诸先生袖手旁观？红会定章，三年开会一次，为何八年不开？今年虽开，改期改期又改期，一连改了四五期，现有函电通知，八月十号开会，各分会派代表来申，常议会函邀今日下午二时赴宁波同乡会楼上开会，为何常议会议长、副议长等均不到场？如此炎热之天，我等分会代表会员等吃苦无方，对于会务未免儿戏，对于诸公所提各件，本席非常赞成：如议长不来，吾等自备川资，到宁波开会！

李振邦发言获得全场热烈响应，之后便立刻散会。[①]

王一亭等常议员对于临时会员代表大会的消极抵制，以及李振邦的牢骚之语，乃至前述的贿选丑闻，实质上折射了此时中国红十字会内部以有官方支持、时任副会长虞洽卿为代表的主张彻底改组的"改革派"，与以分会负责人为构成主体、以常议会议长王一亭为代表的主张坚持红十字会独立地位的"保守派"之间的纷争。实际上，二者的纷争代表了国民政府时期中国红十字会地位与发展路线之争：1928年之后，中国红十字会的领导层经历了重组过程，虞洽卿等江浙商人进入红十字会的权力核心，他们主张红十字会要和传统慈善组织有所区隔，不应再投入过多资源在救济工作上，同时其内部人事与章程也应重新整理。但虞洽卿等提出的改革方案立刻遭到了"保守派"会员与各分会负责人的反对，双方展开了近两年的

[①]《红十字会大会记》，《申报》1930年8月12日第14版。

第四章 江浙战场救护与造福桑梓：身体力行不务虚

对抗。[①]由此脉络考察，也就不难理解王一亭等"保守派"会员为何对参与类似会议兴味索然。

8月19日，临时大会正式会议仍在宁波会馆召开，徐熙春等分会代表再度列席，胡鸿基、阎森再度分别代表国民政府与上海特别市政府临场监督并致辞。鉴于"旧有章程已不适用，又不完备"，所以在当日会议上决议成立"修改会章委员会"。次日下午，"修改会章委员会"人员选举进行，徐熙春与闻兰亭、李振邦等11人被选为委员。[②]经过十六轮反复推敲，"修改会章委员会"最终于11月16日结束全部议程，修改完成的新章程经常议会审议通过后呈报国民政府备案。[③]在新章程修改过程中，徐熙春最重要的工作是在9月20日与李振邦一起批阅修改后的分会通则，当日经逐条审查与所有参会者同意后通过。[④]

修改完毕的新章程中，有一处改动颇值得注意："中国红十字会"这一通用名称，此后更改为"中华民国红十字会"。[⑤]尽管简称仍为"中国红十字会"，但名称的改变显然意味着"官办"意味的增强。从结果看，以王一亭为首的"保守派"尽管得到了以虞洽卿为首的"改革派"方面的妥协，加入章程修改会议并取得了部分成果，但就整体而言以虞洽卿为首的"改革派"反而取得了他们期待的结果，那便是红十字会完成高层改组、工作重心侧重救护而非赈济和国家对红十字会的控制更强。之后，国民政

[①] 张建俅：《中国红十字会初期发展之研究》，中华书局，2007年，第127页。
[②] 《红会临时大会：决议修改章程》，《申报》1930年8月21日第14版。
[③] 《红会修改会章委员会：修改完竣当即闭幕》，《申报》1930年11月20日第14版。
[④] 《红会修改会章委员会：继续开会》，《申报》1930年9月23日第10版。
[⑤] 《红会修改会章委员会：五次会议》，《申报》1930年9月7日第18版。

府继续于1932年颁布《中华民国红十字会管理条例》，又于1933年以训令形式颁布《中华民国红十字会管理条例施行细则》(43条)[1]，以国家立法的形式直接将红十字会纳入管理范围。自此之后，中国红十字会逐渐失去原有的独立地位，虞洽卿、王晓籁等江浙商人及杜月笙的帮会势力成为新的权力核心，而王一亭、徐熙春等"保守派"成员自此以后在红十字会的权力结构中越来越弱势，渐渐地被边缘化了。[2]

---

[1] 池子华：《红十字与近代中国》，安徽人民出版社，2004年，第256页。
[2] 张建俅：《中国红十字会初期发展之研究》，中华书局，2007年，第127—128页。

第五章　转战印刷业：从南市到北市

在徐熙春的公益事业逐步有所起色的同时，他的商业版图也在1920年代后期发生了重大转型。1928年，徐熙春和亲友一起在上海合作创办了美新印刷公司，将经营重心由烟草业转向印刷业。经过徐熙春等人的数年打拼，美新公司从一个仅由若干亲友维持的家族小作坊，逐渐成长为在上海名片、油墨等领域颇有影响力的股份制企业，而徐熙春本人也通过新涉足的产业获得更多的财富与更大的社会知名度。徐熙春创设、经营美新公司的始末，折射出1920年代上海一部分经营有成的传统商号迈向现代化企业经营的转型过程。

成立美新印刷公司

1928年6月，徐熙春与次子徐渭江（族谱名徐传统）以及亲友支企峤等合伙，在上海山东路带钩桥旁开设了美新印刷公司（简称美新公司），主营名片、誊写墨、彩色油墨等[1]，在经营领域方面实现了重大的转变。从业务范围上看，美新公司看似与徐熙春先前在新开河创办的信孚泰皮丝烟

---

[1]《上海市油墨工业同业公会入会书：美新公司》，载《上海市油墨工业同业公会档案》，1952年，上海市档案馆藏，档案号：S110-4-5-152。

《《《 遇见徐熙春：在江南与上海之间

▲徐熙春次子徐渭江（摄于1940年左右）

行并无关联，但二者实则依然有着紧密联系。晚清民初，伴随着平版印刷技术的成熟，信孚泰等烟行出售的皮丝烟逐渐改以铁盒包装，盒上均以彩色油墨印制精美广告。对于经营信孚泰烟行的徐熙春而言，设计精良的彩绘广告不啻为扩大皮丝烟销路的一条通途。不过，若将包装的印刷与设计工作长期分包给其他商人，在提高经营成本的同时也无法真正打通皮丝烟销售的上下游产业链。因此，徐熙春想到通过创办印刷公司的方式来自己印制产品广告，降低成本的同时还可借此副业额外创收，可谓一举两得。应当说，此举展现了徐熙春过人的商业嗅觉。

不过，徐熙春的想法也并非独创。在同时期的上海，类似的案例并不鲜见，如同样经营烟草业的商人戴耕莘（1895—1956）便运用了极为相似的策略。1924年，戴耕莘受烟草商人陈楚湘（1897—1973）之邀，协助改组华成烟厂为股份有限公司，并在当年的董事会上被选举为董事长。在"实业救国"的感召下，戴耕莘用心经营由中国人自己建立的华成烟厂，力图打破英美烟草公司对上海卷烟业的垄断。为此，陈楚湘、戴耕莘二人在1924年（是年为农历甲子年，即鼠年）推出"金鼠牌"，参考英国茄立克香烟"狮身人面"的商标形式，将一只翘起尖嘴的金色老鼠作为商标图案置于正中并衬以绿底，这种中西合璧的设计很快赢得消费者的好评。"金鼠牌"首战告捷后，华成公司又在翌年推出"美丽牌"，以京剧名伶吕美玉的优雅半身坐姿剧照为原型，将雍容华贵、眉目俊美的都市丽人作为设计卖点，辅以"有美皆备，无丽不臻"的嵌字广告词，又获得了市场的高度认可。[①]尝到甜头的戴耕莘由此意识到广告对于拓宽产品销路的重要性，却苦于需要将广告长期交由其他印务公司印制，既增加成本且也难以实现批量印制，于是他选择在1935年收购华胜、天一两家印刷公司，合并成立华一印刷公司，专门负责华成烟厂"金鼠""美丽"等品牌广告的印刷工作，兼营月份牌等业务。[②]由此，戴耕莘也实现了从经营烟草到涉足印刷的"跨界"。

除此之外，徐熙春经营印刷业还有两项集聚优势可供利用。其一，青浦同乡的集聚效应。如前所述，由于青浦与上海两地距离相近，因而夏瑞芳、席裕福等"尝鲜者"在沪成功经营印刷业后，很快吸引大量同乡从事相关工作。以夏瑞芳参与集资创办的商务印书馆为例，其成立初期便招募为数不少的青浦籍职工。[③]故在此红利加持下，徐熙春得以效法，聘用大量同乡工人加入公司协助生产。此外，青浦籍人士在上海的新闻、出版、印刷等行业拥有数量和人脉上的相对优势，因此热心家乡事务并在地方公益事业取得成绩的徐熙春获得新行业同乡成员的接纳就水到渠成了。

其二，企业选址的集聚效应。美新公司所在的山东路，是近代上海重要的传媒和文化产业集聚区。上海开埠前，山东路所在区域还是县城北门

[①] 陈伟国编：《稀珍老上海股票鉴藏录》，上海远东出版社，2007年，第124页。华成：《戴耕莘先生事略》，载王昌范编《上海总商会纪事·人物寻踪》，上海人民出版社，2020年，第115页。

[②]《杨浦榆林路偶遇的Art Deco风格大楼》，2022年8月16日，https://wenku.baidu.com/view/38855fed4a649b6648d7c1c708a1284ac850056f.html，访问时间：2023年12月6日。

[③] 上海市新闻出版局编：《上海商务印书馆职工运动史》，中共党史出版社，1991年，第15页。

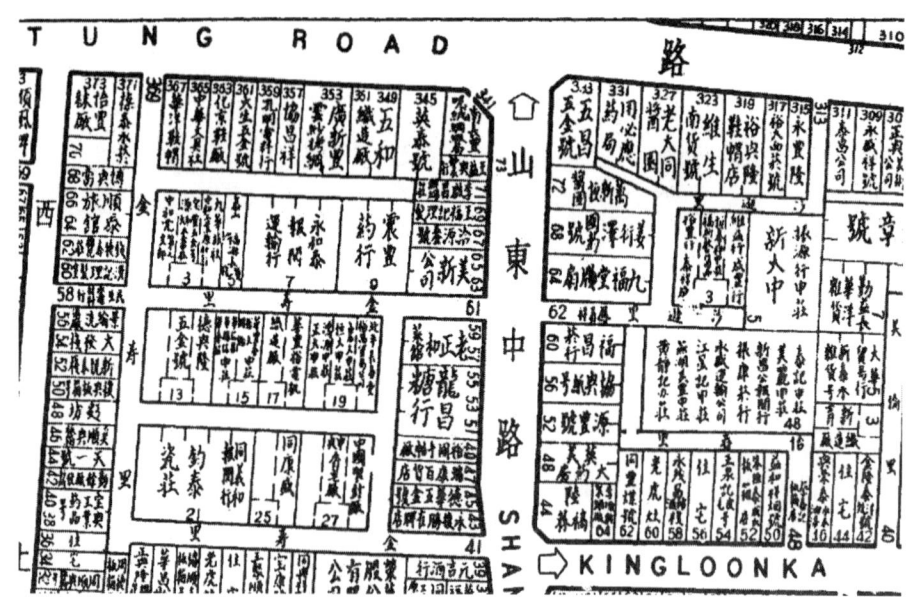

▲ 徐熙春创办的美新印刷公司地址为上海山东中路63号（位于左上角）

外的一片农田。开埠初期，该地块亦非英租界当局首先开发的区域。其命运的转变，与前文述及的"青浦教案"当事人——英国传教士麦都思（Walter Henry Medhurst，1796—1857）密切相关，正是他1843年来沪后在此区域内先后推动墨海书馆、英国伦敦会上海总部、天安堂、仁济医院等设施的建设，由此吸引其他西人在周边进行地产开发，从而带动了该区域的繁荣。1854年，工部局公布了其筑路计划，在仁济医院门前修建南北向道路，以布道街（今福州路）为界，以南称"麦家圈"，以北习称望平街。1865年，工部局依"南北依省、东西依市"的命名原则，将望平街改称山东路。

山东路街区成为报业、印刷、出版的集聚高地，始于麦都思设墨海书馆，成于1872年英国商人美查在此建申报馆。此后，山东路街区逐渐发展为近代上海报馆分布最为集中的区域，先后成立了近百家报馆，至1911年已同时并立七家具有全国影响力的报馆，分别为《申报》《新闻报》《时事新报》《神州日报》《民立报》《中外报》《启民爱国报》，由此名副其实地成了中国的"舰队街"（Fleet Street）。[①]伴随着报馆的大量设立，印刷所、纸号等上游产业，以及书籍出版乃至餐饮、娱乐等衍生产业也慢慢聚集于该街区，山东路一带就此成为近代上海最重要的文化市场之一。徐熙春将美新公司设于此地，正是考虑到这片街区有数量庞大且稳定的消费受众：主打产品油墨等可供大量报馆和印刷厂作为生产原料，印制的名片、贺年卡等又可成为周边各商家洽公、交谊的必备物品。与此同时，上述商品还能通过街区内的文具店就近且大量销售，有效地节约了物流成本。徐熙春将美新公司设于具有如此地利之便的山东路街区，成为其在信孚泰皮丝行之后拥有清晰企业经营思路的又一生动展现。

初生的美新公司凭借诸

▲今上海汉口路申报馆旧址

[①] "舰队街"，指伦敦市内以舰队河（Fleet River）命名的街道，是英国媒体行业的总部集聚区，其街道名本身也成为英国媒体的代名词。有关山东路报刊集聚区形成的历史过程，参见成连虎：《时空演进与观念结构：我国近代报刊业发展研究（1815—1911）》，九州出版社，2020年，第106—108页。

多利好,颇有些"初生牛犊不怕虎"的劲头。成立仅仅五个月后,徐熙春便在《新闻报》上刊登一则名为《全国印刷所、书局、纸号公鉴》的广告,似有和其他同行叫阵的意味:

> 现值训政伊始,凡百事业正待发展。印刷为宣传极为需要,社会交际、互通款曲尤赖于此,而所取之道,名片矣!本公司有鉴于斯,特向欧美名厂定造上等卡纸,精制各种凹凸美术贺年花片及请客片等,式样典雅入时、批发价目极廉,兹特备最新式美术贺年花卡及中西名片样本数千份以备采择。如蒙函索,当即寄奉。(只限印刷所、书局及纸号,个人恕不作覆)近更由欧美名厂运到大宗原料卡纸零售、批发,定价克己。①

在1920年代末的山东路,贩售油墨、名片等产品的商店并不少,美新公司从创办的那一刻起便需要面临激烈而残酷的竞争。徐熙春承续了经营信孚泰皮丝烟行的策略,即把好原料关、童叟无欺的销售策略,以及利用好上海发达的报刊媒体进行大量宣传。从这则广告来看,美新公司更侧重量贩式批发,而非面向个人的零售。这种销售方式更适合面向大量街区内的潜在客户,如印刷所、纸号等,从而更有利于在市场竞争中维系企业的生存和发展。

转型现代股份制经营

随着生产和销售规模的不断增大,美新公司的生意也蒸蒸日上,原有

---

① 《全国印刷所、书局、纸号公鉴》,《新闻报》1928年11月26日第15版。

的作坊式经营越来越不敷企业的进一步发展。于是，在成立之后的第三年，美新公司计划发行股票，并改组为股份有限公司。如今，美新公司的股改申请书仍完整保存于上海市档案馆，而透过这份申请书能一窥一家企业在民国时期从传统的合伙式经营迈向现代股份制经营的转型过程。

1931年9月，美新公司向上海市社会局提交章程、营业概算等相关文件以及注册银，开启股改进程。至当年11月20日，社会局批准了美新公司的股改登记请求。之后，美新公司将股改相关文件，即实业部执照、章程与股东名单交由徐永祚会计师事务所备案。[①]

此处有必要交代一下中国本土注册会计师事务所的由来，也就能解释为何美新公司的股改文件会收录于徐永祚会计师事务所的档案卷宗之中。在市场经济下，股份制企业必须公开各类会计信息，企业的兴办、成立、兼并、重组、解散等与经营相关的重大事宜，都需要独立于企业利益之外的注册会计师公证，以充分保障投资者、债权人与其他和企业经营有利害关系者的切身利益。因此，注册会计师制度成为建立股份制企业的必要前提。然而，在近代，中国的注册会计师制度长期把持于西商之手，直至1919年之前中国企业只能延请在华外国会计师办理审计等业务。这种现状不仅无法充分保障本土企业的权益，也是民族工商业发展的重大掣肘，因而建立中国本土的注册会计师制度势在必行。1918年，留日归来的谢霖（1885—1969）向北洋政府农商部、财政部递交执行会计师业务申请，要求在北京设立注册会计师事务所。同年9月，北洋政府正式公布中国首个

[①]《徐永祚会计师事务所关于美新名片公司登记》，载《徐永祚会计师事务所档案》，1931年，上海市档案馆藏，档案号：Q92-1-93。

注册会计师行业规范——《会计师暂行章程》，谢霖于翌年在北京设立了中国第一个本土会计师事务所——正则会计师事务所。此后，在上海等其他城市，由中国注册会计师成立的事务所如雨后春笋般纷纷涌现，他们在维护民族企业利益的同时为工商业发展保驾护航。[①]与美新公司合作的徐永祚会计师事务所成立于1921年，是上海最早成立的会计师事务所之一，其主要业务涵盖代办工商企业的注册、登记、查账、诉讼等。[②]由于企业转为股份制经营属重大会计事项，因而美新公司除了向上海市社会局提交章程等文件，还需向有一定社会影响力的会计师事务所登记，这成为股改流程中的一个环节。

从美新公司提交的股改文件来看，经过三年经营，公司的收入有了明显的增长。到1931年，美新公司制作名片年收入达银元6万元，承接印刷年收入达银元1万元，经销油墨纸张材料年收入达银元2万元，扣除原料与人力等成本后，其年盈余依然可达银元4000元，这在名片、油墨业同行中算是相当不错的成绩。这些盈余按照公积金、股息、红利等参考标准，到每年年底向各股东和监察人发放。[③]

从章程上看，美新公司制定了一系列配套股份制经营的规章，如企业规范名称与业务范围；公布股票发行的数量和单股价格；采用记名制股票且其过户、遗失等需向公司报备；每年决算后三个月内召开股东大会并根据股权确定表决权；公司设立董事长（兼任股东会主席）、经理、监事等

[①] 刘捷、李培荣、黄振标等：《注册会计师实务》，中国统计出版社，1993年，第8—10页。
[②] 上海市档案馆编：《上海市档案馆指南》，中国档案出版社，1999年，第234页。
[③] 《徐永祚会计师事务所关于美新名片公司登记·营业概算书》，载《徐永祚会计师事务所档案》，1931年，上海市档案馆藏，档案号：Q92-1-93。

职位；公司印章不得用于代人作保等用途等。①除章程外，美新公司还规定了公司持有的200股中，各股东所占的股份份额及缴纳股份的期限。②因此，美新公司初步具备了现代股份制企业应有的运营要素。相较于中国近代早期的股份制企业，如在晚清洋务运动期间创办的开平矿务局、轮船招商局等，以美新公司为代表的新式股份制企业已进一步明确了企业的有限属性及股东知情权、监察权、重大事项决定权等权益，从而在运作上更向西方社会运作经年的股份制企业靠拢。③

然而，在股东与股份构成方面，美新公司依然保留了鲜明的传统合伙制色彩。学者朱荫贵指出，股份制在近代中国社会之所以较易被接受，是由于其与中国长期存在的合伙制有明显的相容性。④合伙制主要指明清时期伴随民间手工业发展而形成的经营方式，最初产生是由于人们受制于手工业作坊启动

▲今上海山东中路美新公司旧址

---

① 《徐永祚会计师事务所关于美新名片公司登记·美新名片股份有限公司章程》，载《徐永祚会计师事务所档案》，1931年，上海市档案馆藏，档案号：Q92-1-93。

② 《徐永祚会计师事务所关于美新名片公司登记·股东名簿》，载《徐永祚会计师事务所档案》，1931年，上海市档案馆藏，档案号：Q92-1-93。

③ 朱荫贵：《近代中国的第一批股份制企业》，《历史研究》2001年第5期，第28—29页。

④ 同上书，第29页。

资金的缺乏，便邀请亲友等凑足资金合作开办。伴随着企业内部组织管理进一步制度化，合伙制从集资手段逐渐延伸至企业经营的形式，特别是在需要较多资金、生产规模较大的行业企业，如矿业、陶瓷业、盐业等较为常见。明代后期，四川便已出现了合伙开凿的盐井。至清代中后期，合伙制已成为普遍的企业管理制度，较为常见的是资本与劳动兼具的合伙，即合伙人既要出资金且本人也要亲自参与劳动。① 从股东名单与持有股份比例来看，美新公司的股东主要由徐熙春在青浦和上海两地的亲友与长期合作的商业伙伴构成，如次子徐渭江拥有7%的股份，而共同占有24%股份并成为最大股东的谢伯英、谢启伦兄弟则来自上海小东门乾坤和烟号。此外，闵仲谋、王善廉等公司员工也各自持有1%～5%不等的股份②，符合资本与劳动兼具的"合伙制"特征。由此看来，美新公司这样的股份制企业生动展现了传统与近代、变革与承续常常同时存在于企业的经营制度之中，同时亲缘、地缘、业缘等传统的社会关系在股份制企业的经营中依然扮演着关键角色。除了股东的居住地仅限青浦、上海两地的现象之外，美新公司在1943年聘请青浦籍律师潘仁希为法律顾问一事亦为佐证。③

---

① 徐建青：《清代手工业中的合伙制》，《中国经济史研究》1995年第4期，第125—127页。

② 《上海乾坤和烟号迁回原处择于二月十二日开张广告》，《新闻报》1914年3月11日第10版。《民国二十八年三月二日下午二时第三届第四十一次会员代表常会》，载邹晓升编《上海钱业及钱业公会》，上海远东出版社，2017年，第357页。《徐永祚会计师事务所关于美新名片公司登记·股东名簿》，载《徐永祚会计师事务所档案》，1931年，上海市档案馆藏，档案号：Q92-1-93。

③ 《潘仁希律师受任美新名片公司徐熙春君法律顾问通告》，《新闻报》1943年2月4日第1版。《上海市杨树浦区工商业联合会筹备委员简历表·潘仁希》，载《上海市工商业联合会档案》，1952年，上海市档案馆藏，档案号：C48-1-71-112。

第五章 转战印刷业：从南市到北市 >>>

整体而言，股份制在1930年代初期的上海仍不是主流的企业经营形式。根据1931年秋上海市社会局所做调查，在统计的1883家各业工厂中，以公司形式组织者仅330家，其中股份有限公司仅281家，仅占所有统计工厂企业数量的14.9%。不过，在属于造纸印刷业门类的154家工厂企业中，股份有限公司为36家，占比23.9%，显著高于全市各业平均水平。[1]这是由于当时相对自由的市场氛围，以及工艺的不断改良，使得印刷业生产关系不断变化，催生出民营资本占主导的行业格局。其中，由独资、合资演化而来的股份有限公司成为印刷业商业化发展的"领头羊"。正是它们的不断涌现，使得近代上海的印刷业成为商业化程度最高的产业部门之一，呈现出百花齐放的行业生态的同时，较之雕版印刷等传统业态亦有更精细的行业分工与更多元的融资渠道。在印刷行业中，具备一定生产规模的企业推行股份制经营，不仅可制定良好的企业管理制度，以充分保障生产效率与员工福利，而且为获取最大化的商业利润，各大企业自身也需要不断提高印刷技术、引进先进设备以提升竞争力，从而带动整个行业的良性发展。[2]美新公司在1931年改为股份有限公司，显然顺应了近代上海印刷业发展的"大方向"：企业经营不仅通过建立严格的规章步入正轨，同时高度商业化的市场生态反过来也倒逼企业不断改进生产技术与销售策略，建立自身的核心优势，从而更稳健地立足于行业之中。

---

[1]《上海市各种工业资本组织类别实数·图表》，载上海市社会局编《上海之机制工业》，中华书局，1933年，第6页。

[2] 陈丽菲主编：《上海近现代出版文化变迁个案研究》，上海辞书出版社，2016年，第378—381页。

> 遇见徐熙春：在江南与上海之间

制售"抗日贺年片"

在经营策略上，徐熙春沿用了经营信孚泰皮丝烟行的做法，即借助近代上海在新闻传播领域的高地优势，在《申报》《新闻报》等具有全国影响力的报刊媒体连续大幅刊登产品广告，宣介其优势的同时也不断地提高了企业的社会知名度。其中，最典型的案例当属在"九一八"事变后，美新公司在《民国日报》等报刊连续多日刊载"抗日贺年片"的广告，结合全国风起云涌的抗日浪潮推销自制贺年卡等产品。

1931年9月18日，驻扎沈阳的日本关东军在柳条湖附近炸毁南满铁路上一小段路轨，并诬陷为中国军队所为，随即向中国东北军驻地北大营发动攻击，由此发动了震惊中外的"九一八"事变。此后，东北军在"不抵抗政策"之下退回关内，东北三省逐渐沦于日军之手。事变之后，举国同悲，引发了全国范围内又一波反日浪潮。

在阳历新年即将来临之际，美新公司在1931年12月19日至24日于《民国日报》《时报》《新闻报》连续刊载名为《贺年毋忘抗日，惟有选用抗日贺年片》的广告以呼应，强调此举"既能增进感情，尤足表示爱国"，并指出国难之际采购贺年片的特别理由：

> 孤独冷人必少知友，贺年片则联络感情、增进友谊。人事变迁聚散靡常，贺年片则增友谊，而兼明了彼此之何处生活，商店可借此而知相往来。当此国难临头，凡属国人均应有联合之必要。一致抗日，尤须加紧激切。抗日贺年片乃使人努力抗日，深记勿忘人人有抗日之

第五章　转战印刷业：从南市到北市

决心，我国家其庶有豸乎！①

在同份广告中，美新公司推出了四款贺年片，抗日贺年片、中西文合璧美术凸花贺年片、仿宋字美术凸花贺年片均为每打12种花色形式贩售，售价分别为银元2角8分、4角2分和3角5分。中西文恭祝圣诞美术凸花贺片则以每半打6种花色形式贩售，售价银元2角8分。在同一广告的最后，美新公司列出北新、光华、启新三家位于山东路一带的书局作为分销处。②

在上述广告词中，美新公司刻意突出了贺年片的商品属性，即在年关将至时起到沟通亲友之谊与商号往来的功用，并在此属性上附加抗日这一当下最能够引起公众共鸣的主题，由此既能通过热门话题进一步扩大销路，又可塑造企业抗日爱国的正面形象。在名片的设计方面，这些贺年片既强调"字句警惕"，也注意款式的得体大方，兼具思想性与艺术性。③从定价观之，这些明信片价格平易，皆为百姓日常所能负担。因此，无论是结合商品的自身属性和抗日情绪的营销策略，

▲美新公司抗日贺年片广告（《民国日报》1931年12月20日第10版）

---

① 《贺年毋忘抗日，惟有选用抗日贺年片》，《新闻报》1931年12月24日第11版。
②③ 同上。

抑或追求薄利多销的销售手段，美新公司"抗日贺年片"的营销行动是较为成功的。另外，不同于同时期贺年片常见的山水风景、摩登女郎等题材，此次美新公司印刷的抗日主题贺年片折射出徐熙春的拳拳救国之心，展现了"海派文化"不畏侵略、同仇敌忾的阳刚一面。

若将美新公司推销"抗日贺年片"之事置于整个1920—1930年代国货运动与反帝国主义抵制运动的脉络考察，可以发现有类似实践的工厂与商号绝不鲜见。例如，上海著名实业家、有"火柴大王"之称的刘鸿生（1888—1956），兼营章华毛纺厂。在"九一八"事变后，该厂于1934年推出"九一八"牌薄哔叽毛织品，将国耻日融于产品品牌之中，呼吁国人"纪念国难，发愤图强"。[①]长期以来，中国的毛织工业长期把持于外商之手，"九一八"牌等国货品牌毛织品甫一面世，便与国外同类商品展开激烈竞争。很快，"九一八"牌毛织品成为男性西装与女性旗袍的面料新宠。由此可见，1920—1930年代的一系列反帝爱国运动在激起普遍的民族主义情绪的同时，一些民族企业也加以利用，在提升自身经营业绩之外，又进一步强化了民族主义情绪的传播，成为该时代民族企业经营的一道特殊风景线。

"飞马"牌商标之争

除了名片外，美新公司的又一拳头产品是油墨。早在公司成立之时，徐熙春便委托他人为自家的油墨设计了"飞马"牌商标。在报馆、印刷行

[①] 章华毛绒纺织有限公司：《国人，汝其忘九一八之耻乎？》，《新闻报》1934年12月24日第11版。

林立的山东路街区，油墨无疑是最为畅销的工业原料，因此占据地利之便的美新公司自然通过销售"飞马"牌油墨获得了丰厚的利润。然而，正是这款"飞马"牌商标的设计，在数年之后给徐熙春与美新公司带来了一场不大不小的麻烦。

1948年11月，上海天丰行负责人王鸿初向上海地方法院递交刑事起诉书，指控美新公司负责人徐熙春"妨害农商"，理由是：其自有的商行持有的"飞马"牌商标已在1936年8月呈请商标局核准注册并专用备案，而近来他发现美新公司仿照"飞马"牌商标出售油墨等商品。由于美新公司与天丰行属同业关系，因此其使用同款商标的行为违反了《中华民国刑法》第253条有关仿造商标的规定，对自身正当的商业利益构成严重侵犯。因此，王鸿初不但向美新公司索要民事损害赔偿，还要求上海地方法院追究徐熙春的刑事责任。[1]

事实上，这已经不是徐熙春第一次因产品商标问题遭遇麻烦。如前所述，早在经营信孚泰皮丝烟行时，作为同业竞争者的苏和太烟行指责徐熙春使用东福升的旧商标，并胁此要求向徐熙春求偿6000两白银。[2]如果说苏和太烟行的指责之事多少带着一些同行借冒用商标之名行打压竞争者之实的色彩，那么天丰行的这次指控则有理有据得多：在目前所能见到的民国报刊中，天丰行的确有使用"飞马"牌商标来为自家的金银粉、油墨等商品做广告的记录，且从图样来看美新、天丰两公司的"飞马"牌商标也

---

[1]《上海地方法院关于王鸿初诉徐熙春妨害农工商案的文件》，载《上海地方法院档案》，1948年，上海市档案馆藏，档案号：C48-1-71-112。

[2]《出卖废牌之科罚》，《申报》1915年6月4日第10版。

极为相似。①此外，以法律条款观之，根据1948年《中华民国刑法》第253条规定："意图欺骗他人而伪造或仿造已登记之商标、商号者，处二年以下有期徒刑、拘役或科或并科三千元以下罚金。"因此，天丰行向上海地方法院要求追究徐熙春的刑事责任也合情合理。

此事对徐熙春而言，当然不可轻慢待之。因此，当年12月20日，徐熙春前往上海地方法院接受传唤，并在第一庭接受法官质询。徐熙春在法庭上向法官说明，他自己是最近才知晓天丰行使用"飞马"牌商标，因而从动机上无冒用商标的主观故意；而且早在1928年公司成立时，便已委托他人制作商标用于名片、油墨等商品，只是并未前往商标局注册而已。加之天丰行使用"飞马"牌商标主要用于金银粉销售，两家企业使用商标的用途不相同。基于上述理由，两家企业在之前已经接受了同业公会理事长的调解，互相达成谅解，故法庭当庭宣布徐熙春无罪。②

如今，回顾"飞马"商标之争，虽然从表面看这是一起由于误会引起的乌龙事件，不过仍生动折射出近代上海企业商标使用上的混乱，以及各企业维护商标权益的努力。商标作为区分企业产品的重要凭据，既是企业知识产权的重要组成部分，也是企业维护自身权益的重要保障。伴随着市场经济的发展，近代中国企业逐渐意识到商标对提升企业利润具有重大作用，因而一方面企业不断加大对商标设计的投入，力求获得更高的市场辨识度，另一方面有鉴于部分大型企业使用著名商标获利甚丰，一些中小企

---

① 《飞马牌金粉、银粉、滚筒胶、燥油、油墨、凡立水等》，《新闻报》1937年4月26日第11版。

② 《上海地方法院关于王鸿初诉徐熙春妨害农工商案的文件》，载《上海地方法院档案》，1948年，上海市档案馆藏，档案号：C48-1-71-112。

业也妄图通过"冒牌""盗用"等手段"傍名牌",企图借此获利。徐熙春聘请第三方公司为自己公司设计"飞马"牌商标,当然有提升产品知名度的考量,但此举亦有极大的法律风险(尤其是未在商标局注册),即类似图样一旦用于另一家企业的产品,与"飞马"牌之争类似的乌龙事件便会此起彼伏,更遑论无良企业恶意剽窃其他企业商标的行为。天丰行能够拿起法律武器,捍卫自身合法的商标使用权,而美新公司也以商标使用时间和用途回应侵权指控,双方都表现出了基于法律和事实的强烈维权意识,这在前近代的商号竞争中是不多见的。

综观美新公司的成立、改组与日常经营的过程,可以发现这是近代上海的传统商号迈向现代化企业转型的经典缩影。作为最早开埠的通商口岸之一,上海在晚清民初逐渐引入了股份制、专利制等现代企业经营要素,而且不同于中国其他地区的战乱频仍与制度混乱,上海不仅拥有相对稳定的政治格局,还拥有更健全的法制保障。同时,上海拥有得天独厚的经济区位及成熟的商业网络,因此既能吸引大规模的现代工厂企业在沪设厂,也能为传统商号的现代化转型保驾护航。传统商号向近代意义上的市场主体转型取决于市场经济体制的形成,其组织形式也能与市场经济相适应,因而在经济市场化程度最高的上海仍然大量保留了如信孚泰等以传统合伙制形式组织的商号。不过,由于中国近代的资本主义基本是在受外国资本的影响下产生的,因而在相当范围内近代企业成立伊始便借鉴源于西方的股份制,而中国传统的合伙经营又与其有相当的契合之处,故一些经营有成绩的传统商号也会从合伙制逐渐向股份制转型,美新公司如此,商务印书馆等老牌企业更是如此。在实际运作过程中,尽管亲缘、地缘、业缘等传统的企业管理要素在这些由商号脱胎而来的股份有限公司中不可能完全抛离，但伴随着晚清民国颁布的《公司法》等法律的实施，股份有限公司的权责以及股东、监事等的权利和义务等方面得到进一步明晰，已与传统的合伙制形成了明显的分野。由此，迈向股份制转型的商号，更有利于在竞争激烈的市场经济中生存与发展。股份有限公司在1920—1930年代的上海大量出现，也能视作在全国范围内上海的市场经济发育较为领先的标志之一。①

---

① 沈祖炜主编：《近代中国企业：制度和发展》，上海人民出版社，2014年，第14—18页。

第六章　淞沪烽火再救护：义不容辞为人道

1989年，时任中国红十字会宣传部部长兼《中国红十字报》总编的熊世琦，在偶然翻阅总会机关搬迁后遗弃的资料时发现了一本仅有27页的小册子。这本外表看来平平无奇甚至有被卖为废品之虞的小册子，却生动、详细地记载了一个县级红十字分会在历史上的一段壮举：在"八一三"淞沪抗战期间，疏散、安置了超过1万名从上海、嘉定等地前来青浦避难的难民。阅罢，熊世琦高度评价该分会在抗战期间的救护工作，称赞其开展各项工作时能把出发点、归宿点与依靠点都放在人民群众身上，很好地诠释了红十字运动"博爱"的指导精神，而这本内容翔实的小册子的价值远远超过空间地域，会被人们永远纪念。[①]

这个县级红十字分会正是青浦红十字会，熊世琦阅读的则是青浦红十字会在1946年编录的《中国红十字会青浦分会第四次征信录》。在经历"齐卢战争"、北伐战争两次战事的救护工作后，青浦红十字会已经充分积累了难民疏散、收容与战场救护的工作经验，加上徐熙春等红十字会工作人员一以贯之的细心与大爱，使得青浦红十字会在"一·二八"抗战、"八一三"抗战两次淞沪抗战中的救护行动更为高效、有序，书写了中国

[①] 熊世琦：《红十字史册上的光辉一页》，《中国红十字报》1989年8月5日第3版。

红十字运动历史上一段值得永远为后人铭记的佳话。与战场上奋力抗敌的军队将士们相比，徐熙春等在红十字会与慈善组织战线上默默奉献的另一类英雄，或许没有更高的知名度，但他们冒着战火危险而拯民于水火、救民于倒悬的种种义举，同样在中国抗日战争史上留下了一曲曲可歌可泣的赞歌。

"一·二八"战火初起与军民御敌

1932年1月28日，日本海军陆战队登陆位于上海北部的吴淞口，并向驻防闸北一带的国民革命军第十九路军等部发起进攻，史称"一·二八"事变。这次中日间的军事冲突，其时机与地点是由日方精心策划的。时值中国农历新年前后，以南粤子弟为主的国民革命军第十九路军才换防南京、上海地区不久，且装备配置远落后于日军，日方趁机不断策动在沪日籍人士制造混乱事件，更以"保护日侨"为由向南京国民政府施压，意图让中国军队完全撤出上海，并由日军控制与虹口日侨社区紧密相连的战略要地——闸北。由于闸北云集上海众多华商工厂企业，加之毗邻宝山、吴淞等战略咽喉之地，国民政府自然不会放弃。此后，战争的阴霾一直笼罩在上海上空。1月28日，日军以突袭中国军队的形式挑起军事冲突。

这场冲突最早的爆发地便是上海虹口与闸北交界一带，而徐氏家族中最先受到战火波及的便是徐熙春的长子徐传贤。徐传贤在1924年考入位于北四川路上的上海邮政局后，由于表现突出职位连年提升，至1932年已成为上海邮政局洋文文牍处负责翻译、抄写、打字的职员，拥有令旁人艳羡的"铁饭碗"。①在家庭方面，徐熙春为长子徐传贤安排了一门亲事，便是求娶青浦老家邻居盛家的小姐盛希珍为妻。新婚后，徐传贤组成了自己的小家庭，但妻子盛希珍留在青浦老家，他自己则回到上海邮政局上班。到1929年，徐传贤的长子徐家善出生，三年后次子徐家良出生，由于妻子盛希珍操持家务的能力稍缺，因而两个孩子依然交由徐传贤的母亲董月娥帮忙照看、抚育。②

到了1932年初，与当时大多数上海居民的心态相似，徐传贤认为由于上海有外国租界，因而中日两国政府在交涉时势必顾及英、美、法等在上海设租界的国家的态度，日军不太可能不顾国际观感袭击驻南京、上海等地的中国军队。在"一·二八"事变爆发前不久，国民政府迫于日方压力停办了报道朝鲜人刺杀天皇未遂以借此表达惋惜情绪的国民党机关报《民国日报》，而这似乎也让上海居民放下了一些对中日双方爆发军事冲突的疑虑。

然而，他们的乐观情绪并没能维持太久的时间。1月28日上午，虹口北四川路上的日本小学、海军陆战队司令部进驻日军士兵，至当日晚11时，日军海军陆战队向闸北十九路军翁照垣部突袭，翁部奉总部密令当场予以还击，在虬江路、宝山路、横浜桥等地发生猛烈巷战，拉开了军事冲突的帷幕。③此时的徐传贤正租住在距离上海邮政局仅1.5公里的北四川路

---

① 徐传贤：《自传》，载钱益民编《传邮万里 贤达人生》，上海，2020年，第27页。
② 十年砍柴：《寻找徐传贤：从上海到北京》，现代出版社，2022年，第89、93页。
③ 蒋光鼐、蔡廷锴、戴戟：《十九路军淞沪抗战》，载全国政协文史和学习委员会编《从九一八到七七事变亲历记》，中国文史出版社，2015年，第100—101页。翁照垣：《淞沪血战》，载全国政协文史和学习委员会编《从九一八到七七事变亲历记》，中国文史出版社，2015年，第112页。

福德里3号，恰好处于中日两军交火的"风暴眼"之中，情况之凶险可想而知。在听闻窗外的炮声、枪声之后，徐传贤在1月29日晨逃离住所，进入公共租界躲避。离家之前，徐传贤还撕毁了先前被上海邮政局的国民党组织发展加入时其第六区分部发予的党证。① 徐传贤之所以销毁党证，主要还是出于自保：由于日军、日侨民在虹口、闸北一带对中国居民盘查甚严，在搜身时一旦被日方搜出国民党证，极易被认为是抗日力量而遭到不测。"一·二八"事变发生后不久，一些知名爱国人士如上海五洲大药房经理项松茂，便因先前组织抗日义勇军等行动而惨遭毒手。由此看来，徐传贤的做法显得十分冷静而明智。

就在徐传贤撤离住家当日上午，日军便对中国军队控制的闸北宝山路一带疯狂轰炸。10时左右，位于该区域的中国出版、印刷、文教重镇——商务印书馆中弹起火，其总厂、编译所、附设尚公小学及东方图书馆皆遭遇焚劫，包括东方图书馆内收藏的40万册各朝古籍也随之付之一炬，酿成了中国出版文化界难以弥补的巨大损失。② 在日军的狂轰滥炸下，无辜死伤的平民不计其数。

逃离住处、惊魂未定的徐传贤在安歇下来、稳定情绪后，和其他邮政局同仁一道旋即投入到支援国民革命军第十九路军的队伍之中。2月1日，上海邮政局职工向中国军队捐赠牛肉22箱、饼干10大箱；2月16日和27日，又两次捐款计银元3303元。③ 其中，徐传贤的身影自然少不了。在《自传》

---

① 徐传贤：《自传》，载钱益民编《传邮万里 贤达人生》，上海，2020年，第27页。
② 商务印书馆编：《商务印书馆大事记》，商务印书馆，1987年，第71页。
③ 中共上海市邮电管理局委员会：《上海邮政职工运动史》，中共党史出版社，1999年，第93页。

中,徐传贤写道:"十九路军孤军抗日,受到上海和全国人民的支持。我积极参加了支援他们的运动。我们募捐了很多钱去慰劳他们。"[1]在2月24日《申报》刊登的一则上海市商会代收慰劳金公告上,徐传贤捐款10元的记录赫然在列。[2]"一·二八"事变爆发后,正是像徐传贤一样的千千万万普通的上海市民,通过他们一点一滴的捐款与物资援助,甚至组织各路义勇军配合十九路军作战,既实实在在地达到了支援前线的目的,也成为将士们奋勇抗敌的精神支柱。上海市民与第十九路军通过彼此之间的密切合作,共同建立起抵御外敌入侵的坚实长城,成就了全民抗战史上的一段佳话。

"一·二八"抗战救护与商善互动

随着战事的不断推进,至2月中旬前后,十九路军后撤,使位于上海西北部的嘉定县真如、南翔以及北部的宝山县大场等镇成为中日双方正面交锋的战场。[3]因此,来自嘉定、宝山二县的居民纷纷出逃,当时局势尚稳、路途较近的青浦县城成为他们的主要目的地之一。与此同时,青浦县境东北村镇,由于毗邻两军主要战场京沪铁路沿线的黄渡、安亭等车站,因而此处居民亦大量逃往青浦县城。一时间,青浦县城内从上述区域涌入的难民数量达到5000余人,再次出现难民人数远多于县城常住人口数的局面。

---

[1] 徐传贤:《自传》,载钱益民编《传邮万里 贤达人生》,上海,2020年,第27页。
[2]《上海市商会征集救济、慰劳、捐款、物品第一分办事处(银行公会)代收慰劳金公告》,《申报》1932年2月24日第3版。
[3] 中国社会科学院近代史研究所编:《日本侵华七十年史》,中国社会科学出版社,1992年,第342—344页。

《《《 遇见徐熙春：在江南与上海之间

对于成立七年有余的青浦红十字会而言，如何安置好"一·二八"事变中嘉定等县涌入青浦县城的难民，又是一场艰巨的"大考"。1932年2月6日，青浦红十字会召开职员会议，商讨战事爆发后红十字会如何救助嘉定等战区的难民。会议决定由青浦红十字会出面，负责难民的救助与疏散工作，并参加青浦县政府创办的照料战区难民处的经办事务。从2月9日开始，青浦红十字会再次组织救护队，因战事紧急，经费由会员先行垫付。同日，救护队派出工作人员，护送50余名前来青浦避难的难民搭乘"雄青"轮前往苏州避难。2月17日，青浦红十字会又派遣董宝荣等救护队员前往上海仁济善堂，接送70余名青浦籍难民返乡，并委托在上海经营轮船业的通源公司派出船只将这些难民接送至青浦县城中的照料战区难民处。有鉴于这一工作的公益性质，通源公司仅收取银元30元的燃料费，难民的船费则分文未取。①

然而，前来避难的难民数量实在过于庞大，并非青浦红十字会一会所能完全安置。加之嘉定、宝山县境内的部分红十字分会如大场分会等，由于两县遭受日军的频繁轰炸而无法正常开展会务，工作人员也随着难民前往青浦县城避难，使得青浦红十字会承担了更重的安抚、转移难民任务。②3月4日，嘉定旅沪同乡会会长陈兆祺要求青浦红十字会派出船只疏散青浦县内来自嘉定的难民，并通过嘉翔红十字会委托中国红十字会总办事处向青浦红十字会转达运送难民出县之意。因此，从3月14日起，青浦红十字会开始疏散来自嘉定、南翔等地的400余名难民，用租来的轮船

---

① 《中国红十字会青浦分会民国二十一年大事纪》，载《中国红十字会青浦分会第三次征信录》，1934年，上海市青浦区档案馆藏，档案号：W-93-190，第24页。

② 《中国红十字会大场分会启事》，《申报》1932年3月9日第4版。

"益阳"轮拖带两艘民船载往上海，并由嘉定同乡会负责将这些难民分送上海各大难民收容机构。①3月16日、18日，青浦红十字会再分两批将1100余名嘉定、宝山等地难民通过"益阳"轮载往上海，直至19日嘉定同乡会来函称上海收容所承载量已满，要求青浦红十字会停止向上海运送难民。除向上海方向疏散外，青浦红十字会也开辟了向松江县的运输通道：3月14日下午，青浦红十字会召开职员联席会议，会上收到松江县政府的

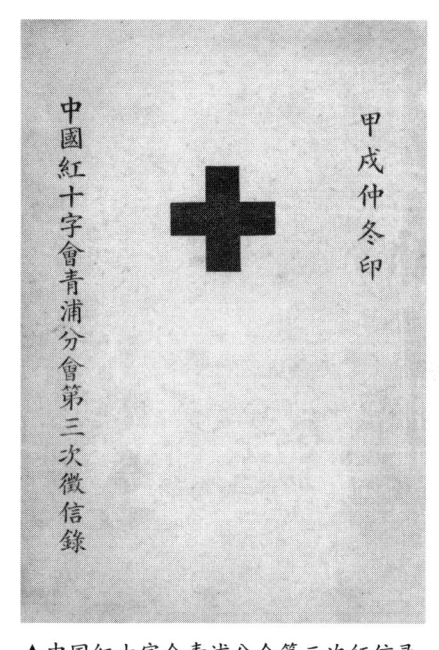

▲中国红十字会青浦分会第三次征信录

电报称该县收容所尚有1000人的容纳量，因而会议决定一方面由红十字会函请青浦县公安局代为雇船，另一方面请求松江县政府准备公函，并由会员郭叔怡将部分难民送往松江。15日，青浦红十字会运送200余名难民前往松江收容所。在此次疏散难民工作中，青浦红十字会承续"齐卢战争"、北伐战争两次救护行动的经验，选择与其他慈善机构通力合作，共同完成了难民疏散与收容工作。另外，值得关注的新现象是政府部门与红十字会之间的高效配合：作为民间机构，红十字会救护、救济、善后等工作是政府在战时社会保障方面的有益补充；反过来看，红十字会能在战时更高效

---

① 《中国红十字会青浦分会民国二十一年大事纪》，载《中国红十字会青浦分会第三次征信录》，1934年，上海市青浦区档案馆藏，档案号：W-93-190，第24—25页。

地开展工作，也有赖于政府相关部门的配合。因此，在这次疏散行动中，青浦红十字会通过斐然的救护成绩获得了良好社会声誉，至少已获得政府方面相当程度的认可，故双方协同开展工作也就水到渠成了。

除疏散难民外，青浦红十字会在"一·二八"事变救护行动中还有另一值得称道的工作，即面向县内棉农的善后救济。由于战事爆发之时恰逢棉籽播种的时节，战事爆发导致青浦与外界之间交通阻塞，令棉籽无法大量运往青浦县内，加之前一年青浦地区遭遇水灾导致棉花绝收，让县内的棉籽供应更为紧张，从而让棉农无法正常开展播种工作。因此，他们想到向青浦红十字会求助，希望红十字会能协调运送棉籽并分发，以解他们的燃眉之急。①徐熙春收到求助后，利用在上海经商时积累的人脉，与中华棉业公会华商纱厂联合会取得联系。4月25日，徐熙春前往上海从该会募得300担棉籽，次日又至浦东杨思桥点收，并装船运回青浦由青浦县兵灾救济会派员向县内棉农分发。但是，300担棉籽对整个县内棉农的播种需求而言仍是杯水车薪，因此青浦红十字会再度筹资向县内恒源棉花厂购得120担棉籽。②5月，青浦红十字会又向恒源棉花厂增购200包棉籽运往青浦，通过青浦县兵灾救济会向各棉农分发。③由此可见，青浦红十字会的战争善后工作在此时已能充分考虑民众的实际需求，而这样热心、细致的工作风格无疑是对青浦红十字会"博济施众"办事宗旨的最好诠释。

中日两军在距公共租界不远的闸北、虹口一带交火，引发了英、美、

---

①《青浦红会续购棉种运青》，《新闻报》1932年5月4日第9版。
②《中国红十字会青浦分会民国二十一年大事纪》，载《中国红十字会青浦分会第三次征信录》，1934年，上海市青浦区档案馆藏，档案号：W-93-190，第27页。
③《青浦红会续购棉种运青》，《新闻报》1932年5月4日第9版。

法等国的严重关切,特别是在上海有重大利益的英国关切尤甚。这些列强不愿看到日本势力在上海坐大,也不希望由军事冲突引发中国强烈的民族主义情绪危及他们在华的利益,因而在外交层面介入中日之争,并积极斡旋双方停火。在西方国家调停下,中日双方在1932年5月5日经协商签署《淞沪停战协定》,规定日军撤至公共租界暨虹口"越界筑路"地带,维持"一·二八"事变爆发前的状况。根据该协定规定,中国军队则只能将参战部队留驻"现在地方"[1],此外还有若干对中方极为不利的"谅解":其一是中国驻军不能越过由安亭镇起经望仙桥向西至长江边浒浦口为止一线,由此丧失了在自己国土上自由驻军的权利;其二是该协定规定中国政府无权自主宣布中日军队驻防"常态"是否已恢复,更无权决定中国军队不再"留驻其现在地位",必须经日本及英、法等第三国共同协议一致后才可作出决定,换言之,中国政府甚至不能自主决定驻军的状态;其三是日本驻军还借该协定获得了变相驻军权。因此,对中国而言,《淞沪停战协定》及其附件毫无疑问是一份严重侵犯中国主权的外交文件。[2]

协定签署后,有鉴于中国军队在这场冲突中巨大的牺牲,以及条款对中国主权的粗暴践踏,民众对国民党政权丧权辱国的指责在当时自然不绝于耳。不过,在"一·二八"事变中日军占领了上海华界及吴淞、宝山、青浦等地,自5月6日起日军依照协定内容撤出了战区。这样,中日双方的军事冲突暂时偃旗息鼓,青浦红十字会在本次战事中的救护行动也随之告一段落。

事后,青浦红十字会疏散难民等善举获得了社会各界的高度赞誉。例

---

[1]《淞沪停战协定(草案)(1932年5月5日)》,载上海市档案馆编《日本侵略上海史料汇编》,上海人民出版社,2015年,第96页。
[2] 余子道、张林荣:《一·二八淞沪抗战》,上海人民出版社,2016年,第260—261页。

如，来自嘉定、热心公益的士绅王荃士特意撰文，热情洋溢地称赞青浦红十字会会长徐熙春在青浦与上海之间不断来回奔走的种种努力：

> 如"一·二八"事变，敌焰所至，灰烬一片。哀吾邑人，惨遭荼毒，号呼转徙，避难至青。当时祸起仓猝，人数拥挤异常，一时无法处置。束手乏术，势将坐毙，其困境也难以言喻。幸天无绝人之路，得遇红十字会青浦分会会长徐熙春先生，奔走善举，由沪返青，先生佛面婆心，急公好义，赖其一点慈悲之念，得获慈航片叶，租来益阳轮船一艘，航行青沪，引去数千灾黎，渡登彼岸，得解所困，铭感无涯。[①]

事实上，徐熙春此次得以成功搭救数千民众，与生意伙伴的鼎力相助及青浦旅沪同乡的热心支持密不可分。据《中国红十字会青浦分会第三册征信录》中1932年2月9日至1934年底的捐款名录，向青浦红十字会捐款的有著名青浦旅沪人士，如驰名上海报界的张继斋（捐款洋50元）、曾任旅沪同乡会会长的潘伯良（捐款洋200元）等，同时上海西烟同业公会（捐款50元）、通文油墨社（捐款洋10元）等同业组织与兄弟企业也助力不小。在此次救护行动中，除中国红十字会总会拨给药品之外，黄涵之[②]（1875—

---

① 王荃士：《序言二》，载《中国红十字会青浦分会第四次征信录》，1946年，上海市青浦区档案馆藏，档案号：W-93-191，第2页。

② 黄涵之，名庆澜，江苏上海（今上海市）人。初在湖北任官，后赴日考察工艺、办学，归国后在上海自办学校。光绪三十三年（1907年）七月，被推举为上海城厢内外总工程局议事会议董。辛亥革命后，任上海县司法长。黄涵之本人笃信佛教，1922年与施省之等组织上海佛教敬业社，任董事。1927年，与王一亭、关炯之等共同发起成立上海佛教维持会，热心公益慈善事业。1949年后，任上海佛教敬业社社长，直至1961年逝世。参见吴成平：《上海名人辞典》，上海辞书出版社，2001年，第464页。方祖猷：《天台宗观宗讲寺志》，宗教文化出版社，2006年，第129页。

1961）等上海慈善界要人也以捐助药品、茶水等形式助青浦红十字会一臂之力。① 由此可见，经过多年在商场的经营与公益事业的运作，徐熙春在青浦一隅开展红十字救护、赈济工作，借由此二关系中的人脉，已然水到渠成。青浦红十字会优良的经办成绩，也为徐熙春本人提供了极佳的社会声望，最终有利于他在商场的经营；经商与行善就此形成了良好的"双向互动"。

"八一三"抗战救护与积极性救助

"一·二八"事变结束后，上海的政治、军事局势逐渐趋于稳定，社会生活的秩序也逐步恢复正常，年轻人也重新开始为美好的生活努力打拼。例如，1935年，徐传贤经过多年积攒，与弟弟徐渭江一道在距离上海邮政局不远的"复兴村"楼盘（今址为上海市静安区临山路、宝昌路路口）购置住宅。这次购房尽管一度遭遇开发商欺诈事件，但经徐传贤等购房户的维权，最终在官方出面协调下仍顺利乔迁新居。②徐传贤、徐渭江兄弟二人之所以仍选择在"一·二八"事变中遭受重创的虹口、闸北一带置业，当然有其收入水平的考量——租界的房价负担起来有些吃力，相较而言"越界筑路"的区域房价还能承受——并且"复兴村"距离徐传贤的工作地上海邮政局较近，可以免去长途通勤之苦；而另外一个不可忽视的因素便是当时普遍的乐观主义情绪——是时，包括徐传贤在内的大多数上

---

① 《二十一年二月九日起至廿三年底止诸大善士台衔》，载《中国红十字会青浦分会第三次征信录》，1934年，上海市青浦区档案馆藏，档案号：W-93-190，第34—39页。

② 十年砍柴：《寻找徐传贤：从上海到北京》，现代出版社，2022年，第126—130页。

遇见徐熙春：在江南与上海之间

海市民在《淞沪停战协定》签订后，认为上海既是英、美、法等拥有租界列强的利益维系所在，日本不会得寸进尺，和平至少能维持一段时间。

不过，令人唏嘘的是，和平的时光实在太过短暂。在购宅后不到两年，徐传贤便又将面临一场规模更大的兵祸。事实上，继"九一八"事变后，日本又进一步策动所谓"华北五省自治"，对华野心步步加深。在"一·二八"事变后，日本始终觊觎在华的各项权益，更不曾将那阴鸷的目光从上海移开。1937年7月7日，卢沟桥周边的战斗标志着日本全面侵华的开始，史称"七七事变"。国难当头，蒋介石在"七七事变"爆发后的第十天发表"最后关头"演说及《对卢沟桥事件之严正声明》，号召"地无分南北，人无分老幼，皆有守土抗战的责任"。随后，中国军队也加强了各项迎战准备。

在上海，战争的阴霾则再次笼罩。8月9日下午，日本海军特别陆战队中尉大山勇夫、斋藤要藏二人，无视中国卫兵警告，径直驱车硬闯虹桥机场，并打死机场守卫。中国守军自卫还击，击毙大山勇夫、斋藤要藏二人。事后，时任上海市长俞鸿钧向日方提出抗议，日方则以该事件为借口增兵调员，企图挑起战事。在中日双方调解无果的情势下，8月13日，日军在先突袭闸北横浜桥等区域的中国守军后，又重炮轰击闸北，在八字桥、江湾路、天通庵路等地向中国军队发起猛攻，史称"八·一三"淞沪抗战。[1]

这一次，徐传贤不同于"一·二八"事变时的仓皇离家，显然已做好

---

[1] 熊月之、周武主编：《上海：一座现代化都市的编年史》，上海书店出版社，2007年，第399—401页。

第六章 淞沪烽火再救护：义不容辞为人道 〉〉〉

了更充足的准备：在战事爆发前，徐传贤便已和家人共同撤往位于法租界老永安街与民国路口由徐氏亲友开设的"瑞大永"杂货号，只是他和弟弟徐渭江购置的"复兴村"住宅在撤离之后不久便焚毁于炮火之中。8月13日下午，徐熙春也紧急从上海返回青浦筹备各项救灾工作事宜，并立即开展各项救灾活动的筹款工作。在徐熙春把身在青浦的两个女儿和孙子们委托朋友护送至美新公司旁的住家后，他与其他青浦红十字会同仁随即开始紧张的难民疏散、收容以及伤兵、伤民的救护工作。

由于青浦地处江、浙两省间的交通咽喉，且处于沪杭、沪宁两条铁路所围成区域的中心地带，故除了遭受日军猛烈轰炸的上海华界及嘉定、宝山等周边县份的居民之外，原籍地处两条铁路沿线苏州、无锡、常州及嘉兴、绍兴等城市的居民，以及欲返原籍的其他省份旅沪居民纷纷将青浦作为逃离上海的中转站。① 这一次，前来青浦的难民数量再次多于县城居民常住人数，且由于战况的激烈程度远超前三次战事，因而妥善疏散安置这些难民的难度也大大增加。此时，青浦县城已难以承载如此大规模数量的难民，势必需要在最短的时间内将他们疏散出城。8月15日，青浦县政府各机关代表在青浦红十字会召开紧急会议，决议成立县救护委员会，并委派红十字会会长徐熙春为主任，专门负责难民收遣事宜。②

8月16日，青浦红十字会从清晨5时便开始难民疏散与安置工作，先

---

① 杨瑄：《凯歌两载话当年：抗战初起的青浦分会》，《红十字月刊》1947年第21期，第27页。
② 《中国红十字会青浦分会大事记》，载《中国红十字会青浦分会第四次征信录》，1946年，上海市青浦区档案馆藏，档案号：W-93-191，第5页。

〈〈〈 遇见徐熙春：在江南与上海之间

▲青浦红十字会在"八一三"抗战中疏散难民实况

行将21名难民用机器船载往苏州，这些船只是由青浦县国民党党部委员黄需泽协助雇来的。从9时开始，大量难民来到青浦红十字会门前求助，他们扶老携幼、担匣提箱，让人看来分外心酸，故从10时起红十字会着手安置这些前来求助的难民。为了避免让难民受饥，青浦红十字会首先进行煮粥的工作。由于青浦红十字会内使用的锅灶过小，无法满足数量如此庞大的难民之需要，因此徐熙春以红十字会的名义，向县内糟房借得一口大锅，并就地砌起灶台派人每日轮流煮粥；同时又向城内大饼店定制大饼，并逐一分发给每一位难民。在和平时期，一口热粥、一张大饼虽然看上去稀松平常，但在战火纷飞的当下更能凸显徐熙春等红十字会同仁的拳拳爱心以及认真、细致的工作作风，从而让这些躲避战祸的民众感受到了人间的温暖。

接着，青浦红十字会面对的便是更大规模难民的疏散。由于当时青浦县城的民船已经被先前逃离的民众预订一空，故青浦红十字会函请青浦县西乡第三区、第八区及第四区西岑镇公所雇用的十八艘民船前往县城支援。但是，由于船只的容量实在过小，不能承载更大数量的难民，因此除了这些驰援民船，青浦红十字会也向那些提前预订船只的民众开展工作，争取获得他们的支持，以让他们的船只能捎上一部分难民出城。从8月16日至21日的六天时间内，青浦红十字会共计使用自雇船只23艘、避难者雇用船只50艘，并将上述船只分别进行编号，以大型轮船拖带数艘民船的形式，自青浦县城艮成门外出发，每日分批将难民运往苏州、无锡、常州、平湖、嘉兴、绍兴、杭州等周边城市。每日具体的难民疏散数与方向如下表：

表2 1937年8月16—21日青浦红十字会难民疏散数及主要目的地[①]

日期	难民疏散数（单位：人）	主要目的地
8月16日	1417	苏州
8月17日	2863	苏州、昆山
8月18日	1829	苏州、常州、无锡、江阴、丹阳、嘉兴、杭州、绍兴
8月19日	1818	苏州、杭州、嘉兴
8月20日	1610	松江、嘉兴、杭州、绍兴
8月21日	4754	无锡、江阴、常州

由上表可知，此六日疏散难民共计14 291人。在救助的过程中，青浦红十字会对这些难民的籍贯、性别、年龄等进行登记。根据统计结果，从省籍来看，江苏籍难民共计11 980人，占比83.9%；浙江籍难民共计2131人，占比14.9%[②]；其余则有安徽、山东、湖北、河北、广东、四川、江西、湖南八省难民。具体到城市而言，以数量多寡排序，数量超过1000人的城镇有吴县（苏州，2461人），昆山（1468人）、盐城（1381人）、泰县（今泰州市姜堰区，1152人）、杭县（杭州，1142人）、兴化（1129人）。[③]难民数量占比最多的前两位地区均为毗邻青浦县的城镇，这是因为县城中原本就居住着为数众多的吴县、昆山籍民众，而为躲避战火他们也成了计划逃

---

① 相关资料来源，参见《中国红十字会青浦分会大事记》，载《中国红十字会青浦分会第四次征信录》，1946年，上海市青浦区档案馆藏，档案号：W-93-191，第5—6页。

② 《中国红十字会青浦分会大事记》记录的难民数量共计为14 291名，而在同一征信录中另一篇《收遣难民籍贯登记表》中记录的数量则为14 286名，有些许出入。由于此处为难民籍贯分省统计，故百分数基数以《收遣难民籍贯登记表》为准。

③ 《收遣难民籍贯登记表》，载《中国红十字会青浦分会第四次征信录》，1946年，上海市青浦区档案馆藏，档案号：W-93-191，第16页。

出县城的难民。

青浦红十字会疏散江苏南部、浙江北部等地区难民的方式，主要是利用青浦县内发达的水路交通网，使用船只直接将难民送回昆山、苏州、嘉兴等临近地区；而对于江苏北部、山东等路途较远地区难民的疏散方式，则是先用船只将难民护送至邻县昆山县难民收容所，再经昆山收容所返回原籍或就地收容，故青浦—昆山一线事实上成为苏北等地滞留在上海周边地区的难民返回原籍的必经路线。因此，在难民数量较多的籍贯城市中，苏北的数座城市就成为重要组成部分。

8月20日，由于难民疏散所需经费过于庞大，且当时青浦红十字会仅获青浦各界抗敌后援会援助的800元及零星资助，已难以支撑过大开支，加之县内救护委员会办事处原定的养老院会址过于狭窄、救护队员偏少，势必造成难民收容与救护伤员难以兼顾的局面，故当日青浦红十字会召开理事员会议商讨对策，最终决定于21日中午止将难民疏散工作暂时告一段落，剩余百余名无家可归且无法及时疏散的难民则由青浦红十字会负责收容，并将工作重心由难民疏散转变为伤员救护。[1]因此，青浦红十字在8月21日的难民疏散数量较之前五日显著上升。

针对这些无法及时疏散的难民，青浦红十字会在这次救助行动中创新性地运用积极救济方式，即组织这些难民开展生产活动并给付工资，一方面既能培训这些难民一些生产技能，让他们在日后的生活中掌握一技之长以作为谋生手段，而另一方面难民生产的物资本身也成为军需物资被运往

---

[1]《中国红十字会青浦分会大事记》，载《中国红十字会青浦分会第四次征信录》，1946年，上海市青浦区档案馆藏，档案号：W-93-191，第6页。

▲青浦红十字会救助难民工作实况

前线。8月27日,理事员会议决议推展这一工作计划,设立织履、缝纫二组,并推选常务干事熊宗干为工作主任并兼织履组组长,张清泉为缝纫组管理员,蒋冠初负责收发原料,潘子常负责介绍难民外出工作。9月7—8日,缝纫、织履二组先后开工。[1]从事这两项工作的难民,按不同性别进行分类:男性难民参加织履,女性难民参加缝纫,主要缝制棉被、棉裤、棉背心等。从正式开工到11月上旬青浦沦陷,这一个多月的时间内,两个工作小组共计完成1009件棉背心、984双白麻战鞋、40条棉被及50条棉裤,

---

[1]《缝纫、织履组概况》,载《中国红十字会青浦分会第四次征信录》,1946年,上海市青浦区档案馆藏,档案号:W-93-191,第14—15页。

第六章 淞沪烽火再救护：义不容辞为人道

这些物资有的交由青浦抗敌后援会转送前线，有的则由青浦红十字会工作人员直接发送。[①]

积极性救济工作是青浦红十字会在难民收容救助工作上的有益尝试，这是由于在经费与捐助物资都相当紧张的情况下，青浦红十字会运用社会福利性质的经营方式，既能够舒缓庞大的工作压力，更重要的是能动用难民中的可用劳动力从事生产工作，成为支前行动最实质的支撑。事实上，以教育劳动技能为纲，对难民进行积极救助的做法，并非红十字会首创。在清末民初，由于社会动荡不安，乱象毕露，流民问题较为突出，因此出于维持社会秩序的需要，一些传统的慈善机构、同乡组织等出面在地方上设立工艺局、习艺所等，在为这些流民提供安身之所的同时，更可培养他们一定的生产技能，一改传统的收容机构——栖流所只能保障流民衣食的消极救助模式。中国近代创设习艺所可溯于清末新政时期，进入民国后这些机构依然起到了一些作用。[②] 例如，民初，青浦县地方绅商成立过贫民习艺所[③]，青浦旅沪同乡会也有设立贫民习艺所资助贫困旅沪同乡的想法[④]，因而青浦红十字会辅导难民进行工作的想法是有所借鉴的。相比之前历次难民收容救助工作，积极性救助成为青浦红十字会在"八一三"抗战救护行动中最为鲜明的特征之一。

[①] 杨瑄：《凯歌两载话当年：抗战初起的青浦分会》，《红十字月刊》1947年第21期，第27页。

[②] 周秋光、曾桂林：《中国慈善简史》，人民出版社，2008年，第309—311页。

[③] 《青浦俞祖望等致何护军使电》，《申报》1924年4月5日第13版。

[④] 《青浦旅沪同乡会之通告》，《申报》1916年11月28日第11版。

<<< 遇见徐熙春：在江南与上海之间

救护队长遭遇敌机英勇捐躯

8月下旬，战火烽烟飘向了青浦县。8月26日，位于青浦县境东部的观音堂镇遭敌机轰炸。随后，观音堂镇公所向青浦红十字会来函，请求红十字会派出救护队驻扎镇上协助救护。青浦红十字会派出顾若樵作为救护队长，带领30名救护队员驻镇。在近同一时间内，青浦红十字会应嘉定南翔红十字会的请求，于9月初派员前往毗邻青浦县的嘉定黄渡等镇救治受伤军民。在救治过程中，青浦红十字会工作人员对受伤军民的受伤部位、部队番号、民众籍贯等信息均做好详细记录。根据登记结果显示，他们救治的军士主要集中于十九军、八十七师、八十八师和一七七师等，均为中国军队与日军在南翔等地区交战的主力部队。受伤民众的籍贯，除4名来自青浦县，有8名来自罗店、宝山等战场地区。从受伤部位看，这些接受治疗的军民主要集中在四肢伤，因而能推知青浦红十字会主要负责的是包扎及简单救护等工作。①据统计，青浦红十字会共计救治伤兵75名、并救护南翔、黄渡、罗店等地受伤民众多人。②10月初，青浦县城开始遭受日军轰炸；12日，日军两架飞机掠过青浦县城大西门附近向民众扫射；13日，日军向青浦县城内投掷三枚炸弹，两枚落在县城东门外体育场陆姓民宅附近，一枚落于青沪长途汽车公司售票房外，造成了人员受伤，而青浦

---

① 《受伤军士暨民众经本会医治者》，《中国红十字会青浦分会第四次征信录》，1946年，上海市青浦区档案馆藏，档案号：W-93-191，第13—14页。
② 江苏省红十字会编：《江苏红十字运动的八十八年》，东南大学出版社，1999年，第23页。

第六章　淞沪烽火再救护：义不容辞为人道 》》》

红十字会第一时间派出工作人员协助救护受伤民众。①10月底至11月初，日军在青浦县内赵屯桥、朱家角、重固等镇进行轰炸。11月7日，青浦县城再次遭到日军空袭，青浦红十字会办公地遭到敌机轰炸。在此危急情势下，青浦红十字会工作人员仍当场救出4名伤兵及3名平民，并将收容于办公地的难民在当日全部转移疏散。8日中午，青浦红十字会工作人员奉青浦驻军命令离开县城，徐熙春等红十字会干部转移至朱家角会员张富田家中暂驻。当日，青浦红十字会派出三支救援队在县城内多处进行救援，救护队长孙子扬在城内码头街开展救护工作时，不幸遭遇敌机轰炸当场殉难，时年40岁。②

▲青浦红十字会救护队长孙子扬

根据《日内瓦公约》相关规定，"白底红十字"标志是确认红十字会救护人员中立性的重要凭据，在战争中拥有中立地位，理应受到保护与照顾，且参战任何一方均不得对持有该标志的建筑、人员等进行攻击。但在"八一三"淞沪抗战中，日军对这些规定置若罔闻，不仅滥杀无辜平民，也没有放过佩戴"白底红十字"标志的红十字会救护人员。当时，这一标

---

①《敌机三架昨飞城轰炸投三弹》，《青浦民众》1937年10月14日第2版，转引自中共青浦区委党史研究室编《上海市青浦区抗战时期人口伤亡和财产损失》，中共党史出版社，2010年，第136—137页。

②《中国红十字会青浦分会大事记》，载《中国红十字会青浦分会第四次征信录》，1946年，上海市青浦区档案馆藏，档案号：W-93-191，第8页。

志非但没有成为"护身符",反而因在战场上容易辨认更易招致日军的毒手。抗战胜利后,国民政府编录《中国红十字会抗战期间遭受日军危害行为调查表》,对日军无视国际公约且在抗战期间残害中国红十字总会救护队工作人员的事例进行一一记录。不过,救护队长孙子扬因属地方分会工作人员,其殉难经过并未编入这张调查表中,但仅观此表中的点滴文字便足以感受到日军惨杀行为之暴戾,以及红十字会工作人员殉难之壮烈。其中,尤以在罗店战斗中遭到日军残害的中国红十字会上海市救护委员会第一救护队四名队员苏克己、谢惠贤、陈秀芳、刘中武的殉难经过最为悲壮惨烈,为"该队工作历史最惨痛之一页"。

1937年8月,位于上海西北的罗店镇在两军不断的争夺、拼杀及日军不断的轰炸和纵火之下,大部分建筑沦为瓦砾场,大量无辜平民因此蒙难,后世遂形容当时的罗店为"血肉磨坊"。当时,驻扎于此地的中国红十字会上海市救护委员会第一救护队房屋也未能幸免,房倒屋塌。随后,第一救护队队员随中国军队西撤。8月23日,他们获悉中国空军战斗员苑金函在空战中不幸机坠人伤并迫降于罗店近郊的消息,于是决定趁日军还未赶到之际由该队副队长苏克己医师带领刘中武、谢惠贤、陈秀芳等队员前往救护。在找到伤员后,他们立即开展手术,但此时发现一群日军正向他们走来,遂迅速将伤员藏至一农户的猪圈内,然后再计划转移。不料,在他们刚走出大门时,便被日军包围,苏克己与队员数人被俘,且被强行攫去红十字臂章。令人发指的是,在苏克己用日语言明自己和身边的助手是中国红十字会救护人员的情况下,日军仍对此无动于衷,并公然侮辱女护士。为保护身边队员,苏克己奋力用手中药箱与敌搏斗,终遭日军残忍杀害并分尸,同时护士谢惠贤、刘中武、陈秀芳也在之后遭遇毒手,谢、刘二人当场殉难，陈秀芳在送医后不治。可敬的是，其余队员在逃脱之后并没有因为同伴殉难而气馁，反而更激励自己努力工作。此事发生后，中国政府对日军残酷杀害苏克己等四名红十字会工作人员的暴行予以强烈谴责，在中央广播电台用英语广播将此事向全世界宣告；时任中国红十字会总会会长兼驻美大使王正廷也致函红十字国际联合会，严厉谴责日军违反《日内瓦公约》残酷杀害红十字会工作人员的行为。[①]在炮火纷飞、枪林弹雨下，孙子扬、苏克己等红十字会工作人员用自己的汗水、鲜血乃至生命的代价，高高举起了人道主义大旗，让人性的光辉没有因战火而蒙尘，他们是当之无愧的英雄！

"八一三"抗战善后与暂停会务

自1937年10月，日军敌机在青浦进行一轮密集轰炸后，始终盘旋于青浦县城上空，以致城内居民惶惶不可终日，纷纷选择逃出县城。至11月上旬，青浦县内各政府机关已随军队撤离县城，城内局势遂陷入一片混乱。同时，日军的高频度空袭也严重影响了青浦红十字会的正常办公及工作人员的人身安全。当时，在青浦红十字会担任干事的张九方先生如此回忆：

> 七日那天（11月7日）凌晨倾盆大雨，红会尚在原址办公，会内堆满救护用品和尚未送出的慰劳品，前面学谭湖边停着棚船，以作应

[①] 马强、池子华主编：《红十字在上海（1904—1949）》，东方出版中心，2014年，第271—272页。

急之用。楼上工作人员值夜留宿，是日住有常委及干事各一人，认为如此大雨，附近又无军事目标，敌机不会来炸。岂知两人尚未起床，轰隆一声房屋炸去大半，卧室也炸坍一角。幸亏床靠厚墙，未曾殃及。学谭湖畔炸死船夫一名，会内存放之物均被炸毁殆尽。下一天雨止天晴，城内尚有不少居民未走。到九时左右，敌机分批成群而至，先后不下百余架次，如疯如魔，码头街、三角街、混堂浜等热闹之处，顿成一片火海。①

11月9日，日军在金山卫登陆后进占青浦县城，青浦沦陷。同日，青浦红十字会办公地迁往昆山县金家庄村。②9—21日，有鉴于青浦县城内局势混乱，青浦红十字会并未开展救护及善后等工作。一直到11月22日，青浦红十字会派出工作人员赴朱家角打听消息，探得当日日军已撤离县城，故在24日青浦红十字会工作人员返回县城工作。在返回青浦县城途经朱家角及县城城门外时，青浦红十字会工作人员已关注到县城周边人畜尸体大量暴露的问题，指出在中国军队撤离后因县城"东南门外与敌机接触，且敌机不断轰炸"，故导致大量军民及牲畜死亡且尸体无法及时处理，这不仅让人看来十分凄惨，而且"对于人民卫生有碍"。因此，青浦红十字会当即组织掩埋队加以处理。③

---

① 张九方：《怀念青浦红十字会会长徐熙春先生》，载徐家益、徐建新主编《青浦徐氏族谱考正集暨纪念徐熙春130年华诞》，上海，2014年，第106页。
②《中国红十字会青浦分会大事记》，载《中国红十字会青浦分会第四次征信录》，1946年，上海市青浦区档案馆藏，档案号：W-93-191，第8页。
③《掩埋纪实》，载《中国红十字会青浦分会第四次征信录》，1946年，上海市青浦区档案馆藏，档案号：W-93-191，第15页。

第六章　淞沪烽火再救护：义不容辞为人道　〉〉〉

从11月27日始至12月30日止的一个多月时间里，青浦红十字会共计掩埋866具军民尸骸、106具畜类尸骸。在掩埋工作中，徐熙春通过借垫款项的方式雇用工人进行尸骸掩埋工作。除此之外，为筹措更多经费以垫上埋尸工作带来的巨大亏损，徐熙春还曾在上海《华美晨刊》刊载募捐广告，呼吁旅沪青浦同乡资助相关工作。[①]

除尸体无人收殓之外，青浦县城的治安状况也非常堪忧。由于中国军队已撤离，以及城内居民因躲避战祸而四处逃散，且政府机关撤退后地方权力结构出现短暂真空，故出现街道无人巡逻、歹人趁火打劫的状况。为此，自11月27日起，青浦红十字会在朱家角镇雇用了数位木匠，连日为没有给家门口上锁的城内居民钉好门窗，同时对城门进行修缮加固，防止盗贼与残兵劫掠。

由于局势的进一步变化，青浦红十字会经干部与会员决议，自11月27日起暂停一切会务活动，并将9月收到的由总会拨给药品的剩余部分交给县内的李哲声医生，以防这些物资过期或遗失，而仍在红十字会收容所中的难民则转由青浦县救济院办理照顾。[②]至此，青浦红十字会在"八一三"淞沪抗战中的救护行动宣告结束。不过，徐熙春等青浦红十字会干部在当时不会料到，青浦红十字会再度正常开展各项会务活动竟要等到抗战结束后的1946年！

当然，在全国范围内，作出类似决定的地方红十字分会并不在少数。据学者池子华统计，仅1936—1937年两年时间，中国红十字会地方分会的

[①]《青浦红十字分会募款掩埋难尸》，《中国红十字会月刊》1938年第32期，第47页。
[②]《中国红十字会青浦分会大事记》，载《中国红十字会青浦分会第四次征信录》，1946年，上海市青浦区档案馆藏，档案号：W-93-191，第9页。

登记在册数由469处降至254处，江苏省内分会数量的跌幅最为显著，由原先的79处降至29处。[①]这也意味着抗战初起之时，中国地方的红十字网络便遭到了严重破坏。地方红十字分会之所以在这一时期出现数量的断崖式下降，主要原因可归于经费不足、人员招募困难，以及受政治局势变化影响。这种局面客观上令中国各地的人道救助工作更为艰难困顿，并成为中国红十字运动的一段痛史。

---

① 池子华:《红十字与近代中国》，安徽人民出版社，2004年，第384页。

第七章 抗战期间"不响"处世：
爱国爱家爱同胞

抗战时期，徐熙春作为美新公司的股东和经营者，以及青浦红十字会会长，他先后经历了家庭遭难、红十字会停摆、生意遇冷等一系列变故，但他并没有怨天尤人，而是选择和妻子董月娥默默承受一切。在家人面前，徐熙春常常默不作声，一如既往地用自己的点滴关爱呵护着家族中的每一位成员。这或许就是上海人的"不响"处世之道，也是上海人最为推崇的。这种"不响"处世，就是自己一人接受命运的倾轧，沉默应对人世间的种种苦难，并想办法熬过一道道难关。

在租界尽力援助受难同胞

1937年9月1日，在疏散完青浦难民的工作后，徐熙春回到上海法租界永安街的"瑞大永"杂货号短暂居住一周，并积极筹募青浦红十字会的活动经费。[1]这家由徐氏亲友共同出资开设的小店，由于地处法租界，在

---

[1]《中国红十字会青浦分会大事记》，载《中国红十字会青浦分会第四次征信录》，1946年，上海市青浦区档案馆藏，档案号：W-93-191，第7页。

当时相较于秩序混乱的华界而言已是相对安全的所在。

"八一三"战火初起之时,大批居住在南市、闸北等华界的中国居民为躲避炮火涌入苏州河以南的公共租界及法租界地区,短时间内两租界人口便由原来的100万人猛增至170万人,呈人满为患、不堪重负之势。为此,租界当局既在长时段内以关闭铁门等方式阻止大量中国民众进入,缓解管理压力;又在特定时间里出于人道主义的考量,允许部分中国居民进入租界避难。①由此,毫不夸张地说,民国路等边界道路已成为"地狱"与"天堂"的分野。当时,徐熙春的长孙徐家善跟随父亲徐传贤一同搬入"瑞大永",时年8岁的他对于当时法、华两界的情势已有清晰的记忆:

> 民国路是华界与法租界的分界路,在通向民国路的各路口,包括永安街,都设有坚固的大铁门,自战争爆发后便铁门紧锁,且有安南巡捕持枪握棍,严加把守。而民国路北侧,属法租界的沿街铺面,则全部被封门关闭,不准出入,居民只能由后门通过弄堂进出,所以民国路实际已成死路。②

面对日军肆无忌惮的空袭、抢劫、纵火等暴行,日晖港、枫林桥、斜土路等华界地区的数万名中国居民如潮水一般涌向法租界,然而他们面对

---

① 马军:《铁门内外:对上海两租界一项公共防卫措施的研究(1925—1946)》,上海人民出版社,2020年,第85页。
② 徐家善:《时时、处处想着受难同胞》,载徐家益、徐建新主编《青浦徐氏族谱考正集暨纪念徐熙春130年华诞》,上海,2014年,第158页。

第七章 抗战期间"不响"处世：爱国爱家爱同胞

的却是一道冰冷而无情的铁门，将他们生生地拦阻在希望之外。①《申报》曾刊录一篇署名作者槐青、名为《人间活地狱》的文章，以带着极度悲悯与血泪控诉的文字，翔实地描述了民国路铁门之外数万名难民所遭受的种种苦难：

> 几十万数的难民拥塞在民国路上，对着隔离租界的每一个铁门口，发出微弱的、悲惨的、凄绝人寰的哀息！这已不是马路，这是人万物之灵，肉血之躯所填塞着的"肉道"！
>
> 他们凝视着租界：高楼大厦，汽车飞驰，依旧是安全的生活着。他们幻想着租界：电影、戏院、酒楼舞场，依旧是灯红酒绿、纸醉金迷，不愧荣华的都市！
>
> 一线之隔，一边是天堂，一边是地狱。地狱里的人们，饥寒交迫，嗷嗷待哺，天天幻想着天堂。而天堂里的人们，却始终没有想象到挣扎在饥饿线上的人群！
>
> 失陷了的大上海，依旧，特别地，显着这样极端的不公平！
>
> 死神作最后的抗战，天天渴望着理性的人类去救济！
>
> 他们失去了人类的本性！他们在怀疑着"人"——所谓理性的人类，竟这样残酷的么？
>
> 地狱里的人们，已没有了阶级，没有了贫富，一切都是平等的了！
>
> 铁门，他们凭着最后的气息，无时无刻地不在凝视着铁门，而铁

---

① 马军：《铁门内外：对上海两租界一项公共防卫措施的研究（1925—1946）》，上海人民出版社，2020年，第85页。

门老是严厉地阻隔着两个极端不公平的世界!

铁门突然的开了,饥饿的人们,不,已经失去了人类意识的疯狂了的饥饿之群,如黄河决口向着租界里潮涌而来,他们忘记了已有三天没有饮食,凭他们疲惫不堪了的躯壳,冲!冲!向着租界里冲!残忍的木棍,在"人"的手中使劲地挥动,在另一种人类的头脑上沉重的打着打着,不绝地打着!脑壳碎了,鲜血在流!前面的人跌下地去了,后面的,那里顾到,尽是在他的身上踏过去,踏过去,冲!冲!向着租界里冲!

铁门又突然的关闭了!侥幸的冲进了租界,不幸的仍跌入地狱!而冲进了租界的,仍旧没有找到他的天堂,天堂并不是他的,依旧挣扎在饥饿线上!

地狱里已没有水没有米,有带了米的,侥幸的弄到一滴水,用马桶劈作燃料,煮熟了饭,不容你独享。铁门口的小贩,一个小小的饼,要费一百钱,立刻就抢光。

热心的人从附近的房顶上,把水一桶桶的吊下去,在几千万饥饿之群的纷争抢夺中,结果是泼满地上,依旧救济不了与死神交战着的人群!

大饼在屋脊上抛掷,抢

▲1937年全面抗战后租界铁门外的难民

第七章 抗战期间"不响"处世：爱国爱家爱同胞

呀！抢呀！抢到的便可勉强填塞食肠的一角，都维持一些性命。

有位西装少年同着一位摩登太太！看样子的确是一对摩登少年夫妻，可是他们现在也变了饥饿线上的待哺者了，很聪明地把他的呢帽用来作网，网那屋顶上抛下来的大饼，可是大饼一落入呢帽，立刻被数千百只手抢夺了去，连呢帽被抢去了。

可怜一位六十多岁的老太婆，她已没有了少年的英勇，她不能抢，她怅望着，发出微弱哀号，要求屋顶上的施救者掷几个给她。她双手捧着衣兜，等着，等着，果然不久就有四五个大饼落入她的衣兜里，她来不及去表示她的喜悦，早被一帮虎、狼似的饥饿者你劫我夺，抢个精光，她被挤倒地上，任人的抢夺践踏，她仅仅剩余最后的一丝微弱的呼吸！

惨绝人寰的人间活地狱！

失陷了的大上海，显着这样极端的不公平！[①]

此时，徐熙春尽管已经身处相对安全的法租界内，但他并没有漠视同胞的苦难。由于徐熙春所暂居的"瑞大永"正处于华界、法租界交界处，他每天都能目睹成千上万的难民被拦阻于铁门之外且衣食无着、悲苦不堪，于是他自费购买了几筐馒头与大饼，通过铁门栏杆向无法进入铁门之内的难民分发，同时也准备了一些茶水以解他们的燃眉之急。[②] 与此同时，法租界内也有为数甚众的普通市民拿出家中的茶水与食物，交与租界巡捕

[①] 槐青：《人间活地狱》，《申报》1937年11月14日第4版。

[②] 徐家善：《时时、处处想着受难同胞》，载徐家益、徐建新主编《青浦徐氏族谱考正集暨纪念徐熙春130年华诞》，上海，2014年，第158页。

▲饶家驹神父

和童子军并由他们向门外的难民分发；世界红卍字会救护队等慈善机构也大量购买大饼、油条等食物，以抛甩或从沿路建筑物阳台吊下递送的形式为他们充饥。① 由此可见，即便形势晦暗如此，徐熙春等人的点滴义举依然展现出耀眼的人道主义之光。

在一系列的赈济行动中，法国耶稣会神父饶家驹（Robert Charles Emile Jacquinot de Besange，1878—1946）设立南市安全区，庇护30余万名难民的事迹最为后人所熟知。徐熙春的侄孙徐家益时年10岁，正在法租界内的类思小学②就读，曾目睹饶家驹神父拯民于倒悬的义举。在对徐家益先生的访谈中，他如是描述了饶家驹神父的风采：

> 外貌上，他的一只手总归是坏掉的，总是夹着一个小小的热水瓶。人看上去很高大。③

（饶神父）总而言之是像法国人那样，正正道道的，绝对正派！

---

① 马军：《铁门内外：对上海两租界一项公共防卫措施的研究（1925—1946）》，上海人民出版社，2020年，第91页。
② 类思小学，是1865年由法租界内洋泾浜天主堂所举办的教会中小学，在1949年后改为四川南路小学。参见杨尧深主编：《老话上海法租界》，上海人民出版社，1994年，第90页。
③ 来源于陆轶隽、王泽军对徐家益的采访，2022年11月10日。

第七章 抗战期间"不响"处世：爱国爱家爱同胞

他们是真心做慈善的。[①]

饶家驹，1878年生于法国桑特，1894年入耶稣会，并于1913年被派至中国上海传教。在沪传教期间，饶家驹神父努力学习中国文化，不久便熟练掌握了中文，甚至在之后可以说一口上海方言。入华首年，饶家驹神父便担任徐汇公学（今上海徐汇中学）监学，传授法语与化学。但不幸的是，此后不久，饶家驹神父在化学课上协助学生制作烟火时不慎引发爆炸，导致右臂被截肢，故此后常被称为"独臂神父"。这就无怪乎徐家益先生回忆中的饶家驹神父总是以抱着热水瓶的方式掩着右半躯体。

在上海传教的二十多年中，饶家驹神父积极投身公益慈善事业，曾担任上海华洋义赈会会长等职，并多次为中国各地的自然灾害捐款捐物。"一·二八"事变中，饶家驹神父组织大量妇孺从闸北战区撤离，这次经历为日后南市难民区收容难民提供了宝贵经验，也促使他产生了建立中立难民区以保护平民的构想。

"八一三"事变后不久，饶家驹神父便参与发起中国红十字会上海国际委员会，他本人兼任救济组副主任。10月2日，中国红十字会上海国际委员会正式成立，饶家驹神父随即联合上海慈善界热心人士，开展募捐与难民救助行动。11月2日，饶家驹神父向时任上海市长俞鸿钧建议，在南市划定一区域专门收纳难民，并保证该区域不会受到任何形式的攻击。[②]

[①] 来源于陆轶隽对徐家益的采访，2021年1月18日。
[②] 《南市难民区实现昨日开始收容 四周屋顶悬红十字旗 市警察武装维持治安 委员会发表声明》，《申报》1937年11月10日第5版。

>>> 遇见徐熙春：在江南与上海之间

经与日本政府和军队斡旋后，11月9日中午12时起，南市难民区正式开始运作，成立首日便容纳2万余名难民，此后数量不断增加，最多时难民区内共计辟出130个收容所，难民数超过10万人。为维持难民区日常运作，饶家驹神父展现出了高超的沟通技巧：不但从中国政府募得70万元赈灾款与财政部长孔祥熙专辟的4万元款项，还从日本方面获得2万元支持。另外，饶家驹神父于1938年亲赴美国、加拿大两国争取支持，共计在两国募得170万元款项。在日常管理上，饶家驹神父及其团队也精心开展粮食配给、医疗救护等工作，保障区内难民的生活无虞，直至1940年6月30日因法国天主教会调饶家驹神父回国复命致难民区工作无人主理而终止运作。在963天的时间中，南市难民区累计收容难民达30余万人次，同时其运作经验也在同期被复制到南京、汉口等中国其他城市。1949年，63国代表制定《关于战时保护平民之日内瓦公约》（日内瓦第四公约），对于在战争中保护地方平民与其人道待遇，保障其基本权利做了基本规定。该公约充分肯定饶家驹神父在上海南市的工作经验，在第一附件议定书第四部"平民居民"、第五章"受特殊保护的地方和地带"等处专门提及饶家驹神父的案例。[①]

正是如饶家驹神父、徐熙春等红十字工作人员，他们在枪林弹雨下冒着危险、怀着大爱，为广大难民提供了力所能及的帮助。他们时时、处处想着受难的中国同胞，无微不至地安排收容、赈济等各项工作，无论是通过奔走各方、竭尽所能保护数十万计的难民，抑或是以举手之劳帮助铁门

[①] 苏智良：《"难民之父"饶家驹与他的上海安全区》，载《饶家驹与战时平民保护》，广西师范大学出版社，2015年，第1—23页。有关饶家驹神父的事迹，参见[美]阮玛霞：《饶家驹安全区》，白华山译，江苏人民出版社，2011年。

第七章 抗战期间"不响"处世：爱国爱家爱同胞 〉〉〉

之外的无助之人远离饥饿和寒冷，善行不分大小，都彰显着人道主义的灿烂光芒。因此，他们理当为后世所铭记。

默默面对家族人财两失

正当徐熙春为青浦、南市两地的受难民众奔走，忙于各项救济事务之时，他和夫人董月娥的家族也正遭遇一连串前所未有的磨难。

先是其子徐传贤、徐渭江兄弟以平日积蓄购得的闸北"复兴村"住宅，在"八一三"事变爆发后不久便被炸毁。对于兄弟俩而言，经数年努力工作、省吃俭用而买下的房子，顷刻间却化为乌有，这无疑是一次极为沉重的打击。万幸的是，徐熙春向两个居住无着的孩子张开了双臂，接纳他们的小家庭一同到法租界内的"瑞大永"暂居，总算躲过了更密集的战火。

徐熙春的夫人董月娥则随其一道共同投入紧张的赈济活动之中，她甚至连照料自己瘫痪多年的母亲与年迈的父亲也顾不上了。即便如此，他们面临的厄运依然没有随之中止。1937年11月8日，日军对青浦县城展开疯狂的密集轰炸，城内硝烟弥漫、人心惶惶，而中国军队则在此之前已撤离县城。在此危急情势之下，徐熙春夫妇二人在红十字会同仁的协助下，于慌乱之中登上一艘小船向西前往朱家角躲避，再之后董月娥前往昆山金家庄徐氏亲友的老宅处避难。

徐熙春夫妇二人虽然成功逃离了县城，但董月娥始终牵挂着居住在县城北门外大街的父母，唯碍于情势实在无法回到县城亲自照料。待到局势稳定后，徐熙春夫妇二人于11月23日回到了青浦县城的岳父母家中，但推

<<< 遇见徐熙春：在江南与上海之间

开家门的一刻，便惊讶地看到两位老人已死去多时：岳父倒卧横于床前，岳母则僵死于床笫，皮枯而不腐。从邻居处得知，两位老人是在战乱之中因无法及时逃离而被活活饿死的。此外，董月娥的一个亲弟弟也被日军以拉夫的名义掳走，生死未卜。[①]

父母的惨死与弟弟的不测，成为董月娥心中无以复加的终生之痛。在很长一段时间内，董月娥常常以泪洗面，深深懊悔于自己在撤离青浦县城时没能顺带接上父母与弟弟。然而，在董月娥的身上，一样能看到如丈夫般的坚强与果敢。之后，董月娥擦干眼泪，在丈夫徐熙春和青浦红十字会同仁的协助下，将二位老人的遗体裹上衣被转移到附近高爽耕地处暂时深埋，并竖立标记以便事后迁葬。同时，董月娥将父母家中一些重要的物品转移至董家在朱家角镇经营的炼油作坊仓库，以及金家庄等处。事毕，徐熙春与青浦红十字会工作人员旋即至青浦县内多地掩埋人畜尸体，而董月娥则做好"后勤部长"的角色以配合红十字会的相关工作。此时，子女们也看到了母亲董月娥超乎常人的坚毅，她将巨大的痛楚深深埋藏于内心之中，无怨无悔地支持父亲徐熙春开展各项战争善后工作。对此，徐熙春的幺女徐传珍回忆道："我们从未听到她说过一句对父亲或他人的怨言。"[②]

不过，徐熙春夫妇二人面临的苦难并未休止。1937年底，青浦县爆发了一场霍乱疫情。当时，日军对患者的处置极为野蛮，一旦获知有人罹患，该患者便会马上被日军拉至指定隔离点。若其医治无效而亡，尸体则会被运走焚化；更有甚者，有一些患者并没有完全断气，便被拉走火化。当时，

[①] 徐毓英口述，徐家益整理：《徐毓英回忆父亲徐熙春》，2016年3月30日。
[②] 徐传珍：《回忆我的父亲与母亲》，载徐家益、徐建新主编《青浦徐氏族谱考正集暨纪念徐熙春130年华诞》，上海，2014年，第152—153页。

第七章 抗战期间"不响"处世：爱国爱家爱同胞 〉〉〉

董月娥返回青浦县城后不久，便不幸感染了霍乱。随后，董月娥的二弟立刻前往上海，通知此时身在法租界的徐熙春返回青浦照顾。但由于复杂的政治社会局势以及繁重的赈济任务，徐熙春无暇抽身，只得拜托大女儿徐珠英先行回乡照料母亲。

然而，董月娥病势发展之快，超乎家人的想象：她的喉咙已完全发不出声音，因反复腹泻导致身体严重脱水，以致眼睛深陷、手指全扁，全身已瘦得近皮包骨头，生命危在旦夕。在如此危急的情况下，徐熙春虽然一时惊于妻子病情之重，但冷静下来后意识到要治好妻子的病，必须依靠西医的点滴注射，仅仅靠青浦县城内有限的医疗资源根本不足以应对，而且若留在青浦县内依然会有被日军抓获的危险。因此，徐熙春向住在上海市内的若干亲友求助并延请医生，然后由友人驾驶小汽车载着虚弱的董月娥到上海住处打针吃药。同时，为应对不测，徐熙春又拜托亲友为妻子赶制寿衣，以防有备无患。后经精心治疗，董月娥终于转危为安，恢复健康。[①]此次徐熙春能从鬼门关前拉回妻子，有赖于他的机智果断与心思缜密，鹣鲽情深也由此可见一斑！

回到上海后，徐熙春夫妇二人慑于无休无止的炮火以及凶险的霍乱，颇有惊魂未定之感。但是，不幸的阴霾依然没能散去。这一回，他们则是面临了窃盗之祸：为躲避战火，1937年底至1938年初，徐熙春的三个女儿也借宿到法租界"瑞大永"号内。一日，商号旁的人家失火，由于火势汹涌，为防蔓延至自家，三个女儿连同店内伙计将商号内的箱子财物都搬了

---

① 徐珠英：《怀念父亲——徐公熙春》，载徐家益、徐建新主编《青浦徐氏族谱考正集暨纪念徐熙春130年华诞》，上海，2014年，第137—138页。

出来，暂放在认为安全的对面弄堂内。但是，由于三个女儿当时年纪尚小，尤其最小的女儿徐传珍时年仅10岁，根本无法准确辨识自家的箱子，因此被一"梁上君子"寻机窃走了其中一只内含贵重物品的箱子。这只箱子中有徐熙春以高价购得的一件皮袍及董月娥的首饰盒，盒内的首饰则是夫妇俩结婚后一点一滴积攒、珍藏的，而其中的每一件首饰都是由徐熙春亲自为董月娥购买的。可想而知，对徐熙春夫妇及他们的三个女儿而言，丢失了如此珍贵的财物是多么沉重的一次打击啊！

因此，三个女儿陷入深深的懊悔之中，她们实在难以向父母启齿。不过，当徐熙春夫妇二人得知这一不幸消息后，却并没有过于责怪女儿们的疏失。相反，他们不断地安慰孩子们："只要人平安就好，钱财只是身外之物，不必太过在意。"此时，董月娥身上仅有手指上的一枚戒指和耳朵上的一副耳环，其余首饰都被窃走，近乎一无所有。为此，董月娥不免感到阵阵惋惜。不过，徐熙春则对此一声不响，因为他明白：在战乱之中，只要自己的亲人平安无虞便是最大的幸运，钱财的损失仅仅是人生之中的一段小插曲而已，而作为一家之主如果对此不能释怀的话，又怎能扛起这个大家庭面对家门外的暴风骤雨呢？对此，幺女徐传珍曾如此描述着父母当时的心境："父亲曾这样说：'国难当头，百姓遭灾，个人家庭损失又算什么？'我母亲则忍受着痛失亲人和家产遭劫的重大打击，自己仍默默地付出全部心血，一心支持父亲的事业。"[①]

在战火之下，徐熙春夫妇二人面临接二连三的家庭磨难，但依然心系

[①] 徐传珍：《回忆我的父亲与母亲》，载徐家益、徐建新主编《青浦徐氏族谱考正集暨纪念徐熙春130年华诞》，上海，2014年，第152—153页。

广大更困苦的民众，选择放下个人遭遇的不幸，这是多么了不起的"先人后己"精神和多么深沉的家国情怀！徐熙春夫妇的"不响"，虽然内含对坎坷境遇的无奈，但更多的则是坚毅的意志与深沉的悲悯情怀，怎不令人肃然起敬！

拒绝参加日伪"维持会"

由于组织县内慈善公益活动经年，且在此过程中注重信用，因而徐熙春在乡里获得了良好的社会声誉，深受邑民尊敬。正因如此，一双阴鸷的双眼也盯上了徐熙春。

青浦沦陷后，日方在1938年1月1日成立了倚靠上海日军特务机关的"青浦维持会"。[1] "维持会"实质是日军和地方头面人物共同形成的基层伪政权，不同于同期法国由中央向地方的"合作"（collaboration）模式，中国长江三角洲地区的"合作"则并非从上层开始，而更多依靠地方头面人物发起。[2] 建立"维持会"为日方"宣抚"机构在占领地区重建地方政府的首步，旨在恢复受战争破坏的地方秩序，同时进行监控百姓等事务。[3] 因此，从"合作者"的条件来看，掌握地方政、商等多种资源的青浦县内地方士绅、商人，就成为日方加以拉拢的重点对象。

---

[1] 尹宗云：《抗战时期青浦地区汉奸的相关问题》，载上海市青浦区政协学习和文史委员会、上海市青浦区档案馆编《青浦老报纸》，中西书局，2014年，第163页。

[2] ［加拿大］卜正民：《秩序的沦陷：抗战初期的江南五城》，潘敏译，商务印书馆，2016年，第8页。

[3] 同上书，第66页。

⋘ 遇见徐熙春：在江南与上海之间

　　1938年3月，在地方抗日武装的持续打击下，"青浦维持会"受到重创，会内人员逃离一空。原"会长"李仲文在内讧中被枪杀，其他"委员"如夏某、方某等潜逃至上海暂避风头。①因此，"青浦维持会"出现了权力真空的状况，于是日方开始笼络一些本地绅商加入，而徐熙春成为其想要笼络的重点对象。为了强迫徐熙春"入伙"，日方甚至在本地颇有影响力的报纸《青浦民众报》上刊登消息，造谣徐熙春已参加"维持会"。徐熙春在报纸上看到消息后顿时怒不可遏，他顶住日方施加的压力，对此绝不妥协，并在不久后登报严正声明——与"维持会"绝无关系，且绝不参加。随后，徐熙春前往上海山东路住处，以避免日方的再次骚扰与迫害。②直至抗战胜利，徐熙春也不曾再返回青浦③，他用自己的出走无声地抗议日军的倒行逆施。

　　当时，曾任青浦县商会会长，同时也是青浦红十字会正会员的张桂联，由于其县内富商的身份也被日方积极笼络。张桂联原本参加了抗日后援工作，但日方为了更好地拉拢表示"不念旧恶"，邀请张桂联代替被杀的李仲文出任"维持会长"。然而，张桂联对此感到"进退两难"，亲友也极力反对其接手，自有"无法脱身"之感。张桂联的抵触情绪主要来自两点：其一，"维持会"在地方上声名狼藉，这是由于李仲文担任会长时舞弊甚剧，因此在地方上加紧了对民众的盘剥——"维持会"人员对往来旅客进行肆意搜身，更有甚者直接侵入民宅，以搜查之名实行抢劫之实（对

---

　　①《敌改组地方维持会》，《申报》（香港）1938年4月24日第2版。
　　②徐毓英：《弘扬先人爱国奉献精神》，载徐家益、徐建新主编《青浦徐氏族谱考正集暨纪念徐熙春130年华诞》，2014年，第142—143页。
　　③徐毓英口述，徐家益整理：《徐毓英回忆父亲徐熙春》，2016年3月30日。

于军纪松弛的部队，他们也无法约束士兵行为）。其二，"维持会"虽然表面上由地方头面人物出面组建，但日方派遣的"宣抚"人员才是真正的运作核心，华人根本无法染指。因此，张桂联即便出任"会长"，也只能有名无实。[①]因此，张桂联也没有同意接任"会长"，与徐熙春一样也离开青浦前往上海暂避。[②]

此后，"维持会"先后改组为县"知事公署"、伪青浦县政府[③]，在青浦县内的统治始终不得人心，加上顾复生等人领导的地方抗日游击队持续进行打击，令其在抗战结束前便已露出败象：1942年，伪青浦县长姚明仁与日方情报人员程享昌发生火并，二人相继丧命。至于对更多数汉奸的惩处，则要等到抗战胜利后。

殷殷关切子女与爱护家人

1938年，徐熙春回到美新公司旁的上海山东路住处，一住便是七年有余。在漫长的烽火岁月中，徐熙春一手经办的青浦红十字会暂停了会务，他和亲友经营的多数产业不是毁于炮火，便是因生意清淡而歇业。徐熙春最早创办的信孚泰皮丝行，便是在此时被迫停业的。抗战胜利后，徐熙春

[①]《敌改组地方维持会》，《申报》（香港）1938年4月24日第2版。
[②] 上海市青浦区档案馆编：《青浦敌后抗战史料汇编》，上海文化出版社，2019年，第167页。
[③] 尹宗云：《抗战时期青浦地区汉奸的相关问题》，载上海市青浦区政协学习和文史委员会、上海市青浦区档案馆编《青浦老报纸》，中西书局，2014年，第163页。

将信孚泰交由大哥徐桂舲继续打理。[①]抗战期间，徐熙春持续经营的产业仅美新公司一处，因此家庭的经济状况也较之以往紧张了一些。不过，忙碌半生的徐熙春也由此暂时卸下了经商与办公益的重担，反而有了些许清闲的时光。

徐熙春夫妇二人在平日保持着简单、朴素的生活方式，粗茶淡饭，节衣缩食。在日常娱乐方面，徐熙春至多有三种消遣："打五关"、抽水烟和听广播。"打五关"是一种骨牌游戏，而抽水烟则是由于他经营相关生意而养成的习惯。至于听广播，徐熙春主要收听两类节目：一是评弹，是为江南地区最为流行的曲艺之一，即便很多段子已经听熟，仍然百听不厌；二是国内外新闻，他常常关心天下大事，并常与他人分享自己的见解。董月娥则由于文化程度有限，只得在多数时间里操持家务，较少与外界接触。因此，为了让妻子理解广播的内容，徐熙春会逐字逐句地向董月娥解释评弹的内容，听新闻时也会以摘要的形式为妻子讲解，从而让妻子开阔眼界、明白事理，充实精神生活。[②]

在日复一日的平淡生活中，徐熙春依然不忘自己作为一家之长的责任，对子女的教育可谓细心备至。徐熙春教育自己的孩子们要勤俭节约，不浪费钱财，穿着要整洁朴素，饮食则不暴饮暴食。因此，徐熙春常对孩子们说这样的话："少吃多滋味，多吃坏肚皮""一粥一饭当思来之不易"。在徐熙春自己的以身作则与长期的谆谆教诲下，子女们逐渐养成了厉行节

[①]《上海市烟丝商业同业公会会员登记调查表（上海信孚泰）》，载《上海市烟丝商业同业公会档案》，1950年，上海市档案馆藏，档案号：S417-4-6-64。

[②]徐传珍：《回忆我的父亲与母亲》，载徐家益、徐建新主编《青浦徐氏族谱考正集暨纪念徐熙春130年华诞》，上海，2014年，第147页。

约、珍惜粮食等好习惯。①

在对待子女的教育方面，徐熙春不同于传统家庭的"重男轻女"，不仅着力栽培家中两个男孩，对三个女儿的教育也丝毫没有放松。徐熙春要求三个女儿必须掌握一门知识或本领，以获得独立生活的能力，在此基础上要进一步实现经济独立。②因此，徐家三个女儿皆接受了良好的教育，大女儿徐珠英在师范学校毕业后成为一名小学教师，直至退休；二女儿徐毓英考入国立交通大学上海本部③（今上海交通大学）化学系，1949年后曾任复旦大学附属中学教师并兼校党总支书记；幺女徐传珍则考入了有着

▶ 1947年，徐氏三姐妹：徐珠英（右）、徐毓英（中）、徐传珍（左）

---

① 徐传珍：《回忆我的父亲与母亲》，载徐家益、徐建新主编《青浦徐氏族谱考正集暨纪念徐熙春130年华诞》，上海，2014年，第146—147页。

② 徐传珍：《回忆我的父亲与母亲》，载徐家益、徐建新主编《青浦徐氏族谱考正集暨纪念徐熙春130年华诞》，上海，2014年，第146页。

③ 国立交通大学上海本部，前身为南洋公学，1911年更名为南洋大学堂，1921年更名为交通大学上海学校，1928年更名为国立交通大学上海本部，1949年更名为交通大学。1957年，交通大学分设上海部分和西安部分，1959年上海部分定名为上海交通大学。

"东方巴黎大学"之称的震旦大学,后至北京工作。①

尽管家门之外风雨如晦,但在同一屋檐下徐熙春仍不遗余力地为子女们遮风避雨,对他们的生活呵护有加。1938年6月,长子徐传贤受国民政府委派,前往越南海防筹办"中华邮政驻越代办处",办理沿海沦陷区与大后方之间的邮件和邮政供应物资的转运业务,以保障邮路畅通。作为邮政职员,徐传贤领受如此重任,自然在所不辞。不过,这也是徐传贤人生中第一次长时间离别家庭,自然心中有万千不舍。临行前,父亲徐熙春寄语长子放心前去执行任务,会替他照顾好家中大小,而徐传贤也祝愿父母多多保重,就此毅然告别。②

在越南工作期间,徐传贤不辱使命,与其他邮局同仁一道保障着沦陷区与大后方之间的邮路畅通无碍。在遥远的异国他乡,徐传贤最为牵挂的便是妻子和儿女,特别是三个年幼的儿子和尚未谋面的女儿。徐传贤深知,在日本占领上海期间,日军对本地居民的搜刮将无所不用其极,更会引发物价暴涨、秩序混乱,因此为预防万一就利用自己人事关系仍挂靠在上海邮局之便,安排家人到邮局定期领取他的薪水以保障日常生活,而其长子徐家善的学费等大开支则由父亲徐熙春先行垫付。直至1940年前后,徐传贤利用电汇将3000元新法币汇回上海,才得以填补父亲徐熙春的垫支。③之后,徐传贤先于1942年奉中华邮政总局调令回到重庆任职,后在1944

---

① 十年砍柴:《寻找徐传贤:从上海到北京》,现代出版社,2022年,第277—278页。
② 徐家善:《父子情深》,载徐家益、徐建新主编《青浦徐氏族谱考正集暨纪念徐熙春130年华诞》,上海,2014年,第167页。
③ 徐传贤:《给长子元鑫的亲笔信手稿》,载钱益民编《传邮万里 贤达人生》,上海,2020年,第17页。

第七章 抗战期间"不响"处世：爱国爱家爱同胞

年考取公费留学资格，赴美进修邮政运输与国际邮政业务一年。1946年，徐传贤毕业回国返回上海，此时徐熙春父子二人才得以重聚。[①]在徐熙春父子分离的八年间，他悉心地照料长子徐传贤一家的饮食起居，也让长期离家的长子吃下了一颗定心丸。

1944年9月，徐熙春的二女儿徐毓英以优异成绩考上了国立交通大学上海本部化学系。[②]由于学校距离上海的住处较远，中午无法赶得及回家吃饭，考虑到校外饮食可能不洁，徐熙春设法让居住在交通大学附近的一位远房亲戚负责徐毓英和她一位同学的中午膳食，他自己则定期不声不响地背着大米送到这位亲戚家中。每当亲戚向徐毓英提到"你爸又来过了"，她的脑海中便浮现出父亲徐熙春默默扛着几十斤大米的辛苦画面，深深感激于那深沉的舐犊之爱。此时，徐熙春已年近六旬，年纪稍长的几位子女也逐渐各自成家立业，但这丝毫不妨碍老父亲对他们的殷殷关爱，正如其么女徐传珍所说："我父亲对小辈们的爱心隐而不露，一颗严父的爱心总是默默地奉献着，无微不至地关怀着我们，这种无私的爱使我终生难忘。"[③]

除对自己的子女关爱有加外，徐熙春对家族内的其他成员亦多有照顾。抗战爆发后不久，侄女徐文英在青浦的住家遭日军空袭炸毁，正当一家无处安家之际，作为伯父的徐熙春伸出了援手，安排徐文英母女搬入县

---

① 徐家善：《父子情深》，载徐家益、徐建新主编《青浦徐氏族谱考正集暨纪念徐熙春130年华诞》，上海，2014年，第167页。

② 复旦大学附属中学党委：《徐毓英同志生平》，上海，2022年7月20日。

③ 徐传珍：《回忆我的父亲与母亲》，载徐家益、徐建新主编《青浦徐氏族谱考正集暨纪念徐熙春130年华诞》，上海，2014年，第152页。

城内徐家另盖的一栋小平楼内暂居,以解燃眉之急。[1]1942年,徐熙春堂弟任职的学校被伪政府接收,仍想延请其留校工作,但其考虑到家族名节与子女前途毅然辞职,自此之后便失业在家、生活无着。在此关键时刻,徐熙春及时伸出了援手,安排堂弟进入美新公司工作,担任业务联系员一职,由此解决了堂弟一家的生计。[2]

抗战期间,青浦红十字会会务因局势混乱而暂行中断,但丝毫不妨碍徐熙春继续行善,以举手之劳服务乡民。每年夏季来临时,徐熙春总会制作大量痧药水,备以分发给邻居乡民作防暑抗病之用。当然,即便是免费分发,徐熙春也丝毫没有偷工减料之意,他总是以品质上好的白兰地作为基底调制痧药水,乃至有人甚至借此一过酒瘾。[3]当时,青浦县内有一人家因家境贫困,不得已之下将年仅10余岁的女儿卖至上海一户人家,后又被转卖至妓院。徐熙春闻讯后,立即出资将女孩赎出,并送回其青浦的家人处。对于美新公司的员工,徐熙春同样也照顾有加。其时,公司内有一洗衣女工因家境贫寒而无法治疗其女的兔唇,徐熙春得知后便为这位女工找了一名熟识的医生,免费帮她的女儿作修复。徐熙春虽然行善经年,但他从不在意他人的回报,常说"施人仁不念,受人仁不忘",总是选择默默地以绵薄之力帮助有需要的人们。[4]

---

[1] 徐文英:《证明信》,1994年10月30日。
[2] 徐曼华:《侄女徐曼华从美国纽约来信摘要》,载徐家益、徐建新主编《青浦徐氏族谱考正集暨纪念徐熙春130年华诞》,上海,2014年,第133页。
[3] 徐家善:《出门采购白兰地》,载徐家益、徐建新主编《青浦徐氏族谱考正集暨纪念徐熙春130年华诞》,上海,2014年,第159页。
[4] 徐传珍:《回忆我的父亲与母亲》,载徐家益、徐建新主编《青浦徐氏族谱考正集暨纪念徐熙春130年华诞》,上海,2014年,第148页。

第七章 抗战期间"不响"处世：爱国爱家爱同胞

抗战结束后，徐熙春的二女儿徐毓英不由得感慨："在敌寇蹂躏战火纷飞中，虽财物屋宇损毁不殆，但无伤残背离之痕，终觉是不幸中之大幸。"[①]这当然有赖于徐熙春夫妇二人"不响"地以坚实有力的臂膀托举着整个家庭，扛过了生活中一个又一个变故。不过，更为难得的是，面对接二连三的不幸，徐熙春选择放下个人境遇，将更大的关爱投到那些更困苦的人们身上：衣食无着的难民、生活困顿的亲友，还有不少家境贫穷的乡民等，施以恩惠却润物无声，充分展现了一个上海男人的勇气、爱心、智慧与担当。如此，当是值得每一位后来人的尊敬！

[①] 徐毓英口述，徐家益整理：《徐毓英回忆父亲徐熙春》，2016年3月30日。

第八章　带领红十字会走向新生：
建立医院与复员改组

　　1945年，徐熙春60岁。是年农历二月十六日，在沪的儿孙们为徐熙春举办了一场隆重的寿宴。唯独可惜的是，当日天公并不作美，上午风雨交加，到了中午更是下起了鹅毛大雪。但下午之后，大雪戛然而止，雪霁天晴；到了夜晚，更是明月当空，万里无云。于是，儿孙们直呼："真是祥兆！"[①]

　　这一波三折的天气变化，恰如徐熙春和他的家庭在抗战期间的坎坷经历。好在仅仅不到半年，随着"日本投降矣"的声音传遍大江南北，中国人民浴血相争的抗战终于以胜利告终。抗战的胜利带给苦难中的广大人民巨大的希望，他们都满怀信心地憧憬着美好的未来，一切都向着积极的方向发展。在百废待兴、万业待举之际，徐熙春个人也经历了几重喜事：先是美新公司的业务随着抗战胜利又再度繁忙，再是分别已久的长子徐传贤不久之后留美学成返沪，父子得以重逢。不过，在徐熙春心中仍有一件时时挂念之事，便是尽早恢复青浦红十字会的会务，使其浴火重生、再度启

[①] 徐家善：《六秩寿辰》，载徐家益、徐建新主编《青浦徐氏族谱考正集暨纪念徐熙春130年华诞》，上海，2014年，第162页。

航，继续为广大乡民服务。

青浦红十字会复员

在全面抗战期间，中国红十字会各地方分会大量关闭，主要原因是战争对正常开展会务的严重干扰、政治局势的影响以及自身经费运作的不足等。因此，从全国范围观之，尽管在1940年后四川、贵州、云南等大后方地区的部分地方分会有所重建，但中国红十字会各地方分会在1937—1945年间大多陷于发展停滞期。

直到1945年8月抗战胜利后，中国红十字会各地分会才逐渐开始重建。时任中国红十字会会长蒋梦麟（1886—1964）在《复员时期的中国红十字会》一文中如是描述：

> 中国红十字会的发展，不是专门依赖人家的力量来推动的，而是需要自立自强来进步的。因此，我们要在复员期间，打定会的基础，必须使全国各地分会普遍健全，替中国红十字会树立一个基础稳固的金字塔。[1]

因此，在中国红十字总会的工作计划中，各地分会的恢复与重建成为复员时期的重要工作之一。在此号召下，地方分会在数量上有较大的恢复，虽然三年间（1946—1948年）从132所成长至192所[2]，当然毫无疑问也是不

---

[1] 蒋梦麟：《复员时期的中国红十字会》，《和平日报》1946年10月3日第1版。
[2]《中华民国红十字会复员期间最新设施（1946—1948）》，载中国红十字会总会编《中国红十字会历史资料选编（1904—1949）》，南京大学出版社，1993年，第206—215页。

小的成绩，但仍没有恢复至全面抗战前的水平。除此之外，中国红十字会总会于1946年颁布《复员期间中华民国红十字会总会调整及管理分会办法》，规定了分会恢复的相关事宜，如向总会报备抗战时期的会务与情形，以及相应的人事与经费等项目，还有未成立分会的地方在新设分会时需要的人事、组织安排等内容。[1]

青浦红十字会自1937年底因局势所迫中断会务至1946年已达九年之久，红十字会工作人员由于各种原因多有流失，导致拖慢了恢复会务的进程。为此，徐熙春在尽力邀请老骨干、老会员重新参会的同时，也招募了一批新的工作人员以充实办会力量。至1946年9月，青浦红十字会正式宣告复员，成为全国范围内较早恢复的地方分会之一。为此，徐熙春发表了一篇热情洋溢的复员宣言：

> 慨自倭夷肆虐，华夏沦胥。九一八蚕食于前，关外不见天日。七月七鲸吞于后，国中几遍腥膻。蕞尔弹丸青邑，从兹沦陷，危哉硕果，红会于以飘零。因救护而捐躯，孙队长惨遭轰炸，感办理之棘手。诸会员大半流离，虽亡羊补牢，曾于瓦砾场中收尸无数，奈恶狼当道，已是忠奸派别，合污难甘。叹善后之未完，雅不愿轻离故土，为孤芳而自惜，计惟有暂息申江。寇氛终必荡平，来苏待复，会务暂行结束，征信宜先。岂知夜长梦多，停顿至九年之久。
>
> 所幸风平浪静，胜利已一载有余，各机关理事如常返莅，业经多日。本团体当仁不让复员，岂肯后人？年复一年，却恨蹉跎。于既往痛定思痛，如何补救于将来？无党无偏，救济是其天职；再接再厉，

---

[1] 池子华：《红十字与近代中国》，安徽人民出版社，2004年，第440页。

奋斗一禀初衷。盍兴乎来！所望于旧时袍泽相助为理，尚求诸当代璠玙，庶几恤死救生，浩劫虫沙得以稍挽。更愿绳愆纠谬，良箴药石，是所乐闻。谨此宣言，伏惟公鉴。①

从这份宣言来看，徐熙春指出当年暂停会务的原因，主要是战事推进令正常会务无法开展，以及不愿与占领当局合作。为保全红十字会的火种，青浦红十字会不得不忍痛"会务暂行结束"，只是这一"暂行"竟长达九年，远超当时徐熙春等红十字会骨干的预期。如今，在老骨干与新会员的大力支持下，青浦红十字会会务得以恢复，将继续保持"无党无偏"的中立精神，一如既往地为广大乡民服务。同时，在日常运作中，青浦红十字会保持建设公信力的传统，希望获得社会舆论的监督与指正。由此可见，徐熙春对复员之后的青浦红十字会充满了期待。

此后，青浦红十字会积极配合中国红十字会总会，在地方上开展各项工作。首先，招募更多的新会员和筹措更多的运作经费。1946年5月19日，在中国红十字会总会复员后的第一届理事大会上，将征求会员与筹备基金作为复员后各级红十字会的中心工作。在地方上的具体实践，就是在每年10月1日至10月10日举办"红十字周"活动，旨在宣传红十字知识、招募新会员。中国红十字总会按照招募新会员之多寡，对各地分会进行评级并予以奖励，鼓励地方分会广征会员以利会务推展。②青浦红十字会对"红十字周"活动的开展有较高热情，据1948年9月30日《青浦新报》载，举

---

① 徐熙春：《中国红十字会青浦分会复员宣言》，载《中国红十字会青浦分会第四次征信录》，1946年，上海市青浦区档案馆藏，档案号：W-93-191。
② 池子华：《红十字与近代中国》，安徽人民出版社，2004年，第449—451页。

办"红十字周"是"奉总会电令",目的是"宣传会务,征求人员,并筹募三十八年度(1949年)事业经费"。当年,总会及全国各地分会计划筹募年度总额为金圆券10万元,而青浦红十字会作为单一的分会,被分配的筹募指标为200元,此款一半呈交总会,另一半作为自身运作经费的一部分。①通过地方分会的配合,中国红十字会总会和地方分会更好地开展了复员后的会员扩充与经费保障工作。

其次,青浦红十字会还承担中国红十字会总会下达的开展地方防疫工作指示。由于广大农村地区防疫工作较为薄弱,1949年后中国红十字会总会组织农村巡回医疗队,以深入农村基层的形式直接服务农民。1950年9月,中国红十字会总会要求在地方需继续开展巡回医疗服务。②除中国红十字总会直接派遣医疗队下乡外,地方分会也应总会要求自行派出巡回医疗队,深入农村地区进行传染病排查、防治工作。在1951年2月青浦红十字会的改组报告中,徐熙春如是介绍青浦红十字会巡回医疗队的成绩:

> 解放迄今,日本血吸虫病为害甚烈,总会驻青之第六乡村巡回队,于今冬取消后,已遵照总会指示,组建农村医防队,深入农村,集体防治,惟恨实力有限,未能普遍,今后更要努力发展,以赴事功。③

由此可知,中国红十字会总会与地方分会在业务上配合相当默契:总会提

---

① 《红十字会举行红十字周》,《青浦新报》1948年9月30日第3版,上海市青浦区档案馆藏,档案号:JZQB-52。
② 徐国普:《江苏红十字运动研究(1950—1965)》,博士学位论文,苏州大学历史学系,2009年,第133页。
③ 徐熙春:《会务报告》,载《中国红十字会青浦县分会协商改组报告》,1951年,上海市青浦区档案馆藏,档案号:W-93-192。

出工作计划,并派出部分工作人员协同办理;分会则作为配合和补充,与总会共同完成计划。相较于中国传统的民间慈善机构而言,"总会—分会"制有着更好的执行力与工作效率。

复员后的青浦红十字会在轰轰烈烈地开展各项工作的同时,也没有忘记追念在抗战期间英勇殉难的同仁。1937年11月8日,青浦红十字会救护队长孙子扬在救护过程中不幸牺牲,是徐熙春和青浦红十字人永生难以忘却的伤心事。自1924年9月青浦红十字会创会以来,孙子扬就追随徐熙春出任救护队长一职。在十三年来的每一次战事中,正是孙子扬带领青浦红十字会救护队员,怀着巨大的勇气和无上的大爱,高举红十字的旗帜,冒

▲1947年11月,青浦红十字会在县城中山公园为救护队长孙子扬举办殉难十周年追悼会(后排中间最高者为徐熙春,右五)

着枪林弹雨救护伤兵与难民,但其在40岁的最好年华倒在了日军炮火之下,怎能不令人无限唏嘘! 1947年11月,在孙子扬殉难十周年之际,青浦红十字会特意在县城中山公园(今曲水园)为其举办迟来的盛大追悼仪式。当天,在园内凝和堂的大门上方悬挂着挽联横幅——上书"舍身成仁",青浦县各界人士均派代表出席仪式,以慰忠灵。①

组织防治血吸虫病

1940年代,青浦县多个乡镇暴发血吸虫病疫情,县内贫困民众一旦身染此疾,往往由于不能得到及时医治而致残、致死,以致引发了严重的社会问题。面对如此困局,青浦红十字会复员之后的中心工作之一,便是组织县内血吸虫病防治工作。

血吸虫病俗称"肚饱病",病原体为日本血吸虫(Schistosoma japonicum)②,其致病机理是血吸虫(Schistosoma)进入人体后寄生在肝脏前的门静脉中,导致周边肌体的坏死,进而引发肝腹水、肝硬化等严重疾病。患者罹患此病后,轻者发热、腹泻、肝区疼痛,重者导致肝腹水,肚形如皮球,故名"肚饱",进而令患者精神萎靡、四肢软弱,失去劳动能力;年轻男性多不再长高,年轻女性则会绝育,严重者则会丧命。血吸虫

---

① 徐家益、徐建新主编:《青浦徐氏族谱考正集暨纪念徐熙春130年华诞》,上海,2014年,第56页。

② 从生物分类上,血吸虫可分为曼氏血吸虫(Schistosoma mansoni)、日本血吸虫(Schistosoma japonicum)及埃及血吸虫(Schistosoma haematobium),中国华东地区流行的血吸虫病,主要病原体为日本血吸虫。参见吴阶平主编:《中国大百科全书·现代医学II》,中国大百科全书出版社,1993年,第1557页。

病的传播，主要依靠水中宿主——钉螺。血吸虫在患者体内产卵，卵经粪便排入水体后孵化为毛蚴，钻入钉螺后再孵化为尾蚴，当人们在钉螺栖息的水体中洗澡、洗脚、戏水、游泳时，这些尾蚴便会顺着水体进入人体，患者往往在不知不觉中被感染。①

钉螺的滋生与河道流速密切相关，河道流速越高，钉螺越不易滋生。据学者李玉尚的推论，在明万历八年（1580）、清康熙年间前期，原本作为海堤的李家洪与老鹳嘴（皆位于今上海市浦东新区）被冲毁，使黄浦江潮汐加强，致其上游泥沙与激流增加，令河道、湖荡淤塞。青浦正处于黄浦江上游，河道、湖荡的淤塞导致周围水体流速减缓，从而令钉螺大量繁殖。特别是1931年长江大水后，终于导致血吸虫病在青浦等县的大规模暴发。②此外，青浦地区沿河居民不良的卫生习惯，如随意在河道旁洗马桶、随地大小便等，也一定程度上加速了血吸虫病的传播。③

1930—1940年代，青浦县成为全国血吸虫病流行最严重的十个县之一，特别是青浦县沿淀山湖地区，由于其内部河道、湖荡的淤塞较为严重，以致钉螺大量滋生。该地区的金泽、西岑、北任、任屯等村镇情况最为严峻④，青浦县东部、北部较之县外地区也有较高的感染率。以任屯村为例，该村在1930—1949年的近二十年间，全村人口由1930年的275户、

---

① 张晶晶：《送瘟神：青浦抗击血吸虫病纪事》，《档案春秋》2007年第2期，第8—9页。
② 李玉尚：《感潮区变化与青浦沿湖地区的血吸虫病——以任屯为中心》，《南开学报（哲学社会科学版）》2011年第5期，第49—50页。
③ 同上书，第48页。
④ 同上书，第45—46页。

960人，锐减至1949年的154户、461人，村内死绝121户。[1]由于大量青壮劳动力受到感染，丧失下田劳动的能力，妇女患病后很多不能生育，导致全村2800余亩田地少人打理，荒芜近一半。当地居民面对血吸虫病近乎束手无策，遇到的医生也多为游医或江湖骗子，治疗上也只是敷衍地抽抽腹水、捏捏香灰。为了治病，这些村民耗费大量钱财不说，反而病痛更剧。[2]然而，放眼整个青浦县，有一定规模与能力收治血吸虫病患者，特别是晚期患者的医院，只有一所县城内拥有11位医护人员和少量设备的卫生院，而要收治县内如此多的患者显然是杯水车薪。[3]

血吸虫病的大面积流行，令患者身心都遭遇极大病痛，乃至部分晚期患者因无法忍受而选择自尽，对青浦地方社会造成了极大冲击。血吸虫病使得县内人口锐减，导致青壮劳动力短缺，进而令大量田地荒芜、人工短缺、百业萧条，真可谓"千村薜荔人遗矢，万户萧疏鬼唱歌"，带来了严重的社会问题。1948年5—6月，苏南地方病防治所派员来到青浦，协助县卫生院治疗重症患者。6月初，该所所长傅光也亲赴青浦指导防治工作。[4]在此期间，防治所职员还在青浦县城附近河道进行钉螺筛查，结果发现大部分河道含有钉螺，尤其杨家桥附近、南门外大生桥附近的河域钉螺较为

---

[1] 上海市青浦区赵巷镇文化中心、上海市青浦区图书馆、上海市青浦区中医医院编：《何承志口述何氏世医1000年》，上海人民出版社，2018年，第242页。

[2] 《红雨洒遍任屯村》编写组：《红雨洒遍任屯村》，上海人民出版社，1974年，第4—8页。

[3] 徐福洲：《青浦红十字会的创始人徐熙春先生》，载徐家益、徐建新主编《青浦徐氏族谱考正集暨纪念徐熙春130年华诞》，上海，2014年，第128页。

[4] 《苏南地方病防治所派员莅青实施防治》，《青浦新报》1948年5月30日第2版，上海市青浦区档案馆藏，档案号：JZQB-52。《江苏地方病防治所傅所长莅青指示》，《青浦新报》1948年6月8日第3版，上海市青浦区档案馆藏，档案号：JZQB-52。

集中，均超过发现总量的10%，因而防治所队员采取了为居民免费筛查粪便的行动，提醒附近居民前往卫生院进行检查。①根据该时段筛查结果，防治所曾建议青浦县政府及参议会组织防治委员会设立防治试验区并请求省政府拨款补助，但这条建议最终为江苏省政府的一纸"暂难办理"的回复所拒。②

正是基于此，青浦红十字会会长徐熙春等人决定以红十字会的名义建立医院，集中组织和开展青浦县境内的血吸虫病防治工作。

建立医院与泽被乡民

青浦县严重的血吸虫病疫情令青浦红十字会的诸位干部十分忧心，身为会长的徐熙春在机构复员后不久便与诸位理事进行商讨，计划以红十字会的名义创办一所医院，即中国红十字会青浦分会医院（以下简称青浦红十字会医院）。1948年8月，《青浦新报》记者向徐熙春采访建院始末后写道：

> 胜利来临，徐氏积极整顿会务，筹备复员。虽有鉴于青邑无一设备较完臻之慈善性医院。贫病者因无力求医，因此误命亦不少数。故红会复员后，以创立医院为最大任务。③

---

① 《苏南地方病防治所派员莅青实施防治》，《青浦新报》1948年5月30日第2版，上海市青浦区档案馆藏，档案号：JZQB-52。
② 张晶晶：《送瘟神：青浦抗击血吸虫病纪事》，《档案春秋》2007年第2期，第8—9页。
③ 《古道热肠 博施济众：参观红十字会医院归来》，《青浦新报》1948年8月8日第2版，上海市青浦区档案馆藏，档案号：JZQB-52。

第八章 带领红十字会走向新生：建立医院与复员改组

徐熙春有感于青浦县内患者，特别是重症患者常由于经济原因无法求医问诊，在医院筹备伊始便确立了"公益立院"的理念，力图让县内患者以最低的价格乃至免费获得必要的医疗服务。

在筹建医院的过程中，徐熙春向中国红十字会总会及国际在华善后救济总会申请X光机等设备和部分药物，两会也适时予以拨给。[①]在经费方面，徐熙春首先向社会各界呼吁劝募，同时红十字会的诸位理事也出资捐助。其中，最有价值的一笔认捐来自上海纸业大亨詹沛霖（1900—1991）。[②]詹沛霖早年与其弟詹雨田共同在上海经营纸张、油墨等业务，于1931年兄弟分家后詹沛霖在上海闸北一带开办"益记纸行"，以优质的产品和相对低廉的价格很快成为上海同业中的翘楚。抗战胜利后，詹沛霖又先后建立了益中、建中纸厂，并收购江南造纸厂，继而成为上海纸业大亨。[③]由于徐熙春在上海开办的美新公司主营名片、油墨等，故徐熙春当然与詹沛霖的"益记纸行"有较多业务往来。徐熙春有效利用了自己在沪的商业关系，而在上海执纸业之牛耳的詹沛霖自然成为最优先考虑的赞助商；加上詹沛霖素有赞助公益的传统，曾捐款赞助上海广

▲上海"纸业大王"詹沛霖

[①] 徐毓英口述，徐家益整理：《徐毓英回忆父亲徐熙春》，2016年3月30日。
[②] 《古道热肠 博施济众：参观红十字会医院归来》，《青浦新报》1948年8月8日第2版，上海市青浦区档案馆藏，档案号：JZQB–52。
[③] 李甜：《"纸业大王"詹沛霖小传》，《徽州社会科学》2008年第8期，第47—50页。

慈、仁济等医院①，因而这笔认捐的到来便水到渠成了。但是，仅仅依靠徐熙春的商业关系、红十字会理事的认捐与群众募款，较之医院所需的启动资金而言仍然是不够的。为此，徐熙春甚至变卖自己的私产，将所获钱款投入医院的筹建中，总算补足了启动资金的缺口，并使用前述款项于青浦县城西边的公堂街（今青浦区盈浦街道城中西路与五厍浜路路口附近）购买了一栋内有二十多个房间的两层楼房作为医院会址。②

在招募医师与工作人员方面，徐熙春的考量也十分慎重。经理事会议商议，青浦红十字会决定延聘青浦籍著名医师顾学箕（1911—2007）出任医院院长。顾学箕于1947年获美国哈佛大学公共卫生学硕士学位，并在不久后出任中央大学医学院副教授，是中国著名的公共卫生与预防医学领域专家。③顾学箕虽然由于职务关系并不经常在青浦居住，但对于故乡的医学事业仍十分热心，因此欣然接受了徐熙春的邀请。在聘请其他医师时，徐熙春及其他红十字会理事也非常注重其专业能力，并在此基础上优先延请青浦籍医师。例如，妇

▲青浦红十字会医院首任院长顾学箕

---

① 李甜：《"纸业大王"詹沛霖小传》，《徽州社会科学》2008年第8期，第50页。
② 徐福洲：《青浦红十字会的创始人徐熙春先生》，载徐家益、徐建新主编《青浦徐氏族谱考正集暨纪念徐熙春130年华诞》，上海，2014年，第129页。
③ 张德龙主编：《上海高等教育系统教授录》，华东师范大学出版社，1988年，第550页。

第八章 带领红十字会走向新生：建立医院与复员改组

▲1948年4月4日，中国红十字会上海各医师到青浦参加青浦红十字会医院开幕典礼下车时留影（前排左一为顾学箕）

产科聘任的女医师马韵芳，出生于青浦县，1929年毕业于上海同德产科学校，从医近二十年，在上海、青浦两地皆有执业产科诊所，拥有一定名望。马韵芳医师在妇产科有较为丰富的诊疗经验，无论产妇顺产或难产，都能进行稳妥的接生。此外，青浦红十字会医院聘用的护士也有较高的专业素质，如护士长赵仪清原为北平协和医院护士、上海市第二医院护士长。[1]经徐熙春与诸位理事的努力，在青浦红十字会医院开院之前，共计招募了18位医师、护士及其他工作人员。[2]

1948年4月4日10时，青浦红十字会医院成立大会在公堂街医院院址

---

[1]《古道热肠博施济众：参观红十字会医院归来（续）》，《青浦新报》1948年8月11日第2版，上海市青浦区档案馆藏，档案号：JZQB-52。
[2] 徐福洲：《青浦红十字会的创始人徐熙春先生》，载徐家益、徐建新主编《青浦徐氏族谱考正集暨纪念徐熙春130年华诞》，上海，2014年，第129页。

239

隆重举行。大会邀请了中国红十字会总会办事处主任冯子明，以及上海医学界一些著名医师、教授，如圣约翰大学外科教授徐崇恩、上海肺病中心诊所肺科专家靳宝善等。同时，时任青浦县长刘劲，以及青浦红十字会理事吴克昌、吕允等也莅临会场。此次大会共计百余人参加，由青浦红十字会主席徐熙春主持。在徐熙春报告筹备经过后，院长顾学箕致辞并向参会者报告两大建院目标：

  一、提高医务技术标准。一般医师都不肯到乡僻地方工作，以致除了大都市以外，内地医药缺乏，今后要更多医务人员往乡下去，应当替他设立一个良好的工作环境，这样医院便肯有人来工作，而地方人民可以得到更好的保护。

  二、现在世界各国都在推行公医制度，即医学生读书不要钱，医生、护士由政府雇佣，人民看病不要钱。中国现在做不到，也要做到出钱的医疗可以普遍，贫民可以得到免费。所以本院成立的目的，不是在无条件的救济，而是要做到病人花了钱可以得到保障，穷人也可以得到同样的享受。本院除了器械、药品由总会拨发外，其余均向各界募集，今后还希望各界给予物质及精神方面的支持。同时，本院可向各界保证，一颗药片要到每人嘴里，捐来一个钱花在一人身上，今天到会有许多上海知名的同道，以及本城的医界，还委请指教，使这棵小树，能扶植起来。①

---

① 《红会青浦分会医院昨日举行开幕典礼》，《青浦新报》1948年4月5日第2版，上海市青浦区档案馆藏，档案号：JZQB-52。

顾学箕在致辞中提到的公医制度，指由一国政府出于保持全民身心健康平衡发展的需要，制定出适应本国社会经济发展实际状况的公共医疗制度，包括统筹医疗资源、培养医护人员等工作，并致力于全民免费享有医疗、保健、防疫设施。[①]近代中国的公医制度，也诚如顾学箕所说难以真正付诸实现。不过，正如杨宝煌在《社会安全中红十字会业务之价值》一文中所说："在医疗护理落后的中国，红十字会对于公共卫生多处于先导地位，奠立了公医制度的基石。"从青浦红十字会的建院实践来看，红十字会致力于平民公立医疗的推动，让更多有病难医的贫民，特别是县内重症血吸虫病患者，能以极低的经济成本享受必要的健康服务。因此，青浦红十字会医院的成立能以近代医学为推手，以红十字运动的公益性为依归，让更多民众公平、低价地接受医疗服务，从而更接近公医制度描绘的理想蓝图。

青浦红十字会医院的成绩

青浦红十字会医院建院时仅有内科、外科、妇产科三科，病床十张、医务员工12人[②]，加之运营初期经费仍十分紧张，令徐熙春等医院管理人员颇有捉襟见肘之感。但是，在中国红十字会总会、青浦各界社会捐助及苏南地方病防治所等防疫单位的共同支持下，青浦红十字会医院在成立后的两三年内规模逐渐扩展，取得了不错的成绩。至1948年8月，青浦红十字

---

① 刘和清：《公共卫生与公医制度》，《政治前线》1946年第4期，第53页。
② 上海市青浦县县志编纂委员会：《上海市青浦县志》，上海人民出版社，1990年，第739—740页。

会医院揭幕仅四个月后，便有了十间病房、病床十余张、一间独立的手术间及若干医疗设备。在今日看来，尽管这些设施十分薄弱，但在当时已成为"全县之冠"，青浦医学事业也由此步入现代化之途。

医疗器械方面，除了红十字总会和国际在华善后救济总会拨给外，青浦红十字会也自行购买了太阳灯、X光机等设备。然而，由于青浦县当时经常停电，因此在日常运行的过程中这些新设备常常无法正常使用，颇令人遗憾。[①]1949年3月，为协助青浦县其他医界同仁更准确地诊断患者疾病，青浦红十字会医院成立了医学化验所，并聘请苏南地方病防治所的技师谭鸿群主持化验工作，同时青浦县内的所有执业医师均可使用该化验所进行病症诊断。[②]从中可以看到，医院的服务对象不仅仅针对病患，也面向县内医务工作者。当时，青浦县除前文述及的卫生院及红十字会医院外，实际上零散分布了一些小型医院与诊所，有1946年成立的朱家角平民医院和练塘镇与善医院，及十九所由医生自行开办的个人诊所，但这些医院和诊所呈现出规模小、诊疗能力薄弱（仅能治疗感冒等轻疾）等特点。[③]青浦红十字会医院的成立，使得县内医疗资源得以更好整合，切实提高了各医疗机构的诊疗水平，成为公医制度探索下的又一良好成果。

诊疗工作方面，青浦红十字会医院秉持"公益立院"原则。在诊疗收费上，尽管医院运营经费事实上严重短缺，但仍对贫病者免费治疗，而对

[①]《古道热肠博施济众：参观红十字会医院归来》，《青浦新报》1948年8月8日第2版，上海市青浦区档案馆藏，档案号：JZQB-52。

[②]《红十字分会医院成立医学化验所》，《青浦新报》1949年3月16日第2版，上海市青浦区档案馆藏，档案号：JZQB-52。

[③]青浦县卫生志编纂委员会：《青浦卫生志》，上海科学技术出版社，1985年，第61—86页。

第八章 带领红十字会走向新生：建立医院与复员改组

一般患者仅收取少量挂号费，以作回收药品成本之用。在药品采购上，徐熙春与其他医院同仁则多方采购各式新药，以惠泽广大患者。除常规的医院诊疗，青浦红十字会医院还开展定期下乡巡回防治工作。1948年8月1日起，青浦红十字会组织医疗队，深入农村地区开展疾病诊疗与疫苗注射等工作。①针对血吸虫病防治工作，青浦红十字会同样采取巡回防治的策略：医院成立后，徐熙春即组织医护人员前往县城周围的农村筛查钉螺，并动员这些村镇中的部分患病农民来医院检查、治疗。②由于医院当时已有治疗血吸虫病方面的专家与医疗设备，加上低廉的诊疗费，不少青浦县内的患者都慕名而来。1949年后，青浦红十字会医院持续开展血吸虫病的筛查与防治工作，特别是深入农村进行排查与治疗。在1951年青浦红十字会的改组会议上，防治血吸虫病仍被视为青浦红十字医院下一阶段的工作重点。③1950年代，青浦县开展了轰轰烈烈的防治血吸虫病运动，县党委、政府多次组织医务人员下乡排查患者。1954年春，青浦红十字会

▲青浦红十字会医院旧址

---

① 《古道热肠博施济众：参观红十字会医院归来（续）》，《青浦新报》1948年8月11日第2版，上海市青浦区档案馆藏，档案号：JZQB-52。

② 徐福洲：《青浦红十字会的创始人徐熙春先生》，载徐家益、徐建新主编《青浦徐氏族谱考正集暨纪念徐熙春130年华诞》，上海，2014年，第129页。

③ 《中国红十字会青浦县分会协商会议记录》，载《中国红十字会青浦县分会协商改组报告》，1951年，上海市青浦区档案馆藏，档案号：W-93-192。

医院派员参加全县下乡调查运动，将排查出的患者转运至医院，运用锑剂等药物加以治疗。①通过青浦红十字会医院与其他防治力量，如中央血防实验组、上海市卫生工作队、县乡卫生队等，以及苏、浙、沪毗邻八县联防机制的共同努力，青浦县于1983年宣布血吸虫病在县境内基本被消灭。②回溯青浦县的防治血吸虫病工作，可以发现青浦红十字会是配合政府开展工作的关键力量之一：不仅组织严密、计划明确，而且有中国红十字总会支持，因此其相当有力地补充了政府在防治工程中相对薄弱的环节。

1949年后，青浦红十字会医院组织接种疫苗、农村巡回医疗等种种善举颇受好评。1951年8月28日，医院工作人员还有一次见义勇为的行动：当日晚9时，一唐姓孕妇因家庭纠纷，在青浦县城西虹桥附近投河自尽，此地恰好离青浦红十字会医院不远，闻讯而来的医院医生全部出动指挥撑船、救生等。不过，遗憾的是，唐姓孕妇最后虽然被打捞上岸，但由于溺水时间过长，经医院医生极力救治后仍告不治。然而，医院工作人员不顾一切救人的义举，仍然受到了乡民的高度肯定。③

1954年，青浦红十字会医院被青浦县人民政府列入国家编制医疗单位，并与青浦县人民医院合并，实行"一个机构，两块牌子"。1966年6月，医院迁往青浦东门外新址，红十字会医院编制随之撤销。至1984年，经上海市红十字会和市卫生局批准，青浦红十字会医院编制得以恢复，并

---

①《大事记》，载《上海市青浦区中心医院志》编纂委员会编《上海市青浦区中心医院志》，上海，2003年。

②上海市青浦县县志编纂委员会：《上海市青浦县志》，上海人民出版社，1990年，第739—740页。

③《青浦分会医院工作积极 当地黑板报特予表扬》，《新中国红十字》1951年第2卷第2期，第22页。

与青浦县人民医院合署。2002年，青浦区人民医院改组为复旦大学附属中山医院青浦分院，并迁入公园东路新址。[①]时至今日，复旦大学附属中山医院青浦分院依旧秉持着创始人徐熙春润泽乡民的本心，继续服务于斯土斯民。

红十字会顺利改组

1949年，中国红十字会站在了历史的十字路口。伴随着原中国红十字会总会会长蒋梦麟离开大陆前往台湾，中国红十字会甚至一度陷入"群龙无首"之局。其时，留守南京的中国红十字会总会秘书长胡兰生（1890—1961）发布《注意要点》，表达向新政府靠拢之意。5月28日，胡兰生命令留守南京的中国红十字会总会办公人员全部迁往上海，同时请求上海解放军军管会接管总会机关。不过，由于红十字会国际性的特殊属性，上海解放军军管会并未立即接管。1950年3月，胡兰生赴北京拜访中央人民政府卫生部、内务部、外交部，请求人民政府尽快接管中国红十字会总会。随后，卫生部有关领导将胡兰生的意见转交政务院总理周恩来。4月，周恩来指示中国红十字会总会迁往北京进行改组，由卫生部及中国人民救济总会领导改组工作。5月初，胡兰生再度赴京，商讨中国红十字会总会迁往北京与改组事宜，并获周恩来指示：基于红十字会特点及历史情况，采取改组而非接管；总会迁至北京，现有职工除不愿赴京外全部留用；总会所有资产妥善保管；总会新办公地址为北京东城区干面胡同22号。8月2—3

---

① 青浦年鉴编纂委员会：《青浦年鉴2003》，方志出版社，2003年，第202页。

日,中国红十字会总会改组协商会议正式召开,为中华人民共和国成立后中国红十字会举行的第一次全国代表大会。会议经表决,通过了新的《中国红十字会会章》,明确规定"中国红十字会为中央人民政府领导下的人民卫生救护团体",中国红十字会及各地方分会以"协助各级人民政府,面向人民大众,宣传并推广防疫、卫生、医药及救济福利事业为宗旨"。同时,卫生部部长李德全(1896—1972)兼任中国红十字会的首任会长。[1]

徐熙春积极响应中国红十字会的改组号召,于1950年3月与江苏其他5名地方分会的负责人一起赴上海新闸路856号中国红十字会临时驻地参加红十字工作检讨会。[2]当年11月,徐熙春便派青浦红十字会医院代理院长王昌来赴北京参加分会干部培训班,主要学习思想方法、政策、会务与业务四项内容,为之后的青浦红十字分会改组做好充分准备。[3]

中国红十字会总会改组后,各地红十字分会随之纷纷跟进。1951年2月18日,青浦红十字会召开协商改组大会,成为全国范围内较早改组的地方分会。改组大会由主席徐熙春主持,向与会人员报告了青浦红十字会办会二十余年来获得的成绩,以及改组后红十字会的目标。报告完成后,青浦县人民政府民政科科长牟凤沼、青浦县教育联合会主任委员姜有方发

---

[1] 池子华:《红十字与近代中国》,安徽人民出版社,2004年,第387页。
[2] 江苏省红十字会编:《江苏红十字运动的八十八年》,东南大学出版社,1999年,第278页。
[3] 徐国普:《建国初期江苏红会改组述论》,载池子华、郝如一主编《红十字运动研究》,安徽人民出版社,2008年,第130页。

第八章 带领红十字会走向新生：建立医院与复员改组 >>>

言。①会议确立了青浦红十字会新的领导团体，经选举原青浦红十字会主席徐熙春继续留任。此外，原副会长袁蔚文也得以留任，担任理事一职。同时，选举出三位新的副会长，分别为牟凤沼、刘经国及徐正大；江淑人（1919—1982）、姜有方等五人担任常务理事，袁蔚文、顾学箕、何承志（1919—2006）、董建华（1918—2001）等11人担任理事，何承志、陈孟恒任干事。②

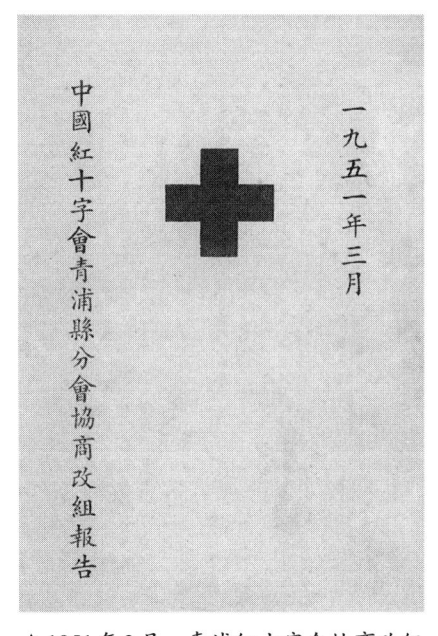

▲1951年3月，青浦红十字会协商改组报告

此次改组，最关键的是青浦红十字会性质的变化。改组后，青浦红十字会由原先以地方绅、商为构成主体的自治团体，转变为以卫生系统官员与医务人员为构成主体的新机构，而按照中国红十字会尽可能留用旧系统人员的精神，徐熙春得以留任，思葭浜徐氏族人、担任沪青汽车公司经理并在青浦县内有一定名望的企业家徐正大得以出任副会长。但是，伴随着牟凤沼等政府官员以及何承志等医界人士担任青浦红十字会副会长及理事，标志着青浦红十字会由政府行政系统及卫生专业系统所构成的领导群

---

① 徐福洲：《青浦红十字会的创始人徐熙春先生》，载徐家益、徐建新主编《青浦徐氏族谱考正集暨纪念徐熙春先生130年华诞》，上海，2014年，第129—130页。
② 青浦县红十字会编：《纪念青浦县红十字会成立七十周年》，1994年，上海市青浦区档案馆藏，档案号：W-93-193。

体正式形成，其医疗专业化程度得以大幅提高。例如，江淑人自1948年从江苏医学院毕业后，随即被调往青浦县参与血吸虫病防治工作，自1951年起任青浦县人民医院院长。①何承志是青浦县内著名中医家族——竿山何氏的第二十七代传人，尤其擅长肝胆疾病的治疗，曾研制出著名医方"金胆片"。②何承志担任青浦红十字会理事兼干事后，积极动员社会各界支持青浦红十字会及医院，并参与农村血吸虫病巡回防治工作。③董建华则早年赴上海学习中医，师从名医严二凌，其间也多受陈存仁等名家指教，学成后返回青浦于1941年挂牌行医。1949年后，董建华除了在青浦红十字会担任理事外，他还赴南京中医学校深造，并在之后调至北京开展治疗与教学工作，是我国中医教育事业的开拓者和奠基人。④上述医疗专业人士的加入，令青浦红十字会的医疗服务功能大大强化。

▲1951年改组的青浦红十字会徽章

从业务上看，改组后的青浦红十字会将全力服务于新生的人民政府：

> 民政科科长牟凤沼发言：今天协商改组，是红十字会的新生，希望将过去的错误和缺

---

① 青浦县卫生志编纂委员会：《青浦卫生志》，上海科学技术出版社，1985年，第215页。
② 徐福洲：《何承志与"金胆片"》，载鲁千林主编《青浦掌故新编》，文汇出版社，2013年，第146页。
③ 上海市青浦区赵巷镇文化中心、上海市青浦区图书馆、上海市青浦区中医医院编：《何承志口述何氏世医1000年》，上海人民出版社，2018年，第234页。
④ 王筱龙、李银华：《新中国中医教育事业的开拓者和奠基人之一——董建华》，载鲁千林主编《青浦掌故新编》，文汇出版社，2013年，第103—104页。

第八章 带领红十字会走向新生：建立医院与复员改组

点完全改样。根据卫生三大原则①，树立为人民服务精神，以配合抗美援朝和生产救灾的任务。②

协商报告表明，青浦红十字会经改组后正式成为人民政府领导下卫生行政系统中的一环。在之后的工作中，青浦红十字会配合政府行动的色彩也多有展现。例如，1951年，青浦红十字会对派出的国际医防队员家属开展端午慰问工作。③再如，1953年，青浦红十字会配合县爱国卫生运动委员会，运用城区举行的五次城乡物资交流会，向居民介绍会务与一些卫生知识，以协助政府开展爱国卫生运动宣传工作。④由此可见，青浦红十字会已成为县政府在开展卫生健康等领域工作的得力助手。

改组后的青浦红十字会，在业务上依然承袭了红十字运动的要旨，即以救护工作为中心。因此，青浦红十字会在地方上依然积极开展各项救护培训活动，如1953年5月曾组织朱家角镇33位消防队员开展急救训练，主要传授意外伤害的处理等技能，从而在火灾救护等工作中更好地为伤员服务。⑤不过，相较于改组前，政治学习成为1950年代起青浦红十字会的一大工作特色。由于青浦红十字会工作人员同时也是县卫生工作者协会（医协）会员，因此改组后初期每周一、周五参加医协的时事学习，周三和周

---

① 指1950年8月17—19日第一届全国卫生会议确立的三大原则，即面向工农兵、预防为主与团结中西医。参见《中华人民共和国大事记》，《解放日报》2019年9月28日第7版。
② 徐熙春：《会务报告》，载《中国红十字会青浦县分会协商改组报告》，1951年，上海市青浦区档案馆藏，档案号：W-93-192。
③《各地分会热烈开展端午节慰问工作》，《新中国红十字》1951年第11期，第20—21页。
④ 青浦分会孙英杰等：《展览简讯》，《新中国红十字》1953年7月号，第17页。
⑤ 青浦分会：《青浦县分会在消防队员中训练急救员》，《新中国红十字》1953年第9期，第15页。

▲ 改组后的中国红十字会总会会刊《新中国红十字》

六参加业务学习。1951年5月后,青浦红十字会工作人员不再参加医协业务学习,直接改在分会内进行政治与业务学习,而政治学习资料主要为总会发放的活页文选,如《端正学习态度》等,以及总会会刊《新中国红十字》。为强化学习效果,青浦红十字会还另行组织学习委员会,巩固学习效果。①

1956年11月,江苏省红十字会正式成立,青浦红十字会改属省级红十字会。②1958年,由于青浦县改隶上海市,随之更名为上海市青浦县红十字会,受上海市红十字会与青浦县人民委员会领导。同年,徐熙春卸任青浦红十字会全部职务。"文革"期间,青浦红十字会停止活动,1982年4月起恢复。此后,青浦红十字会持续高举人道旗帜,在组织建设、备灾救灾、卫生救护、社会服务、普及知识、推进无偿献血、培养青少年会员、沟通两岸关系及开展国际交往等方面做出其应有的贡献。③同时,

---

① 《青浦分会已进行单独学习》,《新中国红十字》1951年第10期,第32页。
② 徐国普:《江苏红十字运动研究(1950—1965)》,博士学位论文,苏州大学历史学系,2010年,第35—36页。
③ 青浦县红十字会编:《纪念青浦县红十字会成立七十周年》,1994年,上海市青浦区档案馆藏,档案号:W-93-194,第9页。

第八章　带领红十字会走向新生：建立医院与复员改组

原会长徐熙春的后代们参与青浦红十字会的各项活动时也不为人后，如在青浦县人民医院（原青浦红十字会医院）工作的孙辈徐家良，因在募捐中表现活跃而获得荣誉会员称号，并获得中国红十字会的表彰。[1]至今，青浦红十字会已走过了整整百年岁月，而一个世纪以来其始终高举人道、博爱、奉献的旗帜，默默守护着青浦一方百姓。

回望青浦红十字会自1924年成立以来的风雨经办路，可以看到身为会长的徐熙春一以贯之的尽心尽力与无私奉献，诚如在青浦红十字会医院开幕提名册上正会员俞慧殊的热情称赞："于谋事之忠，任事之勇，在其字典上无一难字，且无一私字，视世之名浮于行者远矣！"[2]徐熙春出于高度的责任感与对乡亲的深情，在抗战胜利后将恢复红十字会、建立红十字会医院当作心中念兹在兹的大事，并为之身体力行、不辞劳苦。在徐熙春的心目中，青浦红十字会早已成了自己的"孩子"，而这一点从他对长孙徐家善的告诫之词中便能知晓一二：1945年后，徐家善因祖父徐熙春的美新公司有了复苏生机，加上长期在外的父亲徐传贤终于回沪，不免感到忘乎所以，在学业上一度有所松弛。为此，徐熙春严正地教育长孙徐家善道："你也别以为我会有什么产业给你，我的一切都是要捐献给红十字会的！你还得靠你自己！"[3]在筹办青浦红十字会医院的过程中，徐熙春把曾经许下的宏愿一步步地变为现实，他不遗余力地多方奔走，

---

[1] 上海市青浦县县志编纂委员会：《青浦县志》，上海人民出版社，1990年，第717页。
[2] 俞慧殊：《红十字会医院开幕典礼来宾祝贺词一》，载徐家益、徐建新主编《青浦徐氏族谱考正集暨纪念徐熙春130年华诞》，上海，2014年，第85—86页。
[3] 徐家善：《"我的一切都是要捐献给红十字会的！"》，载徐家益、徐建新主编《青浦徐氏族谱考正集暨纪念徐熙春130年华诞》，上海，2014年，第103页。

<<< 遇见徐熙春：在江南与上海之间

▲1953年，徐熙春的照相纸对折卡版选民证，其中选民证薄纸（左）和照片原本是单独的

协调募捐、聘医等诸多事宜，甚至为此贡献出自己的大量私产。徐熙春对红十字事业毫无保留的热爱与奉献，又怎能不令后世的红十字工作者们为之肃然起敬呢！

第九章　憧憬新中国，迎来新生活：保护学生与子女"北上"

经历了艰苦卓绝的抗战之后，国人对于未来的美好生活充满了期待。在他们的憧憬中，河山不再为战火所萦，未来的中国将走向独立、民主、富强。然而，现实的惨淡很快让太多人寒了心，如国民党政府在接收日伪产业时普遍的贪污腐败行为激起民怨，乃至时人把以接收伪产为名而行中饱私囊之实的恶劣行径辛辣地讥讽为"五子登科"（金子、房子、票子、车子、女子）。

在重庆，国共两党于1945年签订了《双十协定》（《政府与中共代表会谈纪要》），进而于次年1月举行政治协商会议，通过了《和平建国纲领》。然而，国共两党看似就"长期合作"、政治协商等达成一致，但仅仅不到半年后，上述协定便沦为具文，内战全面爆发。距离抗战胜利仅不到一年，中国大地便再次陷入硝烟弥漫的战火之中。

此时，徐熙春回到青浦县城，他与许多富有正义感的人士一样为中国的前途感到深深忧虑。在平日与家人和朋友的闲聊中，徐熙春时常流露出对国民党当局腐败无能、发动内战等行径的愤恨。[1]在目睹百姓贫困、政

---

[1] 徐家良：《学习祖父为人 追随祖父事业》，载徐家益、徐建新主编《青浦徐氏族谱考正集暨纪念徐熙春130年华诞》，上海，2014年，第171页。

府腐败后，徐熙春深感只有变革旧中国才能民富国强[①]，而他和他的孩子们热切地企盼积贫积弱的中国人民能真正走出贫困与混乱，迎来美好的新生活。

学生运动如火如荼

全面内战的爆发，对于抗战胜利后中国的政局而言影响深远。在战争初期，国民党政府拥有政治、经济、军事上的显著优势，对中国共产党的根据地进行大规模军事行动，双方实力强弱对比显而易见。然而，国民党以占领实地为目标的军事战略，使得其军事力量在接二连三的战役中逐渐被消耗；与之相反，中国共产党采用运动战、歼灭战的战略，虽然在战争初起时损失了一些控制区，但其军事实力在战争中反而逐步增强。开战仅一年后，国民党统帅部就不得不调整策略，由全面进攻转为重点进攻，之后再改为全面防御，在军事上逐渐丧失了主动权。在此之后，国共两党的实力天平，逐渐发生了微妙的转向。

除了战场上的节节失利，国民党政府的统治后方则爆发了一场来势凶猛的反战运动。此次运动以大学生为主力，获得了社会各阶层的同情与支持，令国民党的统治基础大为动摇。

运动的起因最初缘于经济危机，由于前线军事吃紧，国民党政府通过超发货币弥补军费赤字，并由此引发了剧烈的通货膨胀。1947年2月，国

[①] 徐毓英：《弘扬先人爱国奉献精神》，载徐家益、徐建新主编《青浦徐氏族谱考正集暨纪念徐熙春130年华诞》，上海，2014年，第139—140页。

第九章　憧憬新中国，迎来新生活：保护学生与子女"北上"

民党政府推行经济紧急措施，强行平抑物价，但仅仅维系两个月后便告失败。4月下旬后，物价急速上涨，引发全国多座城市的"抢米风潮"[1]，而这一"抢米风潮"也波及地处江南的青浦县。1947年5月，青浦县政府发布公告称：民食必须照常供应，不得借故拒售，价格必须低于沪市10%，违者将严惩。由于青浦长期以来是上海重要的稻米、蔬菜供应地，且其米价一直被管制，使之低于上海市价，因此在上海发生"抢米风潮"后，大批上海居民利用价差来到青浦大量采购白米。一时间，通往青浦的长途汽车班班爆满，挤满了前来买米的上海人。于是，精明的商人利用两地价差囤积居奇，推动青浦本地米价大幅上涨，乃至出现了在县城内窃贼不偷钱财而专偷白米的怪象。[2]由此可见，当时以"抢米风潮"为代表的事件严重冲击了正常的社会生活秩序，全社会都弥漫着不安与惶恐的情绪。

　　大学生原本是最不容易受物价波动影响的群体，这是因为当时政府推行公费制度，即大学生的日常开销均由政府兜底。然而，内战爆发后，通货膨胀日趋恶化，令定额公费远远追不上物价上涨的速度，导致大学生的生活质量急速下降，乃至北京大学、中央大学等知名学府的学子每日用餐"看不见一滴油，吃不到一片肉"。抗战时期，大学生对艰苦度日尚能理解，但是在战后生活质量甚至还不如战时，无疑给大学生的内心带来了强烈的冲击。于是，大学生们要求校方改善待遇，到了1947年5月后各高校教职员也向校方要求提高待遇，从而鼓舞学生们开展各项抗议行动。

---

[1] 汪朝光：《中华民国史：1945—1947》，载李新总主编、中国社科院近代史研究所中华民国史研究室编《中华民国史》（第十一卷），中华书局，2011年，第606页。

[2] 郎需颖：《民国青浦米价面面观》，载上海市青浦区政协学习和文史委员会、上海市青浦区档案馆编《青浦老报纸》，中西书局，2014年，第126页。

此时，全国多地的大学校园中抗议此起彼伏，而最先引发学潮的便是南京中央大学的学生们。1947年5月13日，中央大学的学生首次集体向南京政府请愿，要求提高副食品费，但接见学生的行政院秘书长大打官腔、敷衍回应，引发了学生的强烈不满。于是，中央大学的学生决定联合全国各大学一起行动，导致学生运动迅速开展，很快到了国民党政府难以控制的程度。15日，南京学生连续举行"反饥饿"的请愿游行，但政府并未有效回应学生诉求，反而以经费短缺为由搪塞，以至学生进而追问"为什么军费可以增加？""为什么要打内战？"。在未达成请愿目的的情势下，中央大学的学生决定，如果政府无法满足学生诉求，将举行无限期罢课。南京学生的行动很快获得全国其他地区学生的响应：北平学生于17日开始罢课、游行，向市民宣传反对内战却遭到军警的镇压，激起学生更大的反抗意识。自此，大学生们喊出"反内战""组织联合政府"等口号，将诉求上升到了政治层面。

学生运动的汹涌爆发多少出乎了国民党高层的意料，而国民党政府对此则采取了高压应对。其时，王世杰（1891—1981）等官员虽然指出学生运动爆发非强力压制所能解决，但在军事与经济如此不利的情势下，国民党政府无法容忍学生运动再动摇后方统治。18日，国民党政府草草通过《维持社会秩序临时办法》，痛责学生请愿扰乱社会秩序，并规定不得越级请愿，否则将解散、制止。当日，蒋介石也发表谈话，指责学生运动旨在推翻现政权，因此强调必须"采取断然之处置"。教育部据此严厉警告学生，必须尽快复课，并开除首要分子的学籍且严加惩处。

国民党政府对学生运动的表态引发了学生反抗的浪潮。19日，北平、上海、江苏、杭州等地专科以上学校的学生代表在南京中央大学集会，决定次日联合举行请愿游行。集会提出反对内战、要饭吃、要安定生活等诉求，并通过"反对内战""遵循政协路线""反对征兵征粮"等口号。5月20日，南京、北平、天津等城市均爆发大规模的学生反饥饿、反内战游行。在南京，学生与军警发生严重冲突，酿成流血事件，造成数十名学生受伤、被捕，史称"五二〇惨案"。在北平，学生的游行口号最富政治性，明确地将反饥饿与反内战联系起来，并强调当下的社会失序与国民党政府抛弃政协路线和打内战有直接关系。

学生运动提出的"反饥饿""反内战"口号，博得了社会各界相当的同情，因为饥饿问题不仅仅是大学生正在面临的，更是全社会的普遍遭遇。因此，北平、上海等地的大学教授公开发表宣言，声援学生行动，强调当前的饥饿等问题责任在于国民党当局，学生仅仅是表达其正当诉求，政府应当以疏代堵、缓和情绪；若要解决更深层次的社会矛盾，则需回到政治协商路线、建立联合政府。媒体方面，除《文汇报》《新民晚报》《联合晚报》因声援报道而被国民党当局勒令停刊外，天津《大公报》则在报道中立场鲜明地支持学生，上海《大公报》编辑王芸生更是撰文表示学生的诉求是全社会的普遍愿望，并力呼赶紧停战、赶快和平。此次舆论的转向折射出社会各界对国民党政府的离心情绪，就连其内部都不由得承认各界对学生运动的同情"客观情势如此，强制消弭，似难奏效"。

有鉴于民心不可违，5月23日，国民党政府在当日国务会议通过《调整文武职人员待遇》及《追加公费学生膳案》，对公职人员和学生采取安抚策略，以缓和尖锐的矛盾。同时，国民党政府对各地学生运动采取防范与镇压的政策，淞沪警备司令部等军警机关均下令严禁游行示威，并逮捕学生领导等以儆效尤，此后学生运动转入低潮。①

在上海，交通大学因护校运动成为学生运动的一大中心。该运动的起因是由于军事开支大幅增长，相应地令国民党当局投入教育领域的经费大量减少，导致各大学不得不停办院系，以节约日常开销。1947年5月初，教育部准备裁撤交通大学航海、轮机系。交通大学上至校长吴保丰（1899—1963），下到普通工友，均反对该计划。为此，师生代表多次前往南京教育部请愿，未果。5月13日，交通大学终于爆发了震动全国的护校运动：近3000名师生于当日上午9点40分分别乘坐52辆大卡车、5辆行李车，陆续前往上海北火车站，准备"自驾机车"赴南京请愿，要求教育部收回成命。闻讯而来的上海市长吴国桢（1903—1984）、市议长潘公展（1894—1975）、教育局长顾毓琇（1902—2002）等市府官员急忙前往上海北火车站，与师生代表谈判。经过与吴保丰校长商谈，最后形成了五项调解办法，但师生反对其中调整科系的安排，第一轮谈判遂告终止。与此同时，交通大学学生的护校行动获得了上海北火车站方面的支持与配合，车站职工为同学们专门安排了火车头和车厢。于是，请愿学生不顾上海市政府方面的要挟和警告，在当晚开出前往南京的列车。行驶过程中，交通大学土木工程系师生多次下车修复前方被蓄意破坏的路轨，至真如车站时已是第二日凌晨。此时，教育部长朱家骅（1893—1963）也驱车前来与交通大学师生进行下一轮谈判。在保证航海、轮机两系续办，保障学校经费，以及不对参与学生"秋后算账"的情况下，交通大学师生与教育部达成协

---

① 汪朝光：《中华民国史：1945—1947》，载李新总主编、中国社科院近代史研究所中华民国史研究室编《中华民国史》（第十一卷），中华书局，2011年，第606—614页。

议，晨7时师生停止前往南京，并坐大客车胜利返校。①此后，交通大学学生组织了声援南京"五二〇"学生运动受难学生的游行，继续成为上海学生运动的骨干力量。

支持"三育"补习班

彼时，徐熙春的二女儿徐毓英是上海交通大学化学系三年级的学生，对于国民党政府的种种不得人心的政策甚为不满。徐毓英不仅积极参与护校运动、声援"五二〇"学生运动等交通大学学生发起的游行示威活动，也加入了由中共地下党发起的"交大青年会"，并协助该会组织的文娱宣传等反蒋行动。②尽管1947年5月底后，上海学生运动已步入低潮，不少学生因参加抗议被捕，但参加中共地下党的交大学生并未因此退却，而是持续地开展各类"反饥饿、反内战、反迫害"活动，并发展校内外的地下党组织。1947年夏，徐毓英的同学数人在"交大青年会"的领导下利用暑假到青浦，以面向中学生补习学业的名义向县城内的进步青年开展革命宣传。他们将暑期补习班命名为"三育"，以帮助本地中小学生提升学业的补习机构为名，躲避国民党军警机关的搜查。③"三育"补习班选址于远离上海市中心的青浦更易掩人耳目，可谓对"荫蔽精干"斗争方针的生动

---

① 《交通大学校史》编写组编：《交通大学校史（1896—1949）》，上海教育出版社，1986年，第497—498页。
② 复旦大学附属中学党委：《徐毓英同志生平》，上海，2022年7月20日。
③ 张炳奎：《在红旗下成长——记青浦县初级中学校友地下团支部的斗争史实》，载政协青浦县委员会文史资料研究委员会编《青浦文史：纪念青浦解放四十周年特辑（一）》第2辑，1989年，第96页。

▲徐熙春次女徐毓英（摄于1947年）

落实。

此时，徐熙春对二女儿徐毓英参与爱国民主运动甚为支持。为此，徐熙春委托当时在国民党宣传部门工作的堂侄徐凤墀（族谱名徐传第），让其利用职务之便设法向县政府报批办学。几经周折，"三育"补习班终于获得了合法办学的资格，并落实了城中小学这一固定教学场所。一切安排妥当后，徐熙春夫妇俩全力支持交通大学同学的行动，先是徐熙春无偿地在自家为前来"教导功课"的"教师"们提供一切膳宿及活动场所，再是董月娥亲自为他们准备每日的伙食。当时，通货膨胀已到了令人咋舌的地步，徐熙春夫妇俩每日准备主副食的伙食费根本不够用来购买充足的食物，为此董月娥认真细致地安排好了每一笔伙食支出，确保孩子们能吃好、喝好。时值暑热，董月娥还为大家做一些解暑的绿豆汤、百合汤等，以尽自己的绵薄之力帮助这些孩子。

徐毓英与其他几位交通大学同学也没有让徐熙春夫妇俩失望，"三育"补习班开设之后吸引了大批青浦本地的进步青年前来就读，他们一边复习文化知识，一边通过郊游、学唱歌曲、阅读书籍等形式接触进步思想。在"三育"补习班上，徐毓英和交通大学同学时常用歌声引起台下同学的阵阵共鸣。至今，当时上课的同学张炳奎，仍记得在班上学唱"你是灯塔，照耀着黎明前的海洋。你是舵手，掌握着航行的方向"的往事。在徐毓英

第九章 憧憬新中国，迎来新生活：保护学生与子女"北上"

等同学热情洋溢的宣传下，"三育"补习班的学生有不少受到革命思想的启蒙，一些同学在之后加入了地下青年团。①

在开展各项革命宣传活动的过程中，徐毓英渐渐与"战友"方宗坚擦出了爱情火花。久而久之，徐毓英和方宗坚便发展成了一对恋人。1949年4月，经方宗坚介绍，徐毓英正式加入中国共产党。后来，徐毓英和方宗坚的爱情得以修成正果。②

事实上，这并不是徐熙春的子女第一次涉足学生运动。早在1922年，长子徐传贤由于不满北洋政府教育部将其就读的中法国立通惠工商学校（法文名Institut Franco-Chinois d'Industrie et de Commerce，直译为中法工商学校，创办于1921年，学制为5年制高等教育）列为旧制甲种实业学校（类似于今日的职业中专，相当于中学文凭）而令毕业文凭大为贬值，便与其他同学一道在当年11月参与罢课行动，要求校方函请教育部将学校升格为高等学校，敦促消极应对此事的中方校长张保熙辞职，并派3名代表前往北京请愿。该校学生还在《申报》上发表宣言，向社会解释罢课缘由。③这一事件震动沪上，也同时引起了中法两国政府的重视，尤其是法方政府的高度关注。随后，校方与两国政府采取了软硬兼施的常规办法。一方面，校方与政府方面强令学生必须复课，甚至不惜调动巡捕入校恐吓，并以法方校长名义致函家长督促自家孩子要到校上课。由于大部分家长不希望孩

---

① 张炳奎：《在红旗下成长——记青浦县初级中学校友地下团支部的斗争史实》，载政协青浦县委员会文史资料研究委员会编《青浦文史：纪念青浦解放四十周年特辑（一）》第2辑，1989年，第96—97页。
② 复旦大学附属中学党委：《徐毓英同志生平》，上海，2022年7月20日。
③《中法专校罢课之第二日》，《申报》1922年11月12日第14版。

子卷入学生运动，因此纷纷回复校方表示赞成，学生也迫于压力在寒假之后陆续复课。另一方面，校方与政府方面对学生也做出重大让步，张保熙于1923年4月辞去校长一职，由胡文耀教授代理校长。中法两国听取调查组意见后，经协商将校名改为"中法国立工业专门学校"（法文名 Institut Technique Franco-Chinois，简称"中法工专"。1929年，改名为"中法国立工业专科学校"；1931年，改名为"中法国立工学院"），停办原有商科，并明确学校性质为高等技术专门学校。之后，法方、中方各自任命了新校长，整场罢课行动以学生的胜利告终。①

与该校其他家长一样，徐熙春也不希望自己的孩子卷入学生运动，因为他明白年轻人的热血一旦与学生运动共鸣，便很容易为个人与家庭带来巨大的风险。当时，徐熙春的信孚泰皮丝烟行生意蒸蒸日上，其长子徐传贤就读的学校也令人称羡，前途更不可限量，若孩子因参与学生运动被开除学籍乃至被捕，整个家庭也会随之蒙受池鱼之祸。因此，徐熙春最希望徐传贤能够安心读书，毕业后成为一名远离政治的专业人才，因为在民国时期的上海"凭本事吃饭"依旧是一条颠扑不破的金科玉律。为此，徐熙春决定采取"曲线救国"的办法应对，甚至亲自替徐传贤张罗了一门亲事，打算用婚姻来"捆"住孩子的躁动情绪。

然而，时隔二十五年后，当徐熙春的另一位子女参与学生运动时，他却再也没有阻拦，甚至不遗余力地帮助二女儿徐毓英招待好她的同伴。如果说徐熙春阻拦长子徐传贤参加学生运动，是缘于对中国社会情势的洞悉，那么此次支持女儿的动机则更缘于此：国民党当局的各项政策已令社

---

① 十年砍柴：《寻找徐传贤：从上海到北京》，现代出版社，2022年，第39—40页。

第九章 憧憬新中国,迎来新生活:保护学生与子女"北上" 〉〉〉

会大多数阶层感到不满,徐毓英等学生参与抗争还能让当局的部分政策有所退让,不至于一错到底。从1940年代末的学生运动及其结果来看,尽管国民党当局对积极参与的学生多采取强硬处置,但就学生提出的诉求而言,当局最终作出的退让与妥协也不在少数。正是这样的结果,往往让更多民众原本就艰难的生活有了些许喘息的机会。时任美国驻华大使司徒雷登(John Leighton Stuart,1876—1962)如是评价当时参与运动的学生:

> 中国学生也许比其他任何国家的学生更能像晴雨表一样反映出人心之所向。他们最敏感。他们的反映更为理智,更带自发性。他们也很少有什么顾忌。中国的学生是极其爱国的,可以巧妙地利用他们美好的动机去达到某种政治目的。[①]

显然,徐熙春与司徒雷登一样,也意识到了这一点。此时,在徐熙春看来,参与学生运动的年轻一代较之自己而言,由于接受了更良好的中西教育,因而有着更好的明辨力和是非观,进而能更理智地感知社会的晴雨冷暖,而不仅仅是流于一时冲动。在具体的行动策略上,徐毓英和她的同学们以周密的部署与灵活的应对取代了盲动与蛮干,展现出的恰是司徒雷登所言的"理智"与"自发性"。当时,有识之士们由此确信走上街头、振臂一呼的孩子们是中国的未来,能以自己的所学所知和爱国热情让更多人在不远的将来过上应得的美好生活。

[①] [美]司徒雷登:《在华五十年》,程宗家译,北京出版社,1982年,第180—181页。

⋘ 遇见徐熙春：在江南与上海之间

生意伙伴被"打老虎"

到了1948年，国民党政府的统治危机，特别是财政与社会经济方面的危机已经大大加深。由于军事上的接连失利，国民党政府的国库储备几近耗尽。1947年2月的"黄金风潮"后，中央银行黄金储备减少了60%，因此无法使用出售黄金的方式抑制通货膨胀。为此，1947年4月，国民党政府改组，蒋介石希望以此获得美国的财政支持，令"美援"成为国民党政府挽救财政危机的唯一希望。国民党政府原本寄望通过发行美元债券的方式弥补赤字，但行销效果不佳，形成空前的滞销局面，"美援"救济的方式由此失灵。至1948年，国民党政府实际支出高达340万亿元，而赋税收入仅50万亿元，使之无法有效支持国家财政。其中，赋税不足的原因是通货膨胀，而造成通胀的原因是庞大的财政赤字，由此造成了恶性循环。[①]

为填补巨额的财政赤字，政府只得仰赖超发货币的形式。仅1948年1—7月，钞票发行增量即达341万余亿元。其时，通货膨胀加上物资匮乏，令物价犹如脱缰野马般失控。至1948年6月，物价上涨速度突然加快，仅6月25日一日便发生上海商店每隔两三小时更改一次标价的荒唐事。为此，蒋经国于6月28日到达上海，坐镇指挥控制物价。上海警备司令部祭出武力控制物价一招，警告投机商人"要钱不要命，要命不要钱"，然而收效甚微。[②]

[①] 朱宗震、陶文钊：《中华民国史：1947—1949》，载李新总主编、中国社科院近代史研究所中华民国史研究室编《中华民国史》（第十二卷），中华书局，2011年，第307—308页。
[②] 同上书，第322页。

第九章　憧憬新中国，迎来新生活：保护学生与子女"北上"〉〉〉

货币崩溃造成社会经济秩序严重混乱，因此币制改革箭在弦上。原商务印书馆总经理王云五（1888—1979）于1948年5月31日奉命出任财政部长，主导币制改革方案的制定工作。经过一个多月的研究，王云五提出以币制改革为中心，辅以控制外汇、整理财政与管制经济组合拳的方案，拯救濒临破产的国家财政。该方案于7月8日提交至蒋介石处，并于8月19日晚在蒋亲自召开的国民党中央政治会议上通过，其主要内容包括发行总额为20亿元的金圆券，以1∶300万元金圆券的比值限期兑换原法币，禁止私人持有黄金、白银等硬通货及外汇等。上述政策展现了这场改革并非简单的货币制度更新，而是一次全方位的社会经济管控，以政府垄断与控制经济生活的形式，建立起一套全方位支援内战的社会经济动员模式。[①]

以币制改革为中心的新经济政策，其推行的一大关键在于控制住上海的经济。8月20日晨，蒋经国即衔命奔赴上海，开始做管制上海经济的各项准备。蒋经国参考在赣南的工作经验，将"戡乱建国总队"第六大队调往上海，以对付上海的工商界。之后，轰轰烈烈的"打老虎"行动在上海开展起来。首要的工作便是打击大商人与大资本家囤积物资，以及广泛存在的黑市交易。此外，规定全市出售稻米、纱布等民生物资，必须以8月19日价格出售，商户若高于此价标价，轻则吊销执照，重则严厉惩处。为此，蒋经国不惜动用司法与军警机关以推行经济管制。9月1日，蒋经国列出了当时囤积大户的名单，并按此进行抓捕行动。随后，一批企业家遭到

[①] 朱宗震、陶文钊:《中华民国史：1947—1949》，载李新总主编、中国社科院近代史研究所中华民国史研究室编《中华民国史》（第十二卷），中华书局，2011年，第329—330页。

《《《 遇见徐熙春：在江南与上海之间

逮捕，其中便包括徐熙春多年的商业伙伴、时任纸张业公会理事长的詹沛霖。①9月5日，詹沛霖以"囤货居奇"的罪名被警局收押，随即被送往提篮桥特种刑事法庭接受询问。②在押期间，詹沛霖坚决否认囤积纸张的行为，并强调堆存货物仅作经营之用。③经两个多月的取证调查，12月1日，特种刑事法庭以销售过程中未抬高价格、厂内纸张量不足囤积之用为由，宣告詹沛霖及其弟詹雨田无罪，并当庭释放。④

▲ 1948年，国民政府推行币制改革，发行金圆券遭遇惨跌（《文汇报》1948年10月12日第1版）

可以想见，当詹沛霖回到家门的那一刻，他多半是怀着劫后余生的庆幸之感。此时，詹沛霖一定知悉在这次"打老虎"行动中，林王公司经理王春哲因私套外汇的罪名被枪决一事。⑤自此之后，詹沛霖对时局与商场心灰意冷，不久后变卖资产离开了上海这一伤心地。之后，詹沛霖辗转香港以及英国、美国等地，并自1957

---

① 朱宗震、陶文钊：《中华民国史：1947—1949》，载李新总主编、中国社科院近代史研究所中华民国史研究室编《中华民国史》（第十二卷），中华书局，2011年，第341页。
② 《荣宏远许文彬收押 仓皇失措放声大哭 詹沛霖等仍待局继续侦查》，《申报》1948年9月5日第4版。
③ 《詹沛霖吴锡麟特刑庭昨提讯》，《申报》1948年9月12日第4版。
④ 《詹沛霖与詹雨田特刑庭宣告无罪》，《申报》1948年12月1日第4版。
⑤ 《王春哲被执行枪决》，《申报》1948年9月25日第4版。

第九章　憧憬新中国，迎来新生活：保护学生与子女"北上"

年起定居巴西圣保罗，直至1991年病逝。①其实，就在詹沛霖被捕前几个月，他还饶有兴致地为筹建青浦红十字会医院捐出了大额款项。不过，不知在多年老友詹沛霖身陷囹圄之时，徐熙春的内心是否因担心此案牵连到自己而忐忑不已？个中滋味，唯有自知。或许，徐熙春的担心同样是在詹沛霖获释之后才稍有放下吧。

国民党政府对詹沛霖的处理可谓"高高举起，轻轻放下"，很大程度上也是缘于币制改革及"打老虎"行动的破产。至1948年11月，金圆券已发行达19亿元，接近发行上限，但出于"军政需要"与"市面物价高涨"，国民党政府不得不于11月11日宣布取消发行限额，重新允许民众拥有黄金、外汇等通货，并同步公布金圆券与黄金、银币、美元等的兑换比例。自此之后，金圆券币值一泻千里。1948年底，上海、汉口等城市出现了民众大规模挤兑的情形，乃至闹出人命。②至1949年5月前，上海物价比1948年8月上涨了整整11万倍，金圆券已丧失货币基本功能③，币制改革可谓彻底失败。至于蒋经国的"打老虎"行动，也因无法触动孔氏家族经营的扬子公司，以及担忧在政治上造成对蒋氏姻亲集团的反冲击而偃旗息鼓。④此次以币制改革为中心的调控新政以满地鸡毛收场，在此过程中最受其害的便是城市小资产阶级，他们在金圆券发行初期将自己手中的黄金、外汇等兑换成新币，但在恶性通胀中蒙受了巨大损失，

---

① 谢勤国、王家伦、陈建红：《姑苏名宅》，东南大学出版社，2015年，第213页。
② 吴景平：《近代中国的金融风潮》，东方出版中心，2019年，第290—294页。
③ 朱宗震、陶文钊：《中华民国史：1947—1949》，载李新总主编、中国社科院近代史研究所中华民国史研究室编《中华民国史》（第十二卷），中华书局，2011年，第370页。
④ 同上书，第345页。

乃至不少家庭到了一无所有的程度。诚如国民党要人陈立夫（1900—2001）事后的回忆：

> 我们的财政政策把有钱的人民也变成没有钱了，没有钱的人，更是一无所有了。以前有句话我不太懂，这句话就是"民穷财尽"，到这时候我才懂得。政策一错，可使民也穷了，财也尽了，所有的有钱人，都变成了穷人，无钱的人都变成了赤贫了。

其实，"尽"的何止是财，更是民心！经济失控、社会失序、军事失利，令国民党政府的统治呈土崩瓦解之势，也让越来越多的民众像詹沛霖一样在对政府的一系列政策失望透顶之余彻底失去了幻想。

保护被通缉的进步学生

尽管时局已凋敝如此，国民党政府对学生运动的压制却丝毫没有手软的迹象。为强化对学生团体的控制，国民党政府在1947年底公布修订后的《学生自治会规则》，规定学生自治会成员需由学校训导处或教导处指定人选，且可被命令随时退职。同时，学生自治会活动仅局限于"学艺、健康、服务、风纪"等范围，且必须受校方监督，其决议也可由学校撤销。[1]上述一系列条文付诸实施后，学生自治团体名存实亡。该规则颁布后不久，南京中央大学的学生自治会即被强行解散。不过，国民党政府在上海高校

---

[1] 《学生自治会规则》（1947年12月6日），原件藏于同济大学档案馆，转引自王建云主编《冲破黑暗迎曙光——纪念同济"一·二九"事件五十周年》，同济大学出版社，1999年，第360—363页。

第九章　憧憬新中国，迎来新生活：保护学生与子女"北上" 〉〉〉

"碰了钉子"。当时，同济大学学生自治会由于主要成员在"五二〇"学生运动后被迫离校，新一届自治会理事残缺不全，需要改组。不过，同济大学校方根据新制定的《学生自治会规则》，极力阻止学生自治会自行改选。1948年1月11日，同济大学全校学生举办系科代表大会，通过学生自订的自治会章程，并在两天后投票选举产生新一届学生自治会。同济大学校方拒绝承认选举结果，禁止学生自治会一切活动并连续开除三批学生。为此，同济大学全校学生对校方的决定甚为不满，遂于19日开始罢课，要求学校收回成命、校长辞职。同济大学学生的行动获得了上海各校的声援，同时他们将事件真相通报新闻界，并积极组织进京（南京）请愿团。1月29日凌晨，数千名武装军警封锁同济大学校门，学生则趁军警不备冲出校门，4000余名准备赴南京请愿及送行的同学排列在其美路（今四平路）上，学生代表与上海市长吴国桢等官员谈判，要求撤回军警并收回开除学生的成命等，但遭到拒绝。当日下午，军警对学生进行镇压，致69名学生受伤和33名学生失踪。之后，学生代表再次向上海市政府施压，提出惩办凶手、撤回军警、释放被捕学生等要求。当晚，同济大学学生举办晚会控诉政府行径，但遭遇军警的粗暴闯入，先后有98名学生被捕。对此，中共上海学生工作委员会（简称中共上海学委）一方面组织被捕同学的狱中斗争，另一方面则积极展开营救工作。最后，国民党政府迫于强大的舆论压力，尽数释放了被捕学生。[1]同济大学的"一·二九"学生运动折射出国民党通过政策层面压制学生运动的努力已然破产，而中共地下党组织则借助学生

---

[1] 中共上海市委党史研究室编：《中共上海党史大典》，上海教育出版社，2001年，第61页。

自治会得以进一步发展。

与此同时，国民党政府在军事上进一步陷入被动。为防止统治区"后院失火"并造成局势进一步失控，1948年8月17日，国民党政府行政院发布"安定秩序、肃清匪谍"的命令，严厉打击国统区内的学生运动与工人运动。[1]为此，国民党政府针对学生运动骨干学校建立"行动组""服务队"等机构严密监控学生的一举一动，专门搜集进步学生的"黑材料"并在此基础上提出"黑名单"，将拘捕票送至学校要求交人，若不从则动用军警入校拘捕且交由特别法庭执行。[2]在政策层面无能为力的状况下，国民党政府对学生运动的镇压日趋残酷。为保护学生的有生力量，中共中央在8月22日发出指示，要求地下党组织要防止冒险倾向，并指示"一切蒋管区的城市，尤其是上海，应实行有秩序的疏散。不论党内党外，凡是已经暴露或为敌特注意的分子，都应设法离开岗位，首先向解放区撤退"。[3]同日，中共中央城市工作部给上海局、香港分局发出《关于应付蒋匪大逮捕各地学生的指示》，要求尽量撤退、疏散有被捕危险的党员与危险分子。[4]

此时，徐毓英的一些交通大学同学由于积极参加学生运动，被国民党当局列入"黑名单"。其中，不少人根据中共中央城市工作部的指示撤往

---

[1] 朱宗震、陶文钊：《中华民国史：1947—1949》，载李新总主编、中国社科院近代史研究所中华民国史研究室编《中华民国史》(第十二卷)，中华书局，2011年，第154页。

[2] 共青团上海市委员会青运史研究室、上海市青运史研究会编：《上海学生运动史》，学林出版社，1995年，第294页。

[3] 周恩来：《蒋管区斗争要有清醒头脑和灵活策略》(1947年8月22日)，载中共中央文献研究室、中央档案馆编《建党以来重要文献选编(1921—1949)》第25册，中央文献出版社，2011年，第432页。

[4] 共青团上海市委员会青运史研究室、上海市青运史研究会编：《上海学生运动史》，学林出版社，1995年，第295页。

第九章 憧憬新中国，迎来新生活：保护学生与子女"北上"

解放区，包括徐毓英、方宗坚的好友，来自浙江余姚、交通大学运输系的同学黄鉴海。作为学生运动积极分子，黄鉴海听从了中共地下党组织的工作安排，中止了交通大学的学业，于1948年8月前往解放区参加工作。根据要求，黄鉴海必须为自己起一个化名，以掩藏真实身份。为此，黄鉴海选择以"徐"作为新的姓氏，以感念徐熙春夫妇的特别照顾，也用此特别的形式将自己视作徐家的"编外成员"；将"青"作为名字，纪念自己在青浦"三育"补习班的点滴经历。1949年后，黄鉴海长期在铁路部门工作，保障了"钢铁动脉"的畅通运行。

然而，还有部分积极分子无法成功离开上海，他们只得在市内多地东躲西藏。经过前一年的接触，徐熙春对二女儿徐毓英的同学们有着不错的印象，孩子们在"三育"补习班启蒙进步青年、青春飞扬的模样依然深深地印刻于他的脑海中。徐熙春并不希望孩子们因军警的"大逮捕"行动而蒙难，为此托人把徐毓英及她的一位同学安排到青浦郊区教书，如此可以避开上海市区内国民党军警的耳目。针对一些仍然无法离开上海市中心的

▶ 1947年，徐毓英（后排左三）、徐传珍（后排左一）、黄鉴海（徐青，后排右一）与"三育"补习班学员在一起

进步学生,徐熙春则将他们接到自己在上海南市永安街的家中,掩护他们继续开展相关活动。徐熙春之所以敢作出如此安排,是因为这一地址距离交通大学徐汇校址较远,不易受到国民党军警的重点关注,而学生躲避至此反倒有了"灯下黑"的效应。[①]由于中共地下党事先截取了"黑名单",并据此紧急转移了名单上的学生与进步人士,因此在1948年8月国民党对进步学生的"大逮捕"中被捕学生仅92名,并经中共上海学委的积极营救,这些被捕学生最后被悉数释放。[②]

当然,徐熙春很清楚在恐怖高压的氛围下庇护进步学生的巨大风险,但他仍然义无反顾地保护孩子们,或许理由只是相信这些孩子们是至暗时刻下的一道微光,而且他们正值大好的青春年华,如果真落于国民党军警之手很可能凶多吉少,甚是令人忧心。然而,时局的日渐恶化并没有动摇国民党政府对进步学生的持续打击。1949年4月21日,人民解放军发动渡江战役,并在两天之后攻占南京。此时,即便大势已去,国民党政府却仍然无半点松手之意。26日深夜,在淞沪警备司令部的统一部署下,国民党政府出动大量军警包围上海各大专院校,共计逮捕学生356人,其中交通大学就有55人,同时被捕学生中有近百位中共地下党员。为此,中共上海学委大力组织营救:先在报上公布被捕学生名单,以此向国民党政府施压;进而联系各界人士与学校营救,通过保释方式让大部分被捕学生重获自由。之后,进攻上海的解放军部队专门派出一支小队,以武装营救的方

---

① 徐传珍:《回忆我的父亲与母亲》,载徐家益、徐建新主编《青浦徐氏族谱考正集暨纪念徐熙春130年华诞》,上海,2014年,第145—146页。

② 共青团上海市委员会青运史研究室、上海市青运史研究会编:《上海学生运动史》,学林出版社,1995年,第297页。

第九章　憧憬新中国，迎来新生活：保护学生与子女"北上"

式在国民党政府已下达处决命令前救下了剩余被捕学生。①

令人痛心的是，依然有进步学生没能逢凶化吉，与徐毓英同年出生的同系师弟史霄雯便是其中最知名的一位。史霄雯，原名仕伯，出生于上海，年幼丧父、家境贫寒，母亲含辛茹苦地将兄弟二人养大成人。1939年，史霄雯没有辜负母亲的期望，考入上海澄衷中学。在中学期间，史霄雯展现出对文学强烈的爱好，尤好阅读鲁迅、茅盾等左翼作家的作品。初二时，史霄雯便以"霄雯"为笔名在叶圣陶主编的《学生月刊》第10卷第2期发表6000余字的短篇小说《幻灭》，控诉抗战时期上海底层民众的悲惨生活。②同时，史霄雯的理科成绩也十分出色，曾连续两届获得澄衷中学自然科学基金。1942年，史霄雯以优异成绩考入沪江大学附中高中部，并历年皆担任班长、级长。出身清寒家庭的史霄雯始终保有一颗关爱困难同学的心，曾在1944年暑假与同学一起创办义务学校，免费为失学青年补习文化知识，并将文学创作稿费捐给学校中经济困难的同学。

1945年，史霄雯考入上海交通大学化学系，由此成为徐毓英的师弟。由于史霄雯学习努力、待人真诚、办事认真，很快便获得同系同学的信任，被选为交通大学化学会会长。1945年底，昆明爆发了轰轰烈烈的"一二·一"反内战运动，史霄雯曾在日记中表示："用我们的血来写民主的第一章，用我们的行动、我们的血肉、我们的一切来抵抗法西斯帝国主义。"史霄雯没有违背自己的誓言，于1947年加入由中共地下党领导的中

---

① 共青团上海市委员会青运史研究室、上海市青运史研究会编：《上海学生运动史》，学林出版社，1995年，第297—298页。

② 霄雯：《幻灭》，《学生月刊》第10卷第2期，1941年，第49—54页。

<<< 遇见徐熙春：在江南与上海之间

国技术协会，并在协会成员的帮助下积极参加各项学生运动。在护校运动中，史霄雯在标语组工作，主要负责张贴标语、编写刊物、出黑板报等工作，向校内师生宣传革命思想与国内外时事。在"五二〇"学生运动中，史霄雯曾目睹同窗被国民党军警逮捕，心情十分沉重。不过，这也激发了史霄雯对国民党当局更深切的憎恶，以及对公平正义更执着的追求。1948年秋，在校内学生运动骨干因防范"大逮捕"被有序撤离的情势下，史霄雯被选为交通大学学生自治会执委学术股长，坚持在校园内服务同学。在学生自治会工作时，史霄雯编写《每日文摘》及《每日新闻》，向校内学生介绍解放区的情势及重要的革命历史文献，但也由此被国民党当局"重点关注"。

▲1950年，史霄雯、穆汉祥烈士墓碑坐落于上海交通大学徐汇校园

1949年寒假，校园中便流传史霄雯的名字列入"黑名单"的传言，但他不为所动，仍然坚守岗位。在4月国民党当局发布的最后一份"黑名单"中，史霄雯之名位列第一位。26日晨，国民党军警进入交通大学校园搜捕名单上的学生，史霄雯机敏地躲过，并继续开展策应城外解放军行动的各项工作。然而，5月2日，在搭乘电车时，史霄雯被国民党当局的情报人员认出后逮捕，随后被投入福州路警察总局狱中。在

第九章　憧憬新中国，迎来新生活：保护学生与子女"北上"

囚禁期间，史霄雯即便遭受各类严刑拷打，依然不改坚定意志。[①]5月21日，史霄雯与交通大学另一位学生运动骨干、25岁的穆汉祥在位于闸北宋公园的刑场从容就义，他们没能看到六天之后的上海解放，也没有看到10月1日第一面五星红旗在北京升起。6月5日，交通大学师生在校内的新文治堂为史霄雯、穆汉祥二人举办隆重的追悼会，并将他们的遗体安葬于校园内，更在一年后立碑纪念。[②]今天，"史霄雯穆汉祥二烈士纪念碑"依然静静地注视着来来往往的一代代交通大学的学子，并默默地见证着他们的成长。

子女"北上"开新篇

"同胞们，中华人民共和国中央人民政府，今天成立了！"当徐熙春和孩子们在1949年10月1日从收音机中听到这一庄严宣告时，他们内心的激动与对未来美好的憧憬是不难想象的。徐熙春的两位子女——长子徐传贤、幺女徐传珍，也随之经历了改变他们人生轨迹的大事，而他们就此离开了生于斯、长于斯的故乡青浦，从此开启了人生的另一篇章。

徐传贤作为邮政专业技术人才，先是担任华东邮政管理总局（位于上海）业务处运输科科长。到了1949年11月，徐传贤则接到新组建的中华人民共和国邮电部的调令，前往北京担任协调国际邮务事宜的业务代

[①] 上海交通大学校志编纂委员会编：《上海交通大学志（1896—1996）》，上海交通大学出版社，1996年，第1125—1126页。
[②] 上海交通大学党史校史研究室编：《民主堡垒：战斗在交通大学的中共地下党（1925—1949）》，上海交通大学出版社，2007年，第253—255页。

表。①由此，徐传贤成为成千上万北上支援首都建设的"沪才"之一，就此彻底离开了长期生活与工作的上海。当时，除了为数甚众的工业、金融、科技、文教等人才从上海调往北京之外，一些在上海已打响名头的老字号也跟着来到百废待兴的新首都北京：出版业的商务印书馆与中华书局、餐饮业的老正兴与美味斋，还有理发店、裁缝铺等涉及民生服务的店铺，在北京热闹的王府井、前门、西四等地也慢慢生了根。②

不同于国民政府将邮政总局与电信总局作为两个平行部门并同隶属交通部的行政架构，中华人民共和国借鉴苏联做法将邮、电合一，于1949年10月成立独立的邮电部，主管全国邮政与电信事业，隶属中央人民政府政务院，首任部长由与徐传贤同年考入上海邮局的朱学范（1905—1996）担任。③徐传贤调入邮电部后，参与的第一项重大工作便是参加中朝互通邮电的谈判工作，并作为中华人民共和国的代表之一在《中朝互通邮电协定》上签字。至1950年初，邮电部下属的邮电总局成立，徐传贤被委任为邮联处处长。至当年9月，邮电部内机构改革后，徐传贤又出任新成立的国际关系处副处长，负责邮联工作。④

在此前后，徐传贤又连续参加了两次重要的国际会议，并用自己的专业能力自始至终地为维护中华人民共和国的邮权据理力争。1950年5月21日，他作为中国全权代表苏幼农（1903—1982）的随员，赴瑞士蒙特罗参加万国邮政联盟（Universal Postal Union，UPU）大会。这次会议是中华人

---

① 徐传贤：《自传》，载钱益民编《传邮万里 贤达人生》，上海，2020年，第33—34页。
② 十年砍柴：《寻找徐传贤：从上海到北京》，现代出版社，2022年，第218—219页。
③《中华人民共和国政权组织》，载中共中央组织部、中共中央党史研究室、中央档案馆编《中国共产党组织史资料·附卷1》（上部），中共党史出版社，2000年，第87页。
④ 徐传贤：《自传》，载钱益民编《传邮万里 贤达人生》，上海，2020年，第33页。

民共和国外交史上的一次重大突破,因为"中国代表权之争"在美苏"冷战"格局下成为一个异常重要且敏感的问题,国民党蒋介石的代表多次阻挠中华人民共和国代表参加各类国际会议。苏幼农、徐传贤等代表能够出席万国邮政联盟大会,是时任外交部长致电联合国秘书长赖伊(Trygve Halvdan Lie,1896—1968)和万国邮政联盟执行及联络委员会秘书长赫斯(Dr. Fritz Hess)要求驱逐国民党蒋介石代表的结果。然而,在此次会议中,中华人民共和国的入会提议遭投票否决,而在苏幼农、徐传贤等代表参会前,瑞士代表提出中华人民共和国代表可参会,但国民党仍保留会籍的折中方案,并获得投票通过。

▲1950年,徐熙春长子徐传贤(右四)在瑞士蒙特罗举行的万国邮政联盟执行及联络委员会会议上

果然，这一方案留下了隐忧。在1951年1月22日于埃及开罗召开的万国邮政联盟执行及联络委员会与国际航空运输协会商谈的联席会议上，中国代表权问题再次成为会上各方尖锐交锋的话题。苏幼农、徐传贤二人再度分别以顾问、随员身份参与会议。会上，苏幼农发表声明，强烈谴责国民党蒋介石非法窃取万国邮政联盟的代表权，以及美国等国对此的纵容，乃至连这样的纯技术性机构都无法让中华人民共和国获得合法的列席与代表权益。最后，苏幼农严正指出，中华人民共和国代表是万国邮政联盟唯一合法的中国代表。临近会议尾声，苏联代表提议承认中华人民共和国为合法代表的提案获得通过，苏幼农等代表也被邀请参加委员会工作。但是，万国邮政联盟受美国的影响，于3月8日提出国民党集团与中华人民共和国邮政总局并立的征求意见。对此，中华人民共和国邮政总局于4月17日致电万国邮政联盟，提出严正抗议。4天后，万国邮政联盟回应此征求意见，其中33国代表支持国民党集团，23国代表支持中华人民共和国，其余30个会员国弃权或不作回复。5月13日，苏幼农再次致电万国邮政联盟严正抗议这一结果，但遭万国邮政联盟方面的无视，并拒绝中国代表参加21日的万国邮政联盟执行与联络委员会会议，取而代之的则是国民党集团的代表。该日会议上，在美国等国代表的施压下，通过了剥夺中华人民共和国在万国邮政联盟的代表权的决议。自此，中华人民共和国与万国邮政联盟中断交往长达二十一年，直至1972年4月13日万国邮政联盟通过中华人民共和国为中国唯一合法代表的决议，同年5月8日中国决定加入。①

---

① 宗道一：《1950年新中国在万国邮政联盟打开缺口》，《党史博览》2010年第9期，第21—22页。

第九章 憧憬新中国，迎来新生活：保护学生与子女"北上"

尽管谈判结果并不尽如人意，但徐传贤的表现仍然获得了邮电部的高度认可，更成为老父亲徐熙春心中莫大的骄傲。据徐熙春长孙徐家善回忆：

> 当祖父得知父亲在新中国成立初期为我国的国际通邮、通电做了大量工作，成绩卓著时非常高兴。祖父并为父亲能勤奋自学，艰苦奋斗，从一个未结业的中学生[①]成长为精通英、法、俄等多种外语，具有很高学识和专业能力，并为新中国的邮电事业有所建树的国家公务人员，感到欣慰和骄傲。祖父也经常以我父亲为榜样鼓励我叔叔、姑姑、我兄弟辈要像我父亲那样刻苦学习，努力工作，为国争光。[②]

不过，与徐传贤一同前往北京赴任的并不是父亲徐熙春为其安排的妻子盛希珍，而是他在重庆工作期间结识的，当时在国民政府储汇局会计处工作的常熟姑娘章一涵。[③]章一涵比徐传贤小10岁，长得端庄秀丽，且又善解人意，相比包办婚姻的发妻盛希珍这样文化有限、难有共同语言的传统女性而言自然更有难以言喻的吸引力，加之她还曾在徐传贤患病时无微不至地加以照顾。可以说，一位是十里洋场中才华出众、相貌堂堂的才子，另一位则是通过重重难关考入储汇局的才貌双全的淑女。[④]1947年4月20日，徐传贤与盛希珍在上海《大公报》登报声明离婚。1948年，徐传贤与章一

[①] 徐传贤于1924年中止在中法国立通惠工商学校（后于1927年改名为中法国立工商专科学校，1931年改名为中法工学院）预科的学业，考入上海邮局。由于学校性质为高等商科，因而严格意义上徐传贤不能称为中学肄业生，而是大学肄业生。

[②] 徐家善：《父子情深》，载徐家益、徐建新主编《青浦徐氏族谱考正集暨纪念徐熙春130年华诞》，上海，2014年，第168页。

[③] 徐传贤：《自传》，载钱益民编《传邮万里 贤达人生》，上海，2020年，第30页。

[④] 十年砍柴：《寻找徐传贤：从上海到北京》，现代出版社，2022年，第168—169页。

涵在上海成婚，租住在位于上海虹口区长春路启秀坊公寓。①不过，出于对前妻盛希珍和孩子们的愧疚与责任，徐传贤承诺继续供养盛希珍以及尚未成年自立的子女。调京赴任后，徐传贤依然不忘此事，定期向前妻盛希珍和未成年子女汇款。

1950年初调往北京后，徐传贤、章一涵夫妇俩先被安排到栖凤楼胡同邮电部宿舍暂住。②1954年，徐传贤以行政十一级的身份搬入邮电部在西直门前半壁街35号宿舍大院内的"专家楼"，月薪195元人民币，而章一涵则被安排到位于酒仙桥的邮电部506厂担任会计。③徐传贤、章一涵夫妇二人在北京育有二子，考虑到岳父母家中并无男丁，于是徐传贤决定让两个孩子随母姓；另外，在起名方面也不再遵循徐氏家族以"公、正、传、家"字辈起名的规则，分别为他们起名"卫平""永平"，既实现了与传统价值观的切割，又颇呼应时代色彩，还借以表达了在新城市平安生活的心愿。④为表达对社会主义制度的强烈拥护，徐传贤在1953年加入中国国民党革命委员会（简称民革），并任邮电部支部委员。⑤由此看来，徐传贤在北京最初的时光，还颇有春风得意之感。

徐传贤的五妹徐传珍则与大哥一样，从震旦大学毕业后，踏进了"北上"的队列。中华人民共和国成立后，新中国经济建设总公司从石家庄派出工作人员到上海招募新员工，于是徐传珍与同学三人兴奋地前往报名并

---

① 十年砍柴：《寻找徐传贤：从上海到北京》，现代出版社，2022年，第198—200页。
② 同上书，第229页。
③ 同上书，第257页。
④ 同上书，第245—246页。
⑤ 北京邮电学院政治部：《关于徐传贤同志历史问题的审查结论》（1978年11月29日），载钱益民编《传邮万里 贤达人生》，上海，2020年，第36页。

被录取。该公司为中共中央为解决中直机关物资供应问题，于1948年10月在河北西柏坡成立，实际名称为"中共中央直属机关经济建设部"，主要负责生产各中直机关需要的衣物、文具、日常用品等。新中国成立后，该公司在石家庄分设烟草、农具机械、石墨三座直属工厂。[1]此时，徐传珍即将要奔赴一座千里之外、经济还不甚发达的小城市工作，而此前她从未出过远门，更未远离过家人、故乡，这对二十出头的小姑娘而言，既是生活中艰巨的挑战，更需要得到父母的鼎力支持。不过，徐熙春对女儿徐传珍"北上"工作的想法甚为认可，甚至亲自替女儿准备行装，一路送行。从此，徐传珍也加入了浩浩荡荡的新中国建设大军。[2]到了1952年，新中国经济建设总公司完成其历史使命，于当年3月"功成身退"，所属中央产业全部移交地方有关部门。[3]此后，徐传珍调入北京，退休前为中国社会科学院工业经济研究所的高级统计师。[4]

无奈卷入"医院风波"

1949年后，徐熙春由于多年经办地方公益事业，深受民众的爱戴与尊敬；加上作为私营工商业者，能够积极地靠拢新社会，拥护土地改革与对工商业的社会主义改造，因而受到青浦县政府的高度肯定，获"开明绅

---

[1] 刘静：《鲜为人知的"新中国经济建设公司"》，《湖北档案》2013年第8期，第38—39页。

[2] 徐传珍：《回忆我的父亲与母亲》，载徐家益、徐建新主编《青浦徐氏族谱考正集暨纪念徐熙春130年华诞》，上海，2014年，第146页。

[3] 刘静：《鲜为人知的"新中国经济建设公司"》，《湖北档案》2013年第8期，第39页。

[4] 十年砍柴：《寻找徐传贤：从上海到北京》，现代出版社，2022年，第278页。

士"的称号。①以当时的定义而言,"开明绅士"指"地主阶级中某些个别的人,曾经反对蒋介石反动统治和帝国主义侵略,以积极行动赞助人民民主事业,并拥护人民民主专政和赞助土地改革的人"②。徐熙春条条符合,因而获得该称号,可谓实至名归。

徐熙春留在上海的孩子们也慢慢地成家立业,让老父亲颇为省心。其中,次子徐渭江协助打理美新公司,在门市部中总是能看到他忙碌的身影;长女徐珠英找到了一份小学教职工作,成为一名光荣的人民教师;③次女徐毓英先参加上海人民保安队投入护厂等运动,1949年后则由上海市委组织部分配到华东人民革命大学工作,参与初创其附属工农速成中学的工作,1962年后该校更名为复旦大学附属中学。④一切都是如此美好!

然而,堂侄徐凤墀卷入的一起"医院风波",却险些让徐熙春名誉扫地、晚节不保。至今,徐家后人保存了一份1982年上海市中级人民法院的刑事判决书,简单地记录了这起风波的来龙去脉。

此处先介绍一下徐凤墀的经历。徐凤墀,族谱名徐传第,生于1907年,是徐熙春长兄徐桂舲的次子。⑤1921年3月,徐凤墀与堂弟徐传贤同时考入了中法国立通惠工商学校。⑥不过,与徐传贤一样,徐凤墀也没有在此完

---

① 徐毓英:《弘扬先人爱国奉献精神》,载徐家益、徐建新主编《青浦徐氏族谱考正集暨纪念徐熙春130年华诞》,上海,2014年,第140页。
② 陈北鸥编:《人民学习辞典》,广益书局,1952年,第335页。
③ 徐珠英:《怀念父亲——徐公熙春》,载徐家益、徐建新主编《青浦徐氏族谱考正集暨纪念徐熙春130年华诞》,上海,2014年,第135—136页。
④ 复旦大学附属中学党委:《徐毓英同志生平》,上海,2022年7月20日。
⑤ 徐公理、徐公修编:《徐氏宗谱》(卷下),上海,1931年,第45页。
⑥《上海中法通惠工商学校录取新生名单》,《申报》1921年3月1日第1版。

成学业。之后，徐凤墀考入财税系统成为一名公务员，曾先后出任浙江财政厅稽查员、硖石统捐局长兼海昌同乡统捐局长、海门统捐总局局长。[①]

在本职工作之外，徐凤墀也展现出高于同龄人的文字功底，这可以从他在1925年的一篇报刊投书中窥见一二。在这篇刊登于《先施乐园日报》、名为《游佘山记》的短篇游记中，徐凤墀细致地描绘了自己与堂兄徐传经（又名徐训畲）等人游览佘山的行程，以及所见的各色美景。[②]《先施乐园日报》于1918年在上海创刊，由先施乐园游艺场创办，历任主编有周瘦鹃（1895—1968）、刘半农（1891—1934）等文坛知名人士。该报是一份定位"弘扬风雅"的娱乐报纸，同时"鼓吹实业和陶铸国人新脑"。由于其金主是上海著名的四大百货之一——先施公司，故其是一份颇有影响力的娱乐小报。[③]在徐凤墀18岁的年龄时，其文能成功登上该报，足见其写作方面的过人才华。

1937年上海沦陷后，徐凤墀与家人移居至香港生活。[④]由于徐凤墀的公务员身份及写作方面的才能，不久后被国民党宣传机构网罗，成为负责督印报纸的工作人员。抗战时期的香港，华人媒体业甚为发达，中文报纸除民营的华侨、工商、星岛等报之外，时政报纸方面有汪精卫派的《中华日报》、桂系的《珠江报》、救国会的《生活日报》、中共地下党的《华商报》与《光明报》、民社党的《国家社会报》等。表面上，上述报纸都拥护国民政府的抗战政策，但稍加分析则会发现各报拥护程度稍有不同，因

---

① 徐公理、徐公修编：《徐氏宗谱》（卷下），上海，1931年，第45页。
② 徐凤墀：《游佘山记》，《先施乐园日报》1925年7月24日第4版。
③ 郭骥、黄薇主编：《近代上海小报图录》，上海大学出版社，2018年，第39页。
④ 来源于陆轶隽、王泽军对徐家益的采访，2022年11月10日。

而纸质媒体成为蒋介石、汪精卫等多方政治势力在香港角力的又一战场。为占领香港媒体的舆论宣传高地，蒋介石政权于1939年6月起创办《国民日报》(The National Times)，由陶百川（1903—2002）主持，与香港各报展开"笔战"，宣传蒋介石政权的抗战立场。陶百川于1940年奉令调回重庆后，由陈训悆（1907—1972，陈布雷之弟）接任主编。太平洋战争后，《国民日报》与香港政府密切合作，立论方针旨在鼓舞士气、激励人心，每日发行四开报一张，从未间断，直至1941年12月25日香港沦陷。其时，徐凤墀即负责《国民日报》的督印工作。① 至抗战胜利后，《国民日报》复刊，并从1948年5月15日起创办《国民晚报》且仍由徐凤墀督印，不过仅办了两个多月便在同年7月26日停刊。② 此后，出于对国民党宣传机器失能的极度失望，徐凤墀选择返回上海，帮助堂叔徐熙春打理青浦红十字会医院。③

1952年，青浦红十字会医院内发生一桩丑闻：护士顾某与医院内一位医师偷情，后被该医师妻子检举至院方。当时，负责管理医院人事的徐凤墀知悉后，决定解雇顾某。顾某因此事在工作单位名声扫地，而且饭碗也丢了，于是羞愧难当愤而服毒自尽。事后，顾某的家人向青浦县法院提交诉状，指控徐凤墀将顾某"威逼至死"。青浦县法院遂以该罪名判处徐凤墀有期徒刑三年，而徐凤墀不服，遂向江苏省人民法院松江分院上诉，但并没有改变结果。受堂侄徐凤墀牵连，青浦红十字会医院的实际负责人徐熙春也被追究刑事责任，原本也可能被判实刑，但考虑到其"开明绅士"的身份以及周围邻里的求情，最终被判以缓刑并未实际收监，但从此"留

---

① 秦孝仪主编：《中国现代史辞典·史事部分》第2卷，1987年，第44页。
② 叶灵凤：《叶灵凤日记》（上册），卢玮銮笺，张咏梅注释，三联书店，2020年，第41页。
③ 来源于陆轶隽、王泽军对徐家益的采访，2022年11月10日。

第九章　憧憬新中国，迎来新生活：保护学生与子女"北上"

了案底"。①

从今天的眼光来看，徐凤墀勒令解雇犯错职工的行为并无不妥，顾某自尽虽与解雇一事有关，但尚不足以形成直接的因果关系。徐凤墀当时被判以实刑，除了由于当时处在"镇反"时期对各类犯罪分子从重处理，恐怕与其1949年前的一些经历不无关系。徐凤墀刑满释放后，长期遭受不公平的待遇，直至1982年经上海市中级人民法院重新调查并复审后，认为原判决"以威逼至死科刑不当"，遂撤销原判决并宣告徐凤墀不负刑事责任、徐熙春无罪。②

此次"医院风波"对徐熙春的打击不可谓不大，不仅因为自己险些面临牢狱之灾，更是因为其一手创立的医院出现了如此丑闻，同时邻里间的闲言碎语对他而言不啻为一把把剜心的利刃。要知道，青浦红十字会及青浦红十字会医院对徐熙春而言早已被视作自己的"骨肉"，他无法承受自己投入大量心血的医院就此沾上污名。一段时间内，徐熙春变得沉默寡言，形象也较之前更为苍老。1953年，青浦红十字会完成改组后，徐熙春辞去会长一职，但保留了常务理事的身份。③或许，正是在这次风波后，伴随着年老体衰，徐熙春第一次认真地考虑急流勇退，而阅经世事沧桑后在此时"放手"可能也是对自己的一种保护吧！

---

① 该段内容综合参考徐氏后人的回忆资料，以及《上海市中级人民法院刑事判决书（82）沪中刑申字第228号》（1982年）。
② 《上海市中级人民法院刑事判决书（82）沪中刑申字第228号》（1982年）。
③ 来源于《徐熙春美新公司要事记事本》（1956年），由徐熙春外孙方针提供。

第十章 一代商人慈善家的人生终章：公私合营与颐养天年

1950年代，徐熙春已年过七旬。此时，徐熙春不同于人生早年的充满干劲，由于健康、时局等原因，他一点点卸下了青浦红十字会事务与商场耕耘的重担。不过，好在徐熙春的子女们都已长大成人，并且在各自的事业上开始有所成就。至1960年代，徐熙春有幸见到了自己的两位曾孙，安享四世同堂，可谓令人称羡的幸福生活。在人生最后的时光，徐熙春选择远离纷扰的世事，将剩余的精力投入到子孙辈的照护与教育上，继续尽到一位家族大家长应有的责任。直至1965年，徐熙春的人生篇章画上最后一个句点，至此走完了一代商人慈善家的人生历程。

美新公司参加公私合营

1956年，徐熙春一手创办的美新公司，以全行业公私合营的形式，纳入上海市文教用品工业公司的统一管理。对于已经成立了二十八年的美新公司而言，这是具有里程碑意义的一件大事。

此处有必要交代一下1949年前后上海油墨行业的发展状况。作为近代印刷行业的中心原料之一，晚清民国上海的印刷、媒体等行业对油墨有着极大的需求。不过，自清代中后期西方近代印刷术传入中国后，一个多世纪以来中国使用的油墨全部依赖进口，耗资巨大。中国人必须自己生产质优价廉的油墨，逐渐成为印刷业内有识之士的共识。1913年，供职于北京清华学堂的理科教授叶兴仁根据日常研究成果，自行研制出可用来印书、印报的两类印刷油墨，并在上海东百老汇路（今东大名路）建立了中国人第一家自办的油墨工厂——"上海中国油墨厂"，其产品行销上海申报馆、北京国民公报馆等媒体机构及商务印书馆、中华书局等出版商。此后，除民族企业家创办华商油墨厂外，商务印书馆等出版机构也专门辟出油墨部，并聘请外国技师指导生产。[①] "五卅运动"后，华商油墨企业有了更大发展，各厂生产出品类不同的拳头产品，如上海中国油墨厂等长于铅印油墨、骏大油墨厂等精于石印油墨等。至1930年代，上海油墨业全行业产量达100万磅以上，建立起了一套分工明确、生产高效的产业体系。[②] 美新公司则专精于誊写油墨的生产，在该体系中也逐渐占得一席之地。此后，上海生产油墨的企业逐步增加，至1949年时已达24家，皆为私营。不过，民国时期上海的油墨厂大多为改制加工的作坊式生产，产能较低，且只能生产铅印、石印等较低端的油墨品类，稍高级的品类只能依赖进口。[③]

1949年后，由于政府禁止从国外进口油墨，伴以扶植国营厂商发展，

[①] 赵春英、张树栋：《中华印刷图史》，中国书籍出版社，2018年，第164页。
[②] 上海轻工业志编纂委员会编：《上海轻工业志》，上海社会科学院出版社，1996年，第154页。
[③] 金银河编：《中国包装印刷技术发展史》，青岛出版社，2011年，第334—335页。

第十章 一代商人慈善家的人生终章：公私合营与颐养天年

上海的油墨厂从24家大幅增加至58家[①]，生产品种达4000种以上[②]。有鉴于印刷行业对于宣传工作的特殊重要性，油墨作为基础原料势必被加以更严格控制，因而油墨业成为较早开展工商业社会主义改造的行业之一。至1953年底，上海的大部分油墨厂已完成社会主义改造的初级阶段，即实现国家统购。一年后，油墨厂则进入到加工订货、统购包销的中级阶段，并确立统一的行业生产规格，国营任务占到生产总值的90%以上。不过，此时上海多数油墨厂存在设备简陋、技术落后、生产分散等问题。据上海市油墨工业同业公会统计，截至1955年底，在上海的油墨行业中，职工人数16人以上的大型工厂较少，占比更高的是职工人数在10人左右的小型工厂，且大厂与小厂在设备资金、人员配置等方面分配并不平衡，不利于完成国家规定的生产任务。为此，上海市油墨工业同业公会提出全行业公私合营的方案，以大厂带小厂、先进带落后的组织形式，实现业内工厂人力、物力的统一调配与资源的合理使用，从而提高整个行业的生产技术。具体执行层面，在全行业内以品种、色彩两个标准划分生产厂，并确立规模较大的中心厂托管周边若干个附属厂，由中心厂确立生产指标、分配生产任务的原则。[③]当时，全行业公私合营是上海开展民族资本主义改造工

[①]《上海市油墨工业同业公会关于呈请全业公私合营进行改组改造以便更好地完成国家任务的请示》，载《上海市工商业联合会档案》，1955年，上海市档案馆藏，档案号：C48-2-1169-61。

[②] 上海轻工业志编纂委员会编：《上海轻工业志》，上海社会科学院出版社，1996年，第154页。

[③]《上海市油墨工业同业公会关于呈请全业公私合营进行改组改造以便更好地完成国家任务的请示》，载《上海市工商业联合会档案》，1955年，上海市档案馆藏，档案号：C48-2-1169-61。

遇见徐熙春：在江南与上海之间

▲1950年代，徐熙春工作笔记本内页，分别为1952年（左）和1956年（右）所记

作的主要手段之一，这是由于该方法既能加快合营速度，整个行业一起搞要比一个厂一个厂搞效率上去不少。同时，这个方法便于全行业开展生产改组与统筹规划，从而更贴合计划经济的运作模式。[1]1956年，油墨业实现全行业公私合营。

早在1941年，美新公司因时局动荡导致经营困难，遂将印刷业务剥离

---

[1] 陈祖恩、叶斌、李天纲：《当代政治》，载熊月之主编《上海通史·第11卷》，上海人民出版社，1999年，第114页。

290

第十章　一代商人慈善家的人生终章：公私合营与颐养天年

出来，交由徐熙春的妻弟董友仙打理。①由此，美新公司在业务上更侧重印刷材料的生产与销售。1946年，美新公司更名为美新印刷材料股份有限公司，专营油墨，并向经济部备案登记。②1952年4月，美新公司加入油墨工业同业公会。③因此，在1956年，美新公司随整个行业共同加入公私合营，由上海市第一轻工业局下属的文教用品工业公司统一管理。根据1956年3月的财产清理及估价报告，美新公司当时有职工23人，属于大型生产企业。④因此，在公私合营之初，美新公司被定为油墨业的中心厂，代管东方科学墨水厂、亚洲文具工业社等12家企业的生产与经营。⑤至1956年底，上海全市56家小型油墨厂进一步整合为三兴、利丰、通文、万兴、大隆、振兴、公盛等7家油墨厂，使用星牌、僧帽牌、铁锚牌、天鹅牌、三环牌、孔雀牌、金鱼牌等7个商标。⑥由此，美新公司遂成为通文油墨厂的

---

①《美新印刷材料股份有限公司关于声明与董友仙所经营的美新印刷厂机构无关、工人逼迫负责不能接受请判明责任的呈》，载《上海市劳动争议仲裁委员会档案》，1950年，上海市档案馆藏，档案号：B128-2-250-49。

②《上海市社会局关于美新印刷材料股份有限公司登记问题与经济部的往来文书》，载《上海市社会局档案》，1946年，上海市档案馆藏，档案号：C6-1-5600。

③《上海市油墨工业同业公会入会书：美新公司》，载《上海市油墨工业同业公会档案》，1952年，上海市档案馆藏，档案号：S110-4-5-152。

④《上海市文教用品工业公司关于恒升油墨厂、美新印刷材料股份有限公司（中心厂及代管厂）财产清理及估价报告表》，载《上海市文教用品工业公司档案》，1956年，上海市档案馆藏，档案号：B387-1-88。

⑤《上海市文教用品工业公司1956年全行业合营后企业组织系统设置表》，载《上海市文教用品工业公司档案》，1956年，上海市档案馆藏，档案号：B387-1-21。

⑥上海轻工业志编纂委员会编：《上海轻工业志》，上海社会科学院出版社，1996年，第154页。

代管工厂,失去中心厂的地位。①至1958年,7家油墨厂合并组建为上海油墨厂,成为全市唯一专业生产油墨的工厂,使用牡丹、铁锚二牌。②至此,美新公司彻底走入历史。

从表面上看,油墨业者对于公私合营的构想欢迎之至。在1955年底申请公私合营的申请书中,华丰等油墨行的业主如詹雨田等表示:

> 现在我们抱着万分诚恳的态度拥护政府采取和平改造私营工商业的方针,认识到当前工商业必须进行社会主义改造,同时亦为今后的唯一光明道路与努力方向。我们在提高自觉的基础上,抱着很愉快的信心来接受改造,以便进一步努力学习,提高思想认识,积极参加社会主义建设事业,因此我们请求政府在纳入仪器文具商业组织下接受我们等七户油墨商业申请,一同公私合营,以便更好地积极为人民服务,做一个光荣的劳动人民。③

徐熙春也在全行业公私合营之初受到政府的充分信任,继续出任美新公司经理一职,同时其次子徐渭江则出任副厂长。④然而,徐熙春的心境在全行业公私合营,特别是1956年底接受通文油墨厂代管后,或许更为复杂:一方面,美新公司是徐熙春一手创立,"飞马牌"誊写油墨长期畅销,

---

① 《上海市文教用品工业公司1956年中心厂调整后工厂目录表》,载《上海市文教用品工业公司档案》,1956年,上海市档案馆藏,档案号:B387-1-29。

② 上海轻工业志编纂委员会编:《上海轻工业志》,上海社会科学院出版社,1996年,第154页。

③ 《上海华丰油墨号、俭记油墨号、兴业油墨材料行等关于申请公私合营的请示》,载《上海市工商业联合会档案》,1955年,上海市档案馆藏,档案号:C48-2-1176-13。

④ 《上海市文教用品工业公司1956年中心厂调整后工厂目录表》,载《上海市文教用品工业公司档案》,1956年,上海市档案馆藏,档案号:B387-1-29。

第十章 一代商人慈善家的人生终章：公私合营与颐养天年

而今只得服从大局，失去原自有品牌的同时还要接受其他工厂的生产安排。对于一家已经成立二十八年、早已被徐熙春视为"骨肉"的老公司而言，这一切当然会令徐熙春怅然若失、恋恋不舍。另一方面，公私合营之后，徐熙春的经营负担也的确相应减轻了不少，毕竟1949年后美新公司的经营状况便已大不如前。早在1950年，徐熙春次子徐渭江就坦言美新公司"营业萧条，亏负累累，早已无法应付"。①加上1956年时徐熙春已71岁，身体健康更不如从前，对于公司事务也无法像过去一般亲力亲为，而此时若由其他厂接管美新公司的部分资产与生产任务，多少也有些止损的意味，更何况其次子徐渭江依然在公司负责打理实际事务，这也多少可以让其放心一些。另外，私营工商业企业参与公私合营后，原企业主可享有定息，因而徐熙春还能以定息贴补家用、安享生计。

▲徐熙春在上海油墨厂时期的就诊证

当然，此时此刻徐熙春最真实的心境或许是"识时务者为俊杰"，因

---

① 《美新印刷材料股份有限公司关于声明与董友仙所经营的美新印刷厂机构无关、工人逼迫负责不能接受请判明责任的呈》，载《上海市劳动争议仲裁委员会档案》，1950年，上海市档案馆藏，档案号：B128-2-250-49。

为公私合营不仅涉及企业所有制的变化,更与私营企业主的"思想改造"过程密不可分,若被扣上"落后分子"的帽子,将会为自己和家庭带来未知的风险。对于已在此前经历过"医院风波"的徐熙春而言,他自然深刻明白这一道理,因此他表现出对这一政策不遗余力地拥护。据徐熙春幺女徐传珍回忆,在1950年代末国家经济困难时期,徐熙春父子主动降低工资,协助企业渡过难关。①在美新公司合营后的六年中,徐熙春低调行事、小心处理公司各项事务,直至1962年退休。②由此可见,徐熙春对时局有着深刻的洞察与巧妙的应对,或许正是他一以贯之的"识相"才让徐氏大家庭在波谲云诡的时局中始终得以安身立命,尽可能地降低了时局冲击带来的诸多影响。

亲笔家信里的人情世事

在通信技术不甚发达的岁月中,书信是人与人之间沟通的重要载体,而一封家信也往往承载着亲人间的殷切关怀与深深牵挂。至今,徐熙春次孙徐家良仍保存着1958年时祖父寄给自己的家信,也是迄今为止徐熙春为数不多的存世墨宝。信封上,上方收件人一栏写着"贵阳市北京路十五号妇产医院小儿科 徐家良医生 收",下方寄件人一栏写着"上海大东门白渡路251弄3号 徐缄"。信内,字迹工整清秀,可以看得出写信人良好的文

---

① 徐传珍:《回忆我的父亲与母亲》,载徐家益、徐建新主编《青浦徐氏族谱考正集暨纪念徐熙春130年华诞》,上海,2014年,第146页。
② 徐毓英:《弘扬先人爱国奉献精神》,载徐家益、徐建新主编《青浦徐氏族谱考正集暨纪念徐熙春130年华诞》,上海,2014年,第140页。

化素养；行文的朴实与诚恳，则透着祖父与儿孙辈间的浓浓亲情。兹将全文摘录如下：

启元[①]孙儿知：

连日接你来信及衣服一包，已收到，无错，望勿念。你五孃孃[②]三月二十六日到沪，住在南市。大约出月要生产小孩，昨日已约广慈医院[③]挂号，约四日去检查，现在身体强壮。此次来申，还有陈妈保姆、二个小囡。元鑫[④]结婚的事，对方已下乡，眼前尚未谈起。你说卫生局已肯放你他调，是否有确实准许？前次你在上海已于医院联系过，我想再与上海卫生局转弯[⑤]，则不必多此一举。还自你将贵阳人事科允他调之事，写信给去年联系的医院主任接洽一下，或由他出信与上级联系。余去冬以来，身体时常不舒齐。胃出血虽未复发，但饮食起居年不如年，仍未复原。一俟政府退休章程之后，决计回青。余言后述。此复。

祖熙　字付

58.3.30[⑥]

不到三百字的这封家信，却涉及了这个大家庭在1950年代后期的四件

---

① 启元，即徐家良，徐熙春次孙，徐传贤次子。
② 五孃孃，即徐熙春幺女徐传珍。
③ 广慈医院，即今瑞金医院。
④ 元鑫，即徐家善，徐熙春长孙，徐传贤长子。
⑤ "转弯"为信件原用字，意思为沟通、联系。
⑥ 《徐熙春1958年3月30日来信》，载徐建新编《家书抵万金》，上海，2021年，第1—2页。

遇见徐熙春：在江南与上海之间

大事。

其一，徐熙春的幺女徐传珍从北京回到上海娘家生产一事。这一年，徐传珍29岁，所生已是第三胎。信件中提到的"陈妈保姆"，是服务徐家多年的一位家政人员。徐传珍曾回忆陈阿姨对自己小家庭的贴心照料：

> 我怀第一个孩子临产前正为自己不会带孩子而发愁，父亲提前为我从上海请来了一位阿姨，她很能干，很会带孩子，也善于管家，在我家呆【待】了十三年，为我带大了三个孩子。在这期间，她几乎担负起了我家全部的家务事，让我有条件一心扑在工作上而无后顾之忧。我们全家至今还时常念念不忘着这位好阿姨，衷心感谢她为我家所付出的辛劳。[①]

按理说，徐传珍作为专业技术人才，在北京应该能享受不错的医疗待遇。其实，徐传珍之所以不远千里带着陈阿姨和两个孩子回到上海待产，除了缘于家庭无以替代的安全感，也与晚清民国以来上海成熟的妇婴保健体系密切相关。早在清末，外国传教士创办的仁济、同仁、广慈等医院皆设有妇产科，至1920年代中国自办的西式妇产科医院陆续出现，此后步入快速发展期，最有名者当属张湘纹创办的人和妇产科医院等。1949年，上海登记在册的私立妇产科医院、诊所就有34家。1949年后，这些医疗机构经整合、扩充后形成市、区（县）、街道（乡镇）三级妇幼保健网络，其中上海市第一妇婴保健院（成立于1947年）、国际和平妇幼保健院（成立于1952年）、上

[①] 徐传珍：《回忆我的父亲与母亲》，载徐家益、徐建新主编《青浦徐氏族谱考正集暨纪念徐熙春130年华诞》，上海，2014年，第149页。

第十章 一代商人慈善家的人生终章：公私合营与颐养天年

海医科大学妇产科医院（俗称"红房子医院"，由原红十字会第一医院与中山医院妇产科合并组建，1952年起设立）三所医院成为市级妇产科中心。[①]徐传珍选择回沪生产，看中的是上海完善的妇婴保健系统可以成为母子平安的最坚实保障。

其二，徐熙春的长孙徐家善结婚一事。由于其父徐传贤在整个抗战期间常年在外，因而祖父徐熙春照顾起了长孙徐家善的日常起居，对他疼爱有加且也严加要求。在徐家善的回忆中，祖父徐熙春既是一位能亲手用香烟盒与线团芯子给自己做玩具汽车的慈祥长辈[②]，也是一位带领子孙们到厅堂诵读《朱子家训》并期许他们正直、勤奋、有爱心和对之管教严格的以身作则的家族长者。[③]在抗战胜利之初，徐家善虽一度因家庭经济改善与父亲徐传贤回乡而对学业有所松弛、沉溺享乐，但在祖父徐熙春的鞭策与激励下很快清醒过来，继续努力学习。[④]最终，徐家善没有辜负祖父徐熙春的期望，先是考上了上海法政学院，后至香港一学校短暂求学，不过他对当地的学习生活经历并不满意，之后返回上海改行学医并入同济医学院学习。[⑤]抗美援朝期间，徐家善两次参加援助医疗队，赴朝鲜参加随军医

[①] 上海妇女志编纂委员会编：《上海妇女志》，上海社会科学院出版社，2000年，第479—480页。

[②] 徐家善：《烟盒摺的玩具汽车》，载徐家益、徐建新主编《青浦徐氏族谱考正集暨纪念徐熙春130年华诞》，上海，2014年，第157页。

[③] 徐家善：《从〈朱子家训〉到徐氏家教》，载徐家益、徐建新主编《青浦徐氏族谱考正集暨纪念徐熙春130年华诞》，上海，2014年，第156页。

[④] 徐家善：《"我的一切都是要捐献给红十字会的！"》，载徐家益、徐建新主编《青浦徐氏族谱考正集暨纪念徐熙春130年华诞》，上海，2014年，第163页。

[⑤] 十年砍柴：《寻找徐传贤：从上海到北京》，现代出版社，2022年，第232页。

疗工作。①任务结束后，徐家善被分配到上海一家医疗机构工作，后调至华山医院。②由于当时其父徐传贤早已调往北京，因此祖父徐熙春便代替其父的角色帮长孙徐家善张罗婚事。当时，徐家善的未婚妻随单位其他干部职工下乡支援农村建设，而此事在全国范围内并不鲜见。从徐家善一篇回忆祖父的文章中可知，徐家善的未婚妻返沪后，二人便顺利完婚。③

其三，徐熙春次孙徐家良，即该封家信的收信人计划从贵阳调回上海一事，同时此事也为该封家信最重要的内容。在这封家信里，其简短的文字背后也包含着一位客居异乡的年轻医生一段段令人心酸而苦涩的往事。④

相较于大哥徐家善相对顺利的生活、求学与工作经历，徐家良早年的故事则坎坷得多。在徐家良15岁时，他的左腿不幸受伤。如前章所述，在青浦红十字会医院成立前，青浦县境内的医疗条件极差，因而徐家良腿部伤势迅速恶化，后被转入上海仁济医院医治。时值1947年，上海等城市正经历恶性通货膨胀，随之而来的是医疗资源的大面积挤兑，乃至病床一床难求。为加快病床周转，医院提出了截肢治疗的方案。

祖父徐熙春不忍看到孙子徐家良小小年纪就落下残疾、抱憾终身，坚决反对截肢方案，遂通过其在红十字系统与医界中的人脉，辗转联系到上

---

① 徐传贤:《自传》，载钱益民编《传邮万里 贤达人生》，上海，2020年，第36页。
② 十年砍柴:《寻找徐传贤:从上海到北京》，现代出版社，2022年，第249页。
③ 徐家善:《给儿子的孙子、孙子的儿子买玩具》，载徐家益、徐建新主编《青浦徐氏族谱考正集暨纪念徐熙春130年华诞》，上海，2014年，第164页。
④ 有关徐家良的个人经历，参见徐家良:《庶民人生回忆》，载徐建新编《徐家良医学人生四十载》，上海，2019年，第2—5页。

第十章 一代商人慈善家的人生终章：公私合营与颐养天年

海骨科医学权威叶衍庆（1906—1994）医师。[1]叶衍庆在详细评估徐家良的病情后，认为不必截肢，并在1949年上半年亲自主刀为徐家良做手术。徐家良的伤情十分严重，直到1956年其腿部伤势才完全愈合。不过，徐家良仍以惊人的毅力完成了中学学业。徐家良有感于治疗过程中医护人员无微不至的照护，加之亲眼见证祖父徐熙春多年以来经办红十字事业，在多次战争中拯民倒悬且为治好自己的腿疾到处奔走，遂下定决心报考医学院校，希望日后成为一名医生，以报答前途再造之恩。1951年8月下旬，徐家良被江苏医学院录取。

在五年的求学生活中，徐家良努力学习各类医学知识。到1956年毕业时，由于当时公立医学院校是面向全国分配工作，徐家良最初被分配到安徽，但他更愿意留在上海或者江苏地区。此时，徐家良正好听闻好友陈姓同学分配到贵州而不愿意前去，心思单纯地认为既然不能留在上海，安徽、贵州两省皆为外地差别不大，只要工作满一定年限即可回调上海，于是经学校同意便与之交换分配单位——陈姓同学去安徽，他自己则远赴2000多公里外的贵阳。

1958年，鉴于腿疾刚刚痊愈难以适应贵阳的地形，加之东西部在生活

---

[1] 叶衍庆，江苏吴县（今苏州）人，1930年毕业于山东齐鲁医学院，获医学博士学位。后至上海雷士德医学院进修，于1933年研究生毕业，进入仁济医院外科工作。1935年，远赴英国利物浦大学进修矫形外科专业，获骨科硕士学位，并被吸收为英国皇家医学会骨科学会会员。1937年回国后，返回仁济医院工作，并在圣约翰大学等院校兼任教授。抗战爆发后，曾参加中国红十字会救护总队并任骨科主任，积极救治受伤兵民。参见王一飞主编：《上海第二医科大学志》，华东理工大学出版社，1997年，第457页。江苏省苏州市吴中区东山镇陆巷村志编纂委员会编：《陆巷村志》，方志出版社，2018年，第176页。王智刚主编：《临床骨科疾病诊疗精粹》，吉林科学技术出版社，2019年，第1页。

<<< 遇见徐熙春：在江南与上海之间

习惯等方面的巨大差距，已在贵阳市妇幼保健院工作的徐家良更想做的是调回上海，为此他和家人花了不少心思。在前一年返沪探亲之际，徐家良借此机会悄悄地寻找上海的接收单位，并获口头应允。不过，已在上海商场打拼多年的祖父徐熙春，较之时年26岁的徐家良而言显然有更丰富的社会经验，他在信中提醒孙子"口说无凭"，既要确认贵阳方面的确可以放人，更要让上海的接收单位开立书面证明以表明确实愿意接收。

因种种原因，此次回调计划最终流产。留守贵阳工作岗位的徐家良，于1965年与同单位的护士卢瑞英在异乡成家并生子。1970年，贵阳市妇幼保健院响应国家"三线"建设号召，将徐家良等医务人员调往黔东南凯里地区。在各方面条件更为艰苦的小城凯里，徐家良度过了十一年时光，其间还经历了政局的动荡与人事的倾轧。不过，徐家良在收治大量重症患儿的过程中，临床实践经验由此快速积累，业务水平取得了长足的进步。1981年，借青浦县人民医院儿科主任调入上海之际，徐家良在大哥徐家善等人的协助运作之下，成功调回青浦补缺。[1]

在徐家良调回青浦之时，有两件特殊的衣物始终伴随着他，这便是祖父徐熙春和祖母董月娥为其专门定做的一件丝棉袄及一件罩衫。1956年，听闻徐家良即将远赴遥远的贵州工作后，徐熙春、董月娥夫妇便特意到上海的一家工厂请裁缝师傅为心爱的孙子赶制必要的四季衣物。这件丝棉袄和罩衫伴随着徐家良度过了青年与中年时光，直到调入家乡时他依然还穿着。此刻，距离1958年这封家信寄出已过去了整整二十三年，祖父徐熙春也已谢世十六年，而这两件衣物却充分见证了徐家良在贵州的二十五年所

---

[1] 十年砍柴：《寻找徐传贤：从上海到北京》，现代出版社，2022年，第281页。

经历的人情冷暖！

在1958年3月30日这封家信的最后一部分，徐熙春则提及了自己的退休计划。在徐熙春写下这封信的时候，他已经整整73岁，且深受胃病困扰，而以今日之眼光观之他早该退休了。在写下此信前的2月9日，中华人民共和国国务院公布实施《国务院关于工人、职工退休处理的暂行规定》，其中第二条规定：国营、公私合营的企业、事业单位和国家机关、人民团体中的男工人与职员年满60周岁（连续工龄满五年，一般工龄满二十年）、女工人年满50周岁、女职员年满55周岁（连续工龄满五年，一般工龄满十五年），即可办理退休手续。[①]当时，徐熙春想必是在报纸上看到了这一规定，便计划一到更具体的细则出台后就立刻办理退休手续。当年，徐熙春辞去青浦红十字会常务理事一职，四年后从上海油墨厂退休。不过，徐熙春并没有如信中所说回到青浦养老，毕竟此时远郊的生活条件和医疗资源仍远逊于上海市区。

关爱子孙与父子再重逢

1962年，徐熙春正式退休。但是，在美新公司参与公私合营后，徐熙春事实上已经退居二线，公司主要的经营事务交由次子徐渭江来打理。由此，徐熙春慢慢卸下了经办红十字会与从事油墨生意的重担，将更多时间投入到含饴弄孙、颐养天年的退休生活中。在1950年代后期，子女们将长

---

① 《国务院关于工人、职工退休处理的暂行规定》，《人民日报》1958年2月11日第2版。

期住在青浦老家的母亲董月娥接到上海市区家中照顾，夫妇俩终于得以团聚在一处。长女徐珠英作为已经成年的子女，因家庭变故返回父母家后，父亲徐熙春一如既往地对其照顾有加。对此，徐珠英曾如此回忆全家人温馨的共处时光：

> 每天吃过晚饭我们也都回家了，常常聚在父亲房里，父亲总是首先抽上一筒水烟，听一会收音机里的"说书"。当我们都有空坐下来休息一会儿时，父亲常饶有兴趣地讲一些他自己经历过的故事，这是全家人最愉快而幸福的时刻。①

与此同时，徐熙春对子女们的生活持续地加以支持。在1958—1961年期间，徐珠英由于营养不良，得了严重的浮肿病。在当时食堂伙食供应短缺、口味不佳的状况下，徐熙春夫妇在家自行准备可口的小菜带给在小学教书的徐珠英。为此，徐珠英感到有些愧怍：

> 父亲常常省下一些好吃的食物给我吃，叫我怎样忍心吃呢！？大家都缺少营养，我没有什么孝敬他们，还要剥削别人给他们的，太过意不去了。可是父亲却怜惜地对我说："吃吧！我们已吃过了。你这样浮肿，我看着也难受，吃一些下去希望快些好。"②

当时，徐珠英日常的教学任务十分繁重，常带毕业班，每日的备课、批改作业等事项常常让她忙碌到深夜12点。徐熙春经常看到女儿的房间深夜

---

① 徐珠英：《怀念父亲——徐公熙春》，载徐家益、徐建新主编《青浦徐氏族谱考正集暨纪念徐熙春130年华诞》，上海，2014年，第136页。
② 同上。

还亮着灯,便总是关心地提醒她早些歇息。①老话说"嫁出去的女儿,泼出去的水",但徐熙春夫妇依然为已出嫁的长女徐珠英提供最温暖的港湾,以至时隔多年后她依然深情地感念父母的深情厚爱,正是父母伸出坚实的手才"拉"着她度过了那一段艰难时光。

1960年,徐熙春长孙徐家善夫妇的长女小红出生了,自此徐氏家庭实现了四世同堂,而且一人不缺、个个健在。徐熙春夫妇对曾孙女的到来十分欣喜,为此徐熙春还专程到上海城隍庙为小红选购玩具。当时,店员望着前来购物的老者年事已高,便打趣地问道:"老先生是给儿子买,还是给孙子买呀?"徐熙春带着俏皮劲地答道:"我是给儿子的孙子、孙子的儿子买呀!"这位店员听后不由感叹地说:"老先生真好福气、好福气呀!"②

四年后,徐家善夫妇又喜获一子红岗。对于徐熙春夫妇来说,在曾孙女出生之后又迎来曾孙的诞生,可谓"喜上加喜"。几天后,徐熙春夫妇来到徐家善夫妇居住的打浦路宿舍,探望刚刚降生的小曾孙。徐家善夫妇对祖父母二人的到来十分意外,因为他们年事已高,且在上海市区的住处离自家还较远,也不知他们二人是如何找到来路的。所以,徐家善夫妇见到祖父母二人突然来访,还真的有些不知所措。

待徐熙春夫妇坐定后,小夫妻两人赶快将新生的大胖儿子抱到两位老人眼前。徐熙春夫妇俩看着孩子饱满的天庭、端正的五官,不禁眉开眼笑、啧啧称赞。周围的邻居听闻两位八旬老人来看望曾孙一事之后,也纷纷前

---

① 徐珠英:《怀念父亲——徐公熙春》,载徐家益、徐建新主编《青浦徐氏族谱考正集暨纪念徐熙春130年华诞》,上海,2014年,第136页。

② 徐家善:《给儿子的孙子、孙子的儿子买玩具》,载徐家益、徐建新主编《青浦徐氏族谱考正集暨纪念徐熙春130年华诞》,上海,2014年,第164页。

来向他们道喜，直言"四世同堂，真好福气"！

徐家善夫妇担心两位老人年事已高之后身体不适，便劝着他们在家稍稍休息一下再回去。但是，为了不打扰长孙夫妻的生活，徐熙春夫妇决定起身返家。在徐家善夫妇的护送下，徐熙春夫妇坐着来时乘坐的三轮车渐渐远去。徐家善夫妇目送祖父母的背影离开，他们在心里也深情地祝福祖父母二人永远健康平安。① 这是多么温馨而又感人的场景！

喜见曾孙、四代同堂已令徐熙春夫妇二人甚是欢欣，而长子徐传贤在1963年回沪探亲则让他们倍感惊喜，同时也让他们长期悬着的一颗心放了下来。

徐熙春对长子徐传贤甚为器重，而徐传贤从求学到工作一路顺风顺水，更是在1949年后北上到了邮电部工作，并在1950年被任命为邮电部国际联络处处长。但是，徐传贤在1957年被划为"右派"②，这对远在千里之外的老父亲徐熙春而言，无疑是一次沉重的打击。特别是听闻社会上一些知名"右派分子"，如徐传贤所在邮电部同事周颖（1909—1991）的丈夫、文坛知名人士聂绀弩（1903—1986），被押送到边远的农场强制劳动后，徐熙春更是长期为之提心吊胆，生怕徐传贤面临同样的命运。不过，好在邮电部对徐传贤的处理并不算重，仅仅是降职降薪、保留公职，在机关内边工作边改造，并接受广大干部群众的监督，算是不幸中的万幸。③

---

① 徐家善：《喜见曾孙》，载徐家益、徐建新主编《青浦徐氏族谱考正集暨纪念徐熙春130年华诞》，上海，2014年，第165页。

② 参见徐家善：《父子情深》，载徐家益、徐建新主编《青浦徐氏族谱考正集暨纪念徐熙春130年华诞》，上海，2014年，第168页。十年砍柴：《寻找徐传贤：从上海到北京》，现代出版社，2022年，第266页。

③ 十年砍柴：《寻找徐传贤：从上海到北京》，现代出版社，2022年，第272页。

第十章 一代商人慈善家的人生终章：公私合营与颐养天年

1959年9月16日，中共中央、国务院公布《关于确实表现改好了的右派分子的处理问题的决定》，指出"凡是已经改恶从善，并且在言论和行动上表现出确实是改好了的'右派分子'"，即可摘去他们的"右派"帽子。具体的"摘帽"条件为：一、真正认识错误、口服心服、确实悔改；二、在言论、行动上积极拥护党的领导和社会主义道路，拥护总路线、"大跃进"和人民公社；三、在工作和劳动中表现好，或者在工作和劳动中有一定的贡献。[1]徐传贤符合这三个标准，因而成为邮电部内最早一批"摘帽右派"之一。[2]

徐传贤虽然摘了帽，但在组织眼中其政治可靠性已大打折扣，再留在邮电部内负责国际邮件业务显然不太合适。因此，徐传贤在邮电部里坐了两年冷板凳之后，于1961年10月被调往北京邮电学院（今北京邮电大学），任国际通信教研室副主任。当然，其中还有一个因素，便是邮电部从1961年起开展的机构与人员精简。从全国邮电最高行政管理部门的中层干部到高校担任一位普通教师，在外人看来是一种"贬谪"，但对此时的徐传贤而言或许对这一调动不会有过多失落之感，反而会有一丝解脱。作为"摘帽右派"，徐传贤很清楚自己在邮电部内已再无上升空间，调到高校反而是更好的选择。此外，徐传贤有多年的海外工作与学习经历，且有国际邮件业务的丰富经验，对于高校教学而言也是相当明显的优势；更何况学校就在北京，还不必搬家，依然可以和家人一起生活。

徐传贤所在的国际通信教研室隶属工程经济系，是当时北京邮电学院

---

[1]《关于确实表现改好了的右派分子的处理问题的决定》，《人民日报》1959年9月17日第1版。

[2] 十年砍柴：《寻找徐传贤：从上海到北京》，现代出版社，2022年，第282页。

的建院三大系之一。经过"大跃进"后,北京邮电学院正处于调整总结与恢复正常教学的阶段,正需要徐传贤这样的优秀师资开展教学。徐传贤开设的"邮政业务管理"为工程经济系的主课之一,但当时国内并没有专门的教材,为此他运用自己多年的工作经验在1962年为选课学生编写了一份10余万字的油印讲义。该讲义共分13章,包含邮政业务管理的质量管理、基础工作等内容,是一份体例完备、理论性强且兼顾工作实际的教材。可惜的是,由于接下来的政治运动,这份讲义并没有加以进一步整理和出版,但好在目前除少量页面残缺外其余均保存完好,成为徐传贤为数不多的存世著作之一。[1]

由于远离了邮电部内人事的纷扰与运动的余波,且当时学校的教学秩序正逐步恢复正常,教师的教学、科研等日常工作获得了有效保障,徐传贤在北京邮电学院的教学与生活显得充实而愉快,对课程的设计与教学也十分上心。据徐传贤的长子徐家善回忆,父亲除了完成规定教学任务,还主动为师生开设法语课程,深受系内学生的欢迎。[2] 曾任徐传贤同校同事的著名信息通信产业专家梁健雄(1933—2020)以及昔日学生、国家邮政局前局长刘立清(生于1940年),如此回忆徐传贤的一颦一蹙:

> 徐传贤老师在六十年代年纪很大了,但对人非常和蔼可亲、内敛慎言,很有知识分子的风度,只是身上总是流露出一种客居异乡的感觉。[3]

---

[1] 十年砍柴:《寻找徐传贤:从上海到北京》,现代出版社,2022年,第285—288页。
[2] 徐家善:《父子情深》,载徐家益、徐建新主编《青浦徐氏族谱考正集暨纪念徐熙春130年华诞》,上海,2014年,第168页。
[3] 徐建新:《致我们终将消逝的记忆》,载钱益民编《传邮万里 贤达人生》,上海,2020年,第2页。

第十章 一代商人慈善家的人生终章：公私合营与颐养天年

实际上，在徐传贤调入北京的十四年来，他对故乡的思念始终萦绕在心中，只是由于工作繁忙实在难以抽出太多时间回到千里之外的上海，回到江南小县城青浦侍奉年迈的父母。此时，徐传贤已经人到中年，加上一次次地经历世情冷暖，更让他对江南风物与上海街市眷恋不已。无怪乎，身边的同事与学生总能看到徐传贤怅惘与落寞的眼神！

1963年夏，徐传贤终于等来了一次难得的返乡探亲机会。当时，徐传贤带领一批学生前往上海邮政管理局实习，而上海邮政管理局的前身即其曾长期工作过的上海邮政总局。这一次回到曾经工作的老单位，与许久未见的老同事们畅叙往事，令徐传贤十分愉悦。当然，最令徐传贤期待的，则是与父母二老时隔多年的相见。徐熙春获知长子徐传贤回沪要前来探望后激动万分，他想到儿子年少时最爱吃河虾干，于是独自一人回到青浦老家住了几天，亲自到县内市场买了鲜活的河虾烹熟后晒成虾干带回上海，然后静待多年未见的儿子归家。当徐传贤推开家门的那一刻，父子二人竟都湿润了眼眶：望着离家多年的长子徐传贤已多生华发，老父亲不由感慨岁月如梭，而儿子也向老父亲道出了多年来的苦楚与无奈。

徐传贤终于吃上了已多年不知其味的河虾干，那是父亲徐熙春为自己精心准备的最珍贵的礼物，一口虾干便是一口乡愁，也是一口父亲的味道。徐熙春听完儿子已摘去"右派"帽子，在新单位工作与生活顺顺利利的喜讯，倍感欣慰。对于徐熙春而言，子女出门在外，为人父母最惦记的便是他们的近况：长子徐传贤在政治运动中虽然一时受到冲击，但总算在此时平安落地，让老夫妇俩始终吊着的那颗心在那一刻终于有所放下。在长孙徐家善的记忆中，祖父徐熙春和父亲徐传贤相见的那一天，他们"真有说不完的话，道不完的情"。①

对徐传贤而言，无论家门外的风雨有多么激烈，父亲徐熙春与母亲董月娥永远是自己最温暖的港湾，只是无奈相聚的时光实在太过短暂。几天后，徐传贤回到北京，继续投身国际邮政业务的教学与科研。当时，徐传贤并不会想到，父子俩再聚竟是两年之后在上海广慈医院（今瑞金医院）的病房之中，而父亲徐熙春已处于弥留之际的临终探视阶段。

耄耋逝世与魂归息焉墓

如1958年的家信所说，徐熙春晚年深受胃出血的困扰。实际上，胃出血只是民间俗称，其规范的医学名称为上消化道出血，指的是Treitz韧带以上的消化道，包括食管、胃、十二指肠或胰胆等部位病变引发的出血，主要症状包括呕血、黑便等，发作时可伴有头晕、心悸、意识模糊等其他症状。引起上消化道出血的常见病因，主要有消化性溃疡、门静脉高压并发症、重度或糜烂性食管炎、胃癌、胆道出血等。②徐熙春的二女儿徐毓英则进一步指出，其父徐熙春罹患此病是"长期立志公益，一心为民，由此胃病溃疡肿痛"的结果③，长期的不规律饮食以及晚年为子女操劳和担忧的情绪则让病情进一步加剧。

---

① 徐家善：《父子情深》，载徐家益、徐建新主编《青浦徐氏族谱考正集暨纪念徐熙春130年华诞》，上海，2014年，第168页。
② 朱华栋、刘业成编：《协和急诊住院医师手册》，中国协和医科大学出版社，2021年，第124—125页。
③ 徐毓英口述，徐家益整理：《徐毓英回忆父亲徐熙春》，2016年3月30日。

第十章 一代商人慈善家的人生终章：公私合营与颐养天年

在生命的最后十年，徐熙春的胃出血曾多次发作，但都有赖于积极的救治总能转危为安。在救治过程中，长孙徐家善的努力不可忽视，因为他在1960年代已进入广慈医院血液科工作，正是在其与院内同事的协调合作下才能依靠输血治疗每次将祖父徐熙春从鬼门关前拉回来。

到了1965年初，徐熙春的胃出血已到了医生束手无策的程度。此时，徐传贤获知父亲徐熙春病危的消息，急忙从北京奔赴上海见老父亲最后一面。为此，徐传贤回到上海后度过了一个又一个不眠之夜，并一直侍候在侧。徐熙春终于从昏迷中醒来，见到了自己朝思暮想的长子徐传贤，嘴角露出了浅浅的一丝微笑。[1] 遗憾的是，由于假期有限，徐传贤很快就不得不返回北京，没能陪伴父亲徐熙春走完生命的终点。这也是徐传贤生命中最后一次返乡，七年后的1972年他因在"文革"中长期受到迫害，于当年5月20日逝世，终年64岁。[2]

1965年3月18日凌晨，一生致力慈善公益事业、在上海印刷业颇有成绩、徐氏家族中德高望重的大家长徐熙春，在长孙徐家善供职的广慈医院永远地合上了双眼，魂归道山。这一年，徐熙春80岁，按照中国虚岁的计算则是八旬晋一。巧合的是，这一天也是徐熙春的农历生日（农历二月十六日）。当长孙徐家善在祖父徐熙春逝世当日为其守灵时，他想起家中长辈提起祖父在自己出生时（公历2月16日）赶忙请来医生为母亲盛希珍接生，以保护自己平安来到世上的往事，不禁感慨道："祖父接我来，我

---

[1] 徐家善：《父子情深》，载徐家益、徐建新主编《青浦徐氏族谱考正集暨纪念徐熙春130年华诞》，上海，2014年，第168页。

[2] 北京邮电学院政治部：《关于徐传贤同志历史问题的审查结论》（1978年11月29日），载钱益民编《传邮万里 贤达人生》，上海，2020年，第36页。

<<< 遇见徐熙春：在江南与上海之间

▲上海西郊息焉公墓（摄于1956年9月）

送祖父去！"①在九九八十一载人生中，徐熙春经年行善，颇有名望；长期经商，小有成绩；夫妻恩爱，家庭和睦；人到晚年，四世同堂。回望徐熙春的人生旅途，不可谓不完满！

徐熙春虽以高龄辞世，按江浙地区的旧俗可谓"喜丧"，但由于他对子女孙辈们长期关爱有加，因而整个家族仍不免为此心痛和不舍。其中，最为悲痛的则是与徐熙春相濡以沫、相敬如宾并携手度过六十个春秋的妻子董月娥。在丈夫徐熙春魂归天界之际，董月娥正在家中准备为丈夫做寿，丝毫不知此时斯人已逝。②此后不久，董月娥得知噩耗，始终无法接受丈夫徐熙春离开的事实，甚至在很长一段时间里对其的思念已到了"不思饮

---

① 徐家善：《祖父接我来，我送祖父去》，载徐家益、徐建新主编《青浦徐氏族谱考正集暨纪念徐熙春130年华诞》，上海，2014年，第170页。

② 徐珠英：《怀念父亲——徐公熙春》，载徐家益、徐建新主编《青浦徐氏族谱考正集暨纪念徐熙春130年华诞》，上海，2014年，第134页。

第十章 一代商人慈善家的人生终章：公私合营与颐养天年 >>>

食，夜不能寐"的程度。为转换环境，次子徐渭江将老母亲接到自己家中同住，这样更便于照顾。不过，董月娥的身体情况每况愈下，精神上也逐渐迷乱，乃至时常出现幻觉：一日，她在一面立式镜子中看到自己的身影，竟误以为是已逝的丈夫徐熙春重回人间要与自己相会，遂急匆匆地冲向镜面，结果将自己撞得鼻青脸肿。此后，董月娥的身体更趋衰弱，并于1967年追随徐熙春的脚步而去，享年79岁。[①]

徐熙春夫妇逝世后，子女们将其安葬在位于上海西郊的著名公墓——息焉公墓。[②]这座墓园是上海地区著名的天主教公墓，由天主教徒马相伯、何理忠、章显庭、朱孔家等人于1930年发起筹建。公墓大门位于新泾镇马家桥东堍，门首有马相伯手书"息焉公墓"横幅，桥西堍则为"上天之门"横幅，墓园内有14尊与真人一般高的铜铸耶稣受难像。墓内另有早于公墓修建的安息堂，据传由匈牙利著名设计师邬达克（Laszio Hudec，1893—1958）设计[③]，供教徒举行安葬仪式祈祷之用。安息堂建筑整体呈仿拜占庭式风格，面积239平方米，顶呈曲波形，高10米，由铜板材覆盖。教堂共分三层，顶层平面圆形，上列14个尖券组成圆顶，底层平面也有半圆球面建筑，形态精美。安息堂一、二层地面均为彩色花岗岩，教堂四周

[①] 徐毓英口述，徐家益整理：《徐毓英回忆父亲徐熙春》，2016年3月30日。
[②] 徐熙春于1965年逝世，其子女在息焉公墓购买的是徐熙春的墓穴和母亲董月娥的寿穴，当时董月娥还健在，后于1967年去世。参见徐珠英：《怀念父亲——徐公熙春》，载徐家益、徐建新主编《青浦徐氏族谱考正集暨纪念徐熙春130年华诞》，上海，2014年，第134页。
[③] 息焉公墓礼拜堂是否由邬达克参与设计，目前学界尚存争议。其中，张化指出该堂为中国建筑师潘世义设计、监造，但由于潘世义在国民政府草创建筑师管理制度时一度失去了建筑师执业资格，因而由邬达克挂名领取监造执照。参见张化：《潘世义还是邬达克——上海息焉堂设计师疑案解析》，《建筑遗产》2023年第4期，第42—51页。

则筑有尖券的围墙。①息焉公墓建成初期大部分入葬的是上海地区的天主教徒,不过1949年后息焉公墓赠予国家,允许非教徒安葬。②因此,孩子们将徐熙春夫妇的长眠之地选择于斯,体现了他们最后的拳拳孝心。

息焉公墓中安葬了不少近代以来上海著名的天主教人士,其中最知名者当属百岁老人、天主教徒、近代多所高校的创办人、上海滩闻人,同时也是公墓出资人的马相伯。马相伯于1840年(清道光二十年)出生于丹徒(今属镇江),原籍江苏丹阳,原名建常,改名良,字相伯。马相伯受家庭影响,自幼信奉天主教,早年入上海依纳爵公学(今徐汇中学)学习,22岁时进入徐家汇天主教耶稣会小修院受训,九年后获神学博士学位并升任神甫。1873年,马相伯回到此时已更名为徐汇公学的母校,出任校长一职。③

在耶稣会修行的过程中,马相伯渐渐掌握了拉丁语、希腊语、法语、英语、意大利语,后又自学日语和朝鲜语,同时也对数理化等自然学科颇有了解,再加之其青少年时代还受到扎实的儒家思想启蒙与训练,如此一位学贯中西的人才又岂能被晚清兴办"洋务"的主管官员们错过呢?两年后,时年35岁的马相伯受李鸿章之邀,告别了孤寂的教会生活,"下海"投奔十里洋场。

在清末动荡与混乱的时局中,对中西思想文化皆有深入观察与研究的马相伯,在经办各项"洋务"事业的过程中不断思考中国将往何处去,最终他将眼光投向了高等教育:对于积贫积弱、在器物与制度上已然落后于当时西方社会的中国而言,能够建立起传授外语与数理化等"新学",在

---

① 张长根主编:《上海优秀历史建筑:长宁篇》,上海三联书店,2005年,第89—90页。
② 惜珍:《花园洋房的下午茶:上海的保护建筑》,东方出版中心,2010年,第326页。
③ 吴成平:《上海名人辞典》,上海辞书出版社,2001年,第15页。

第十章 一代商人慈善家的人生终章：公私合营与颐养天年

此基础上培养专业精神与独立人格的现代高等教育体系，成为摆脱时局之困进而走出专制轮回的当务之急。为此，马相伯在20世纪初多有奔走，四处募款，甚至不惜捐出自己名下规模不小的全部财产，先后参与创办震旦大学（1903年）、复旦公学（1905年）等高校，为追求新知而又没有充足资金留学国外的年轻人提供了一扇扇睁开双眼看世界的窗口。由于这些学校地处租界，相对华界而言有着更为宽松的舆论环境，从这些学校走出了于右任（1879—1964）、邵力子（1882—1967）等日后深度参与中国政坛的热血青年，他们曾为维护自己的权益振臂高呼，已然与过往"两耳不闻窗外事，一心只读圣贤书"的旧学子们有了巨大分野。

此后，马相伯出于对母亲的歉疚与对世事的参悟重新回到了天主教会，致力于中国天主教会第一本汉语《圣经》的翻译工作。辛亥革命后，伴随着"共和"体制建设，世俗政体与宗教之间的"政教关系"问题、伦理层面的"信仰自由"问题、不同宗教间的"宗教宽容"问题等复杂交织，回归教会的马相伯也对上述问题有着自己的思考，不仅提出宗教信仰要回归社会生活，以修复时代更替中的道德危机，还需拥抱现代政治基本原则——信仰自由、政教分离，充分展现出一位宗教信徒对信仰与社会关系的深度思考。

到了人生的最后岁月，在目睹"九一八"事变之后中国各政治力量仍耽于利益争夺，却不能就抵御外患达成共识，马相伯毅然放下"莫问国事"之态走出书斋，到上海的各大剧场、会场、电台等大声疾呼，呼吁团结一致抗日。一位耄耋老翁本应颐养天年，却还需要他为国民一致抗日而奔走呼号，实在令人不解与扼腕！"八一三"事变后，马相伯甚至以98岁的高龄跟随"西迁"洪流，经广西桂林辗转至越南谅山的一处山洞躲避战事，并在此走到了百岁人生的尽头。[①]

1939年11月4日，马相伯逝世。不过，由于时局混乱，马相伯的遗体只得长期停留在异国他乡，直到1951年12月上海市人民政府才派员从谅山接回灵柩，并于次年1月安葬于他亲自资助的息焉公墓中。[②]徐熙春与马相伯都生于江南、长在上海，对当时的中国社会有着深刻认识，且皆是以各自的身体力行为建设更良善的社会奋斗终身的贤士，最后在同一片墓地中"比邻而居"，真可谓冥冥之中的巧合！

可叹的是，安葬于息焉公墓的诸位逝者怎么都不会料到，一场史无前例、席卷全国的政治风暴将会以一种癫狂且残忍的形式打扰他们的长眠。1967年，在听闻"息焉公墓"中有逝者以全自动金表陪葬的传言后，一群不肖之徒动起了掘墓盗取陪葬品的歪心思。他们披着"破四旧"的外皮，对整片墓园疯狂盗掘，乃至其中所有墓穴无一幸免，而马相伯墓前的喷水池与篆刻《圣经》故事的大理石艺术雕塑也惨遭损毁。当徐熙春的二女儿徐毓英等亲人知悉"息焉公墓"被大面积破坏的消息后，他们急忙前往父母的墓地探视，岂知眼前出现了令他们震惊而又心碎的一幕：父亲徐熙春的灵柩被起出墓穴之外，墓穴内则堆满了掩土，棺材尚未朽烂，但露出了其蓝缎寿衣的一角，显然破坏者们已经对灵柩"动了手"。当时的政治气氛已相当诡谲，亲友们无法当场表现出悲愤情绪，只得重新将灵柩埋入土

[①] 李天纲：《"百年之子"马相伯》，载《历史活着》（增订本），生活·读书·新知三联书店，2015年，第123—133页。

[②] 王怡白：《一老南天身是史——纪念马相伯先生诞辰150周年》，载中国人民政治协商会议上海市委员会文史和学习委员会编《上海文史资料选辑：统战工作史料专辑（十）》，上海，1991年，第110页。

第十章 一代商人慈善家的人生终章：公私合营与颐养天年

▲今上海市长宁区息焉堂（摄于2024年5月）

中，默默拜礼后告辞离别。①徐熙春夫妇坟墓惨遭破坏，成为徐毓英等家人终身无法消弭的锥心之痛！当时，上海大范围破坏坟墓并非息焉公墓一家所独有。据统计，仅至1966年底，全上海69座公墓中，仅殡葬管理所直接管理的就被取消34座公墓，40多万座坟墓被平毁。②在这大范围破坏坟墓的背后，不知承载了多少个家庭难以言说的愤怒与绝望！

1984年，马相伯逝世四十五周年之际，上海市成立马相伯迁墓筹备委

---

① 徐毓英口述，徐家益整理：《徐毓英回忆父亲徐熙春》，2016年3月30日。
② 朱金龙：《殡葬新论》，上海社会科学院出版社，2010年，第426页。

员会。

根据相关知情人的提示,在息焉公墓原址寻获马相伯遗骸及遗物,并于当年10月27日隆重举行马相伯迁墓安葬仪式,被重新安葬于上海万国公墓名人区(今宋庆龄陵园)。[1]然而,徐熙春夫妇与其他长眠的逝者就没有马相伯这样幸运了,因为息焉公墓已在1968年将4000平方米的区域划入新泾中学作校舍使用,1974年起又将剩余部分改作上海动物园繁殖场物料仓库[2],他们的遗骸就此遁入历史的尘埃之中无迹可寻,留给后人们永远无法弥补的遗憾。

对于一生行善、为人谨慎的徐熙春而言,其身后遭遇竟如此这般,不禁令人无比唏嘘与痛心。

---

[1] 王怡白:《一老南天身是史——纪念马相伯先生诞辰150周年》,载中国人民政治协商会议上海市委员会文史和学习委员会编《上海文史资料选辑:统战工作史料专辑(十)》,上海,1991年,第110—111页。

[2] 张长根主编:《上海优秀历史建筑:长宁篇》,上海三联书店,2005年,第90页。

余　音

历史不会忘记徐熙春，也不应该忘记。

1978年改革开放后，中国开始大步走向世界，世界也想进一步了解中国。1980年代，加拿大红十字会为补充二战中涉及中国战场史料的短缺，遂请求中国红十字会总会提供相关线索、收集史料，并经红十字国际委员会审定后以作历史见证。[①]加拿大红十字会收集中国抗战期间红十字会活动材料，是由于其曾不遗余力地支援中国的抗日军民。据曾在四川乐山工作过的加拿大籍医师梁正伦（Dr. A S Auer，1899—1996）在1945年8月12日的演讲稿中提及，不少加拿大的普通民众捐赠的药物，正是通过加拿大红十字会转交至万里之外的中国战场。[②]因此，加拿大红十字会的史料收集工作正是为了展现两国人民在反法西斯战场的通力合作，也为充分见证两国人民的友谊。

中国红十字会总会在接受加拿大红十字会请求后，随即在全国范围内收集抗战期间总会及各地方分会的救护事迹。1989年，中国红十字会总会机关搬迁，在清理库房时工作人员寻获《中国红十字会青浦分会第

[①] 徐家益：《前言》，载徐家益、徐建新主编《青浦徐氏族谱考正集暨纪念徐熙春130年华诞》，上海，2014年，第1—2页。

[②] 海外华西文献研究中心编：《华西书信》，天地出版社，2018年，第276页。

遇见徐熙春：在江南与上海之间

四次征信录》，详细记载了青浦红十字会在"八一三"淞沪抗战中的救护、赈济成绩。[①]对中国红十字会总会而言，这可真是转交加拿大红十字会最为珍贵且直接的资料之一！此后，中国红十字会总会与上海市、青浦县两级红十字会积极对接，并通过它们与徐氏后人取得联系。随后，徐熙春的儿孙们将他们冒险珍藏的五册征信录及其他相关材料交与红十字会方面，经严格审定后确认了青浦红十字会自成立以来在两次内战（"齐卢战争"和北伐战争）与两次淞沪会战（"一·二八"抗战和"八一三"抗战）中的种种义举，后由中国红十字会总会将上述资料转予加拿大红十字会。由此，青浦红十字会历史资料的意义已远远超越一县之隅，就此成为国际红十字运动中来自中国的宝贵遗产，永远值得后人铭记与珍视。

与此同时，上海市、青浦县有关部门也注意到了这批历史资料，他们为徐熙春先生在烽火之中高举人道旗帜，组织红十字会救护伤民与赈济受难同胞的种种善行感动不已，遂决定为其树立铜像以纪念之。1989年12月26日，徐熙春的铜像落成典礼在青浦县人民医院（现为青浦区中医医院）隆重举行，与会的有时任上海市红十字会会长王希孟等，同时徐熙春长孙徐家善作为家属代表致辞。会后，上海市红十字会、青浦县政府、青浦县红十字会及青浦红十字会医院的领导与徐熙春家属代表，在新落成的徐熙春铜像前合影留念。[②]

[①] 熊世琦：《红十字史册上的光辉一页》，《中国红十字报》1989年8月5日第3版。
[②] 徐家益、徐建新主编：《青浦徐氏族谱考正集暨纪念徐熙春130年华诞》，上海，2014年，第60—61页。

余 音

2002年，青浦区人民医院易地扩建为复旦大学附属中山医院青浦分院，徐熙春的铜像也随之移至新院址住院部大楼前。至今，徐熙春仍以慈祥、悲悯的眼神注视着来来往往的病患及其家属，继续守护着他曾一手创办的医院。每年清明节前后，医院的工作人员还会为徐熙春铜像献花致敬。2014年起，医院方面以徐熙春之名命名院内医学奖，专门表彰热心服务、技术突出的医护人员，以表不忘人道之心和传承"熙春精神"之意。

2014年，徐熙春的后人们在青浦福寿园为其建立了一座衣冠冢，以弥补原安葬墓地息焉公墓遭损毁之憾。至今，徐熙春的遗骸依旧难觅踪影，但其子孙后代以这样的形式让他的灵魂得以寻找一片安宁、祥和的栖居之所，同时也寄托对其永远的哀思和悼念。在徐熙春的衣冠冢之上，树立着与中山医院青浦分院同样形制模样的半身像。与此同时，在徐熙春的衣冠冢旁，还有其长子徐传贤的衣冠冢，这对生前分隔许久的父子终于可以"永远地重聚"了！

另外，徐氏家族后人多年来孜孜不倦地开展家族史资料的整理与研究，既为弘扬奉献爱国精神，也为守护家族历史记忆，目前已形成了不少具有研究价值的史料集。此外，徐熙春的二女儿徐毓英的后人也保存了一些有关青浦红十字会及美新公司的珍贵实物和照片，为徐氏家族留下了无可替代的历史见证。

近年来，关于徐氏家族史料的整理成果，以及基于这些资料的研究成果已经日渐丰硕。现兹列如下：

表3　徐氏家族史料集及其研究成果（截至2022年）

责任者	史料集/成果名	整理/创作时间	出版/典藏机构
徐福洲	《青浦红十字会的创始人徐熙春先生》（收录于《青浦文史》第5辑）	1990年	中国人民政治协商会议青浦县委员会文史资料委员会
徐熙春子女等	《纪念徐公熙春诞辰一百十周年》	1999年12月	自印本
徐家益、徐建新	《青浦徐氏族谱考正集暨纪念徐熙春130年华诞》	2014年12月	自印本
徐建新	《家书抵万金》	2019年4月	自印本
钱益民	《传邮万里　贤达人生》	2020年5月	自印本
陆轶隽	《从江苏省青浦县分会看中国地方红十字会之运作（1924—1951）》	2020年11月	台湾政治大学硕士学位论文
徐建新	《徐家良医学人生四十载》	2021年8月	自印本
十年砍柴	《寻找徐传贤：从上海到北京》	2022年4月	现代出版社

由此可见，徐氏家族在百年风云岁月中留下了相当丰沛的存世资料，且其内容颇为呼应时代脉搏，因此对其进行深入整理与系统研究，将有助于理解一个传统家族如何呼应百余年来上海都市从江南县城到国际大都会的都市化历程，进而实现其自身的近代化转型。故其研究意义将远远突破基于家族历史的微观视野，而是上升到更宏观的层面，即公共史学的样本和价值层面，并涵盖了城市史、社会史和生活史的诸多方面。同时，徐熙春经办红十字会等慈善组织，对今日公益事业的开展仍有重要的启示。在此，援引《寻找徐传贤：从上海到北京》一书附录访谈中徐熙春曾孙徐建新曾说过的一段话为本书作结：

余　音 〉〉〉

　　去寻找、去发掘真实的历史，并不是为了追究谁人的对错，而是为了让后人谨记历史，不要再重蹈覆辙。或许，我们在追寻着祖辈的足迹时，更能看清我们未来的道路。从私人史、家族史，到微观历史，让一部部鲜活的历史小书留存下来，传播出去，或许没有宏大叙事的伟大，但正是这些点点滴滴可以真实地让后人审视，并在审视中发现历史的真谛。[①]

[①]《与徐建新先生对话：追寻祖辈足迹以观未来路》，载十年砍柴《寻找徐传贤：从上海到北京》附录二，现代出版社，2022年，第334页。

附录一

徐熙春先生简明年表

1885年　清光绪十一年（1岁）
4月2日，出生于江苏省青浦县城厢镇（今上海市青浦区盈浦街道）。

1898年　清光绪二十四年（13岁）
与长兄徐桂舲一同到上海南市德隆彰烟号做学徒。

1903年　清光绪二十九年（18岁）
"满师"出店。

1905年　清光绪三十一年（20岁）
娶同县董月娥为妻。

1908年　清光绪三十四年（23岁）

遇见徐熙春：在江南与上海之间

长子徐传贤出生。①

1910年 清宣统二年（25岁）

次子徐渭江（族谱名徐传统）出生。

1912年 民国元年（27岁）

在上海苏和太皮丝行做行伙。

1915年 民国四年（30岁）

1月18日，与亲友在上海法租界新开河永安街口合开信孚泰皮丝烟号，主营福建永定等地产皮丝烟。

1917年 民国六年（32岁）

被推选为青浦旅沪同乡会会计员。

1919年 民国八年（34岁）

长女徐珠英出生。

加入民国路商业联合会。

1920年 民国九年（35岁）

被推举为民国路商业联合会干事员。

---

① 徐传贤实际出生于光绪三十三年十二月廿六日，即1908年1月29日。

1922年　民国十一年（37岁）

长子徐传贤与同县盛希珍订婚。

1924年　民国十三年（39岁）

母亲徐孙氏辞世。

9月3日，因应"齐卢战争"救护与赈济工作，与青浦县内士绅和旅沪青浦商人等共同筹建中国红十字会青浦分会，在成立大会上被选举为副会长。5日，青浦红十字会召开职员会议，决定先行在县城内的县立第一小学校、县立师中学校设立妇孺收容所，由各校校长任收容所主任，徐渭侣为总主任。9日，青浦红十字会正式组建救护队，杨世贞等18人成为首批救护队员。17日，中国红十字会总办事处收到来函，请求青浦红十字会调查副会长吕钟强占民宅一事。18日，前往上海与联义善会负责人翁寅初取得联系，希望该会提供场地供青浦籍难民前往避难。21日，经青浦方面调查，中国红十字会总办事处要求免除吕钟副会长一职，青浦红十字会照函办理。同日，与会员许蓉村带着救护队员前往县境内受灾情况较重的李墟村一带救护受灾民众。

10月11日，青浦红十字会收容来会避难的民众，组织会员孙子扬等人协助救火。12日，青浦红十字会自行组织消防队，共计49人，分4支队伍，推举孙子扬作为总队长。17日，青浦红十字会派出孙子扬、孔如霖等工作人员，前往县内受灾较为严重的赵金孔柏、杜村等西北乡村进行兵灾调查工作。24日，上海普善山庄派员协助青浦红十字会掩埋人畜尸体。

11月，由孙子扬等根据调查结果提交《青浦县西北乡兵灾调查报告》。2日，收容在上海的300余名难民由青浦红十字会雇船载回青浦，"齐卢战争"救助行动基本告一段落。

1925年　民国十四年（40岁）

被选举为青浦红十字会正会长，江苏省省长韩国钧向青浦红十字会授予"博施济众"匾。

2月，因"齐卢战争"中的出色救护赈济成绩，青浦红十字会受到中国红十字会总会表彰。

9月19日，青浦红十字会因经费短缺，遣散救护队与掩埋队。

1926年　民国十五年（41岁）

次女徐毓英出生。

青浦红十字会因经费短缺，暂停一切会务。

1927年　民国十六年（42岁）

2月19日，牵头召开青浦红十字会干部会议，筹划恢复举办红十字会事宜，并当场募款且决议恢复妇孺收容所与救护队。22日，青浦红十字会再次召开联席会议，根据妇孺收容所章程先行确定县第一学校、县女校等七所学校作为收容所场地，同时恢复救护队，共2队14人，孙子扬、孙志俊分别任队长。月底，青浦红十字会安排船只运送妇孺等前往朱家角等乡镇避难。

3月7—12日，青浦红十字会共计营救县境内1600余名难民。12日，青浦红十字会将在朱家角营救的难民，由孙志俊等4名工作人员分4艘船只载往上海红卍字会总会收留。21—22日，青浦红十字会会员协助维持本地治安，并恢复部分收容场地，以接纳部分受军阀部队残兵惊吓的妇孺。月底，随着北伐战争战事结束，青浦红十字会的救护行动告一段落。

5月2日，被推举为改组后的青浦旅沪同乡会委员。

1928年　民国十七年（43岁）

幺女徐传珍出生。

父亲徐公勉辞世。

3月，组织青浦县前河整治工程募款。

4月20日，青浦县建设局、城厢市行政局共同召开职员会议，商讨筑坝等县前河整治工程中的先行工序，并着手开展上述工程的招标、募工事宜。

5月3日，与吴颂莪、陆福生等乡绅假座青浦红十字会集议县前河疏浚工程事宜，在会议上被推举为工程筹备处主任。5日，青浦县长许彦飞同意青浦红十字会设立工程筹备处或事务所筹办工程事宜。9日，由青浦红十字会主持、陆顺记水木行承建的县前河河岸改建与桥梁翻修工程正式开工。

6月，与亲友合伙在上海山东路带钩桥成立美新印刷公司。

1929年　民国十八年（44岁）

1月，青浦县前河整治工程基本竣工，沿河民众向青浦红十字会赠送"饮水思源"匾额以表感谢。

3月3日，被上海法租界商界联合会会员推举为主席团成员，向公董局质询卫生税征收。21日，公董局决定暂缓征收卫生税。

1930年　民国十九年（45岁）

4月20日，中国红十字会召开第三次全国代表大会，作为分会代表出席。

9月，中国红十字会召开临时会员代表大会，再次作为分会代表出席，并担任章程修改委员会委员。22日，与辽宁台安分会会长李振邦共同批阅修改后的中国红十字会分会通则。

1931年　民国二十年（46岁）

11月，美新公司完成股份制改革登记。

12月，美新公司发行"抗日贺年片"。

1932年　民国二十一年（47岁）

2月6日，青浦红十字会召开职员会议，商讨"一·二八"事变后红十字会救助嘉定等战区难民事宜。9日，青浦红十字会再次组织救护队，并派出工作人员护送50余名前来青浦避难的难民搭乘"雄青"轮前往苏州避难。17日，青浦红十字会派遣董宝荣等救护队员前往上海仁济善堂，接送70余名青浦籍难民返乡，并委托在上海经营轮船业的通源公司派出船只将上述难民接送至青浦县城中的照料战区难民处。

3月14—19日，青浦红十字会疏散来自嘉定、南翔等地难民，用租来的轮船"益阳"轮拖带两艘民船载往上海，并由嘉定同乡会负责将上述难民分送上海各大难民收容机构。

4月25日，前往上海，从中华棉业公会华商纱厂联合会募得300担棉籽。26日，至浦东杨思桥点收棉籽并装船运回青浦，由青浦县兵灾救济会派员向县内棉农分发。

5月，向县内恒源纱厂增购200包棉籽，通过兵灾救济会向各棉农分发。月底，"一·二八"救护行动基本告一段落。

1937年　民国二十六年（52岁）

8月15日，青浦县政府各机关代表在青浦红十字会召开紧急会议，决议成立县救护委员会，被委派出任该会主任，专门负责难民收遣事宜。16—21日，青浦红十字会疏散来青浦避难民众共计14 286人至苏州、昆山、嘉兴等毗邻地区，并向上述民众发放食物。26日，观音堂镇遭到敌机轰炸，该镇公所向青浦红十字会来函请求红十字会派出救护队驻扎镇上协助救护，随即红十字会派出顾若樵作为救护队长带领30名救护队员驻镇。27日，青浦红十字会理事职员会议决议设置缝纫、织履二组，组织未能及时疏散的难民开展"支前生产"，推选常务干事熊宗干为工作主任并兼织履组组长，张清泉为缝纫组管理员，同时蒋冠初负责收发原料，潘子常负责介绍难民外出工作。

9月1日，返回上海租界筹募青浦红十字会活动经费，并援助民国路租界与华界交界区的难民。

11月7日，青浦县城遭到日军空袭，青浦红十字会办公地遭到敌机轰炸，仍然当场救出4名伤兵及3名平民，并将收容于办公地的难民于当日全部转移疏散。8日，青浦红十字会工作人员奉青浦驻军命令离开县城，转移至朱家角会员张富田家中暂驻。9日，救护队长孙子扬在城内码头街开展救护工作时不幸遭遇敌机轰炸，当场殉职，时年40岁。当日青浦沦陷，青浦红十字会办公地迁往昆山县金家庄村。24日，青浦红十字会工作人员返回县城工作，同步组织掩埋队掩埋人畜尸体。

11月27日至12月30日，青浦红十字会共计掩埋866具军民尸骸、106具畜类尸骸。27日，青浦红十字会经干部与会员决议，决定暂停一切会务活动，并将9月收到由总会拨给药品的剩余部分交予县内李哲声医生，仍在红十字会收容所中的难民则转由青浦县救济院办理照顾。织履、缝纫二组共计完成1009件棉背心、984双白麻战鞋、40条棉被及50条棉裤，作为"支前"物资由青浦红十字会直接分发，或经青浦抗敌后援会转送前线。

1938年　民国二十七年（53岁）

3月，严正拒绝参与日伪"维持会"，并回到上海山东路住宅居住直至抗战胜利。

1946年　民国三十五年（61岁）

9月，青浦红十字会正式复员。

同月，美新公司更名为美新印刷材料股份有限公司，完成经济部备案工作。

1947年　民国三十六年（62岁）

7—8月，为次女徐毓英及其交通大学同学开办的"三育"补习班提供场所，并为其同学提供食宿。

11月，青浦红十字会为抗战初期殉难的救护队长孙子扬在县内中山公园（今曲水园）凝和堂召开殉难十周年追思会。

1948年　民国三十七年（63岁）

4月4日，中国红十字会青浦分会医院开幕启用。

8月，接受《青浦新报》记者专访，而此时医院已有10间病房、10余张病床、1间独立的手术间及其他若干医疗设备。保护被国民政府列入"黑名单"的交通大学进步学生，请他们至其南市永安街住宅躲避追捕。

11月，遭遇上海天丰行负责人指控"妨害农商"，指控理由为美新公司盗用其注册"飞马"商标。

12月，经上海高等法院调查，由于美新公司使用"飞马"商标在前但未注册，故经同业公会调解后获天丰行谅解，宣告无罪。

1949年　（64岁）

11月，长子徐传贤调往北京邮电部供职。

年底，幺女徐传珍被中国经济建设总公司（石家庄）录用。

1951年　（66岁）

青浦县政府授予"开明绅士"称号。

2月18日，青浦红十字会完成改组，继续担任会长一职。

1953年　（68岁）

青浦红十字会改选干部，卸任会长一职，但保留常务理事身份。

1954年　（69岁）

青浦红十字会医院由县人民政府接管，列入国家编制医疗单位。

1956年 （71岁）

美新公司随全行业参加公私合营，被确定为行业内中心厂，继续出任经理一职。

年底，美新公司角色调整，由中心厂转为通文油墨厂代管。

1958年 （73岁）

卸任青浦红十字会常务理事。

美新公司并入上海油墨厂。

1965年 （80岁）

3月18日，因严重胃出血于上海广慈医院（今瑞金医院）逝世。同年，安葬于上海西郊息焉公墓。

1967年

妻子董月娥逝世，同葬入息焉公墓。当年，徐熙春夫妇坟墓因政治运动被严重破坏。

1989年

12月26日，徐熙春半身塑像在青浦县中心医院（青浦县人民医院，今址为青浦区中医医院）落成。

2002年

徐熙春半身塑像移入新建成的复旦大学附属中山医院青浦分院住院

部前。

2014年

复旦大学附属中山医院青浦分院颁发首届"徐熙春医学奖",以表彰优秀医护人员。同时,徐熙春的衣冠冢在青浦福寿园落成。

附录二

中国红十字会青浦分会1924—1951年历任主要干部名录

第一届（1924年9月）

会　　长　方仁杰

副会长　吕　钟　徐熙春

理事长　李维屏

理　事　孙召棠　施恩霈　潘其寿　姚焕章

议事长　叶昌陛

副议长　袁蔚文

第二届（1925年10月）

会　　长　徐熙春

副会长　章纪纲　施恩霈

理事长　姚焕章

理　事　熊宗干　俞祖望　吴　济　杨　正

第三届（1927年2月）

会　　长　徐熙春

理事长　孙召棠

理　事　施恩霈　潘其寿　姚焕章

第四届（1932年2月）

会　　长　徐熙春

副会长　袁蔚文

理事长　吴　济

理　事　施恩霈　姚展成　姚焕章　徐宝璜

议事长　陈龙章

副议长　徐正权

第五届（1937年）

会　　长　徐熙春

副 会 长　袁蔚文

常务理事　张国忠　潘仁恒　张维善

理　事　陈龙章　熊宗干　陆秋扬

改组后第一届（1951年2月）

会　　长　徐熙春

副 会 长　牟凤沼　刘经国　徐正大

常务理事　江淑人　姜有方　魏友予　肖伯钧　曹修仁

附录二　中国红十字会青浦分会1924—1951年历任主要干部名录

理　　事　阎宝山　王国卿　余菊缘　黄敬棠　鲍继仁　孔祥序
　　　　　董建华　何承志　管　钧　顾学箕　袁采华
干　　事　何承志　陈孟恒

后　　记

2023年2月，我很荣幸获得徐熙春先生曾孙徐建新先生之邀为其曾祖父撰写传记。在收到这一请托时，我其实还是有一些犹疑，因为写作学位论文与期刊论文的任务已然繁重，若再外加一本著作的工作量，这对我这位初入学术之门的年轻人来说是否过于艰难？

但是，考虑到已有硕士学位论文的写作基础，加上徐建新先生诚挚的邀请与其前期资料的用心准备，我最终还是接下了这一工作。对此，虽然可能导致我修业年限的延长，但一想到能有幸为这样一位"侠之大者"写作传记，并能让更多的读者看到徐熙春先生的无疆大爱以及近现代时期公益组织运作的有益经验，那我个人的些微损失又算得几何呢？

当然，在实际的写作过程中，我还是会面临种种挑战。首先是和学位论文、期刊论文写作任务的协调问题。为此，我只能利用平时一些"边角时间"推进写作，一点点地"磨"出书稿。其次，更重要的则是本书运用史料与书写视野的大幅扩展。作为基础的硕士学位论文《从江苏省青浦县分会看中国地方红十字会之运作（1924—1951）》，关注的是青浦红十字会在1924—1951年的运作历程，以时间、空间而言皆较之有限。本书主人公徐熙春先生生于1885年、殁于1965年，其人生八十年经历了自晚清"洋务运动"到新中国"公私合营"，与一部跌宕起伏的中国近代史相始终，个

> 遇见徐熙春：在江南与上海之间

人的境遇浮沉更是相当的丰富和厚重；加之其个人生活轨迹横跨青浦和上海两地，经营皮丝烟和印刷材料两大行业，既是街区内小有成绩的商人，也是深度参与红十字运动的慈善家。那么，如何梳理一条精准的叙事链条串联起传主的生命轨迹，使最后的成书避免落入"记流水账"的窠臼，也能更客观、公正地认识和理解徐熙春的人生故事，而非市面上部分人物传记呈现出的"谀墓"之相，就成为写作中必须时刻面对的关键问题。为此，我也一度因自己的学力所限而感到有些力不从心，毕竟这对于一位在读博士生而言还是颇有挑战性的。

幸而在本书的创作过程中，我遇到了不少师长的提点和指导，对前述问题的解决有着很大帮助。通过徐建新先生的介绍与引荐，我得以向复旦大学宗教学系主任、上海城市史研究专家李天纲教授请教和学习。我虽然此前已拜读过李天纲教授的部分著作如《人文上海》等，但此次能够获得老师的直接点拨，感到十分幸运与非常欢欣。李天纲教授认为，徐熙春从江南出发，到上海打拼，再以上海的种种经历"反哺"江南故地，其经历生动地折射出"长江三角洲民众在上海开埠的艰难转型"，因此建议以"在江南与上海之间"为线索串联徐熙春的生平轨迹。在我写毕本书初稿后，李天纲教授又以此为题慷慨为本书作了一篇精彩备至的序言，该序自"墨菲观察"引出并从讨论近代江南与上海的角色转换开始，以徐熙春人生中经历的六大转型，即"从江南到上海""从士绅到商绅""从学徒到老板""从家族到社会""从传统到现代""从商业伦理到社会责任"出发，探讨江南的传统经济、文化、习俗和礼仪等在近代上海如何发生现代转型，以及上海的现代制度又如何反向地辐射与传播至江南，由此将个人传记升华至一部超越个人和家族的"公共史学"作品——一部长江三角洲

后　记

人民的创业史和一部江浙民众汇入江南的城市生活史。该序文字凝练、高屋建瓴，折射出一位多年来致力于研究"江南-上海史"学人的深刻思考，也颇能展现老师对学界后辈的提携与关爱。在此，我谨向李天纲教授表示最诚挚和最衷心的感谢与敬意。

当然，作为传主徐熙春先生的后人，徐氏家族的诸位长辈对本书的写作更是提供了实实在在的帮助。徐建新先生从本书的酝酿到最终的联络出版奔走甚多，虽然他作为一家知名企业的董事长平时工作甚是繁忙，但他对于家族史的着力竟然一点不少：牵头整理徐氏家族的相关历史资料，以人物传记、专题展览等形式将原本的"私家"历史上升到"公共史学"的范畴，让更多人从一个家族的百年故事领略近代中国的历史转型。同时，徐熙春先生次女徐毓英女士之子方针先生，为本书部分史事的考订提供了意见，并提供了大量珍贵的历史照片，很好地赋予了本书"历史临场感"。另外，徐熙春先生次孙徐家良先生以及徐氏家族宗亲徐家益先生等长辈也曾接受我的访谈，他们提供了大量的口述资料，弥补了本书写作中一些文献资料的空缺。徐家益先生多年来一直用心整理、研究徐氏家族史，始终秉持着守护家族历史的责任之心，如其对青浦《徐氏宗谱》的考据工作就有着自己独到的见解。特别说明的是，徐家益先生曾经对我的硕士学位论文写作提供了不少极有价值的线索提示，为论文的写就奠定了坚实的基础。然而，不幸的是，在我2023年访学法国期间，生于1927年的徐家益先生在2023年8月29日因病与世长辞，因而未能见上最后一面深以为憾，但他的慈祥、和蔼以及其在治学时的投入与热爱将长留我心。在此，我向徐氏家族的诸长辈致以衷心的感谢与敬意。

为配合全书从写作到出版的工作进度，徐建新先生组织了一个小小的微信工作群,尽管规模不大,但"高人云集"。例如,画家李斌先生是经验丰富的历史题材画家,他创作的大幅油画——《东京审判》在业界颇为知名。在我创作徐熙春先生传记的同时,李斌先生再次执起画笔开始了一项名为"一个家族的百年回望"的绘画创作工程,将徐熙春、徐传贤等徐氏家族成员的生平故事以"文献式全景画"的形式呈现出来。李斌先生用画家的敏锐不断地提醒我在写作的过程中要注意文字的画面感,而且要发挥想象力学会"用假袋子装真东西",即在史料匮缺的状况下运用同时期旁证材料开展合理的推理。知名文史作家、《寻找徐传贤:从上海到北京》一书的作者十年砍柴(本名李勇)先生,以他丰富的创作经验对于本书遗漏的一些视角、材料等有着精妙的提示,很好地起到了触类旁通的作用。同时,本书的责任编辑谢惠女士,在本书初稿完成之后也提前对全书的架构提出了宝贵的修改建议,并就一些材料、文字上的注意要点做了详细的说明。在此,我也向三位老师给予的帮助表示诚挚的谢意。

另外,我的两任导师也对本书的创作提供了实实在在的帮助。其中,硕士阶段的导师廖敏淑教授,在我的硕士学位论文写作阶段,对厘清写作思路、优化论文架构等方面提供了悉心的指导,而且在生活中也对我这位异乡学子多有关怀。博士阶段的导师苏智良教授,在指导我的博士学位论文之外,也鼓励我以多样的形式拓宽硕士学位论文的视野以择机发表,并在每次的师生简谈中对我的学习和生活的近况也关怀有加且多勉励处世之道。在此,我向两位导师的多年栽培表达感激之情。

还有,在本书的写作中,陈祖恩、安克强(Christian Henriot)、江文君等也提供了一些具体的思路提示,同时上海市档案馆、青浦区档案馆、

后　记

上海图书馆等机构也提供了大量重要史料，在此一并致谢。

最后，谨向长期以来一路支持我的父母、亲朋、师长表达最深沉的感谢，你们的支持是我持续进步的动力，相信在你们的帮助下我会在明天遇见更好的自己。

陆轶隽
谨识于2024年8月